엔지니어가 알아야 할
물류시스템의

'지식'과 '기술' 제2판

이시카와 카즈유키 지음 / 오영택 감역 / 황명희 옮김

BM (주)도서출판 성안당

프롤로그

█ 코로나 장기화로 급변하는 물류 개혁

코로나가 장기화되면서 물류가 기업 경쟁력의 원천이 되었다. 소매업에서는 아마존(Amazon)이나 라쿠텐(樂天)과 같은 온라인 기업뿐 아니라 물류를 무기로 비즈니스를 확대하는 기업이 성장하고 있다. 또한 원재료를 판매하는 기업 간 거래에서도 품질과 가격 이상으로 고도화된 물류 서비스를 제공해서 납입처 기업에 편리성을 주는 방식으로 매출을 확대하는 기업이 있다.

물류라고 하면 3D(Dirty(더럽고), Difficult(힘들고), Dangerous(위험한)) 직종으로 여겨졌으나 최근 들어 물류가 기업 경쟁력에 영향을 미치는 상황이 되었다.

또한 트럭 운전기사 부족과 세계적인 수송량 확대에 수반하는 수송 선박 거래가 활발해지면서 물류가 비즈니스의 병목현상(bottleneck)이 되는 사태도 일어나고 있다. 물류를 효율화하지 않으면 기업 이익과 수배송 비용에 미치는 악영향의 위험성을 피할 수 없다. 코로나로 인해 공장이 가동하지 않거나 수송에 어려움이 생겼기 때문에 물류가 더욱 더 중요해졌다.

그럼에도 불구하고 수송과 하역 작업 이외의 전반적인 물류 업무는 효율적으로 설계되어 있지 않은데다 시스템화도 더딘 상황이다.

물류가 중요해지고 있는데도 물류 시스템에 어떠한 것이 있고 어떻게 도입하면 성공하는지에 대한 논의는 소홀하다. 또한 물류는 물류 부문만 독립해서 업무를 영위하는 것이 아님에도 불구하고 영업이나 생산 등 관련 부문과 업무적인 연계를 고려한 설명도 거의 찾아볼 수 없다.

결과적으로 물류에 관한 논의의 대부분이 옛 방식을 답습한 작업 개선과 물류 부문 내의 업무 개선에 치우쳐서 기업 경쟁력과 크게 상관없는 대응 업무에 내몰리는 상황이다.

이렇게 되면 물류가 기업 경쟁력에 공헌하기는커녕 물류 시스템의 도입도 원활하지 않은 실정이다. 물류 업무는 물류 부문에만 한정되지 않고 여러 업무 부문

간에 연계해서 이루어진다. 물건을 구입하는 것부터 고객에게 배달하기까지 일련의 업무를 포괄하여 물건의 구입 단계에서부터 시스템을 도입하지 않으면 경쟁력을 강화할 수 없다.

그러나 지금까지 물류는 일련의 업무 흐름의 일환으로 논해지지 않았다. 때문에 많은 물류 시스템이 물류 부문에 국한해서 도입되는 탓에 주위 업무와 연계되지 않아 정보 공유가 어려웠다. 그 결과 기능의 과부족과 중복이 발생하여 효과를 올릴 수 없었다.

▌수직 업무화된 기업을 이끌어 나갈 엔지니어가 필요

이러한 상황은 그야말로 수직적 업무의 폐해를 단적으로 보여준다. 수직적 업무 시스템하에서 자신이 속한 부문의 업무 외에는 모르는 데다 연계를 생각하지 않는 상황이 물류 시스템의 도입을 어렵게 하고 있다.

주요 물류 시스템이라고 하면 창고 관리 시스템(WMS; Warehouse Management System)과 수배송 관리 시스템(TMS; Transportation Management System)을 들 수 있다. WMS든 TMS든 창고 관리 부문과 수배송 관리 부문이 단독으로 도입하는 것보다 유관 업무나 시스템과 일관된 업무 흐름에 맞춰 도입하는 것이 필요하다.

예를 들면 발주 후 입고 예정 정보가 정확하게 창고에 연계되지 않으면 신속한 입고 처리가 불가능하다. 또한 출고 지시가 창고에 떨어졌을 때 어느 로트 넘버를 먼저 출고해야 할지에 대한 정보가 없으면 정확하게 출고할 수 없다. 또 출하 예정 정보가 없으면 적정한 대수의 트럭을 준비할 수 없다.

또한 최근 필수가 된 생산 이력 관리(traceability)와 물류 추적(tracking)의 실현을 위해서는 생산, 조달, 영업 같은 각 부문과 업무 및 시스템 연계가 반드시 필요하다.

엔지니어에게는 유관 업무와 연계를 적절히 수행하여 원활하게 물류 시스템을 도입하는 스킬과 지식, 경험이 요구된다. 기업 경쟁력에 큰 영향을 미치는 물류 시스템이란 단순히 하역과 배송 같은 물류 작업의 효율화를 높이는 데 그치지 않고 유관 업무와 적절하게 기능이 연계되어 고도의 물류 품질과 물류 서비스를 신속하게 실현할 수 있는 시스템을 말한다.

많은 기업에서 부문 간 따로따로 업무를 하고 있다. 부문을 연계한 물류 시스템을 만들어 경쟁력 있는 물류를 구축하기 위해서는 물류 시스템을 도입하는 엔지니어가 주도해서 이끌어가야 한다. 엔지니어는 그만큼의 스킬과 경험이 요구되는 한편 전문가로서 업무를 추진하는 중요한 역할을 맡고 있다.

또한 엔지니어는 물류시스템의 전체 업무를 이해한 후에 시스템을 도입해야 한다. 개별 최적화 내지 프로그램 테스트 수준으로 업무를 마치는 시대는 끝났다. 비즈니스상의 요구를 충족하기 위해서는 물류 업무의 흐름을 이해하고 기능을 명확히 구분해서 요건을 정의해야 한다. 상세 설계와 프로그램 레벨이 아닌 업무 설계와 기능 요건 정의가 중요하다. 물류와 유관 업무의 기능을 망라해서 파악하고 기능과 연계를 명확히 정의하는 것이야말로 물류 시스템 도입을 성공시키는 열쇠이다.

▌본서의 구성

본서에서는 기업의 경쟁력에 공헌하기 위한 물류 시스템 도입을 가능케 하는 항목을 많이 담았다. 특히 WMS와 TMS를 도입하는 엔지니어가 알아야 할 필수 내용과 개념을 망라했다.

제1장에서는 물류에 밀려드는 거대한 변혁의 물결에 대해 설명했다. 물류가 기업 경쟁력 제고에 그 어느때보다 중요해지고 있음을 알 수 있을 것이다.

제2장에서는 물류란 무엇인지를 설명했다. 이 장에서는 무턱대고 창고 업무와 수배송 업무에 뛰어드는 게 아니라 큰 시야에서 물류를 이해 있게끔 구성했다.

제3장에서는 물류의 기능을 설명하고 이어서 제4장에서는 창고 관리 업무와 창고 관리 시스템(WMS), 제5장에서는 수배송 업무와 수배송 관리 시스템(TMS)을 살펴봄으로써 시스템을 구축하는 엔지니어가 업무 기능의 흐름에서 시스템 기능을 이해하도록 했다.

제6장은 발주 계산에 대하여 살펴봤다. 과거의 물류 서적 중에는 발주 계산을 물류 업무로 다룬 것이 있는데 발주 계산은 본래 물류 업무는 아니다. 그러나 포장 자재 관리 업무에 발주 계산이 있으므로 장을 할애해서 설명했다.

제7장에서는 물류의 부가가치 업무인 트레이서빌리티와 트래킹을 소개했다. 트레이서빌리티와 트래킹은 물류 단독으로는 구축할 수 없는 시스템이다. 물류 시스템을 만드는 엔지니어는 생산과 구매, 영업 같은 물류를 둘러싼 유관 업무와의 관계에 대한 이해가 필요하기 때문에 업무 흐름에 따라서 해설한 이 책의 내용이 상당히 도움이 될 거라 생각한다.

제8장은 SCM(Supply Chain Management)에 대해 다루었다. 그리고 조직보다

더 큰 물류 관리의 중요성에 대해 설명한다.

제9장에서는 WMS의 시스템 기능과 도입 시 유의사항을, 제10장에서는 TMS의 시스템 기능과 도입 시 유의사항을 정리했다. 엔지니어가 시스템을 구축할 때 도움이 될 것이다.

마지막 제11장은 물류에서 일어나는 새로운 흐름과 비즈니스 기술을 거론했다. 사물인터넷(IoT ; Internet of Things), 드론, 자율주행 등 물류 기술에 큰 영향을 미치는 요소들에 대해 살펴본다.

█ 물류 디지털 트랜스포메이션 완전 대응

이번 개정판에서는 디지털 트랜스포메이션(DX : Digital Transformation)을 포함한 물류상의 응용 예와 응용 가능성에 대해 살펴보고, 관련 항목을 추가했다. DX의 일부 기능은 피킹 DX의 일환으로서 증강 현실(AR : Augmented Reality)을 자사의 물류시스템에 통합할 수도 있다. 한편, 자율주행 등의 기술은 한 기업이 만들기보다는 차량 제조사와 정부·자치단체의 연구와 법 정비 결과를 지켜보면서 도입하게 될 것이다.

최근 DX라는 단어가 자주 등장하고 있다. 그러나 그 단어의 이면에는 완전 새로운 혁신적인 기술뿐만 아니라 침체된 기술이나 기존 기술에 그럴싸한 이름을 다시 붙인 것도 있다. 유행에 휘둘리지 말고 냉정하게 각각의 기술을 검증하고 실질을 판별하여 대응해야 할 것이다.

█ 구입에서 고객에게 도착하기까지를 고려한다

이 책은 엔지니어가 물류시스템을 구축할 때 물류시스템이 갖춰야 할 기능, 물류시스템 외에 갖춰야 할 기능을 명확하게 구분할 수 있는 프레임워크를 제공하고 있다. 물류는 점점 창의적으로 스마트화되고 있다. 물류는 단순히 물건을 보관하고 운반하는 작업이 아니라 기업 경쟁력으로 직결되는 기능으로 진화하고 있는 것이다. 이 책이 물류를 경쟁력으로 인식하고 구입에서 고객에게 도착하기까지 일련의 업무 흐름을 고려하여 물류를 개혁·개선하고 물류 시스템을 도입하는 사람들에게 도움이 되기를 바란다.

2021년 11월 이시카와 카즈유키

제 3 장 │ 물류 업무를 기능으로 이해하기

제 4 장 │ 창고 관리 업무와 창고 관리 시스템

제 5 장 │ 수배송과 수배송 관리 시스템

제 6 장 | 발주 관리와 ERP

제 7 장 | 트레이서빌리티(traceability)와 트래킹(tracking)

제 8 장 | SCM(Supply Chain Management)

제 9 장 | WMS의 기능과 도입 시 유의사항

제 10 장 | TMS의 기능과 도입 시 유의사항

제 **11** 장 ┃ 물류의 새로운 흐름과 비즈니스 기술

제 **1** 장

물류에 큰 변혁의
물결이 밀려온다

물류를 지배해야 비즈니스를 지배한다

아무리 온라인이 발달해도 물건을 나르는 힘이 경쟁력을 좌우한다

▌물류야말로 경쟁 우위를 구축하는 최중요 업무

물류 업계는 큰 변혁을 이루었다. 예부터 물류는 힘들고 거친 업무라는 좋지 않은 선입견이 따라다녔다. 그러나 지금은 **물류의 존재가 기업 경쟁력에 직접 영향을 미칠 정도로 중요한 업무**라는 인식이 자리 잡고 있다. 물류 업무의 성패가 회사의 실적에 영향을 미칠 정도이다.

▌제조업과 소매업에 큰 영향을 미친 다빈도 납입

예를 들어 **다빈도 납입**이라는 물류 형태가 제조업과 소매업에 큰 영향을 미쳤다. 다빈도 납입이란 하루에 여러 차례 납입해서 체류하는 재고량을 낮게 억제하면서도 품절되지 않도록 하는 수법이다.

다빈도 납입은 제조업에서 발달한 방식이다. 자동차 산업에서 생산 타이밍에 맞추어 시간 지정 납입을 부품 제조사에 의뢰하고 하루에 몇 번이고 제조 라인에 납입을 하도록 했다. 이것이 이른바 **저스트 인 타임**(JIT; Just in Time)이라 불리는 납입이다.

다빈도 납입이 실현되면 부품 재고는 필요한 타이밍에 필요한 양만큼 필요한 장소에 배달되기 때문에 재고를 최대한 줄일 수 있다. 다시 말해 자동차 산업의 효율화는 부품 제조사의 물류가 지탱했다고 해도 과언이 아니다.

마찬가지의 일이 소매 업계에도 일어났다. 바로 편의점의 등장이다. 편의점은 매장별로 다양한 상품을 갖추고 있지만 점포가 작기 때문에 보유하고 있을 수 있

는 재고량에는 한계가 있다. 그래서 재고의 단품 관리(상품 개개의 재고관리와 매출 관리)를 통한 정교한 재고관리로 재고량을 줄이고 또한 잘 팔리는 상품을 신속하게 납입하기 위해 다빈도 납입을 도입했다.

다빈도 납입을 실현하기 위해 편의점에서는 센터 창고를 설치하고 매장의 요구에 맞춰 단사이클로 출하와 납품을 하는 체제를 정비하고 매장에 도착하면 바로 납품할 수 있도록 매장별로 물품을 갖추는 매장별 피킹을 실시했다. 그 결과 편의점은 언제 가도 원하는 물품을 갖추고 있는 편리성으로 소비자를 유인하여 소매업의 최대 세력으로 도약할 수 있었다.

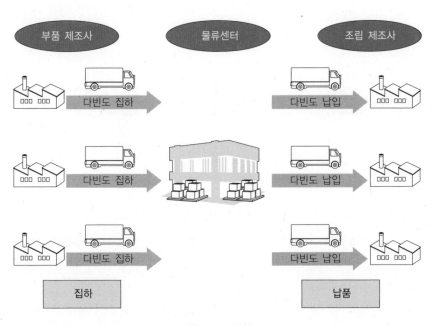

◆다빈도 납입이란?

온라인 소매업의 물류 경쟁 심화

온라인 소매업의 물류 경쟁이 날로 치열해지고 있다. 아마존의 등장으로 온라인 소매는 비약적으로 발전했다. 다소 업태가 다르지만 일본의 라쿠텐(樂天)도 온라인을 통한 유통을 개척하여 온라인 소매의 길을 개척했다.

온라인 소매의 경쟁 우위성은 상품 구색과 배송 속도이다. 온라인 소매는 여타 소매와 같이 한정된 매장 공간에 재고를 보유할 필요 없이 대규모 물류센터에 재고를 보유하면 상품 구색에서 우위에 설 수 있다.

또한 온라인 소매업 간에서는 얼마나 빨리 상품을 구매자가 있는 곳까지 배달할 수 있는가 하는 점에 경쟁의 역점이 옮아가고 있다. 치열한 물류 서비스 경쟁이 펼쳐지는 것이다.

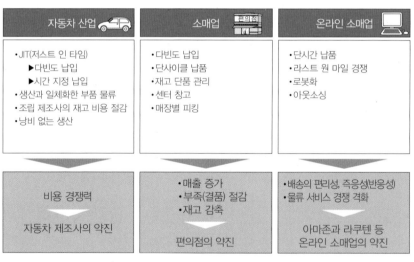

자동차 산업	소매업	온라인 소매업
• JIT(저스트 인 타임) ▶ 다빈도 납입 ▶ 시간 지정 납입 • 생산과 일체화한 부품 물류 • 조립 제조사의 재고 비용 절감 • 낭비 없는 생산	• 다빈도 납입 • 단사이클 납품 • 재고 단품 관리 • 센터 창고 • 매장별 피킹	• 단시간 납품 • 라스트 원 마일 경쟁 • 로봇화 • 아웃소싱
비용 경쟁력 자동차 제조사의 약진	• 매출 증가 • 부족(결품) 절감 • 재고 감축 편의점의 약진	• 배송의 편리성, 즉응성(반응성) • 물류 서비스 경쟁 격화 아마존과 라쿠텐 등 온라인 소매업의 약진

◆ 물류로 경쟁 우위를 확보하는 중요 업무

이처럼 각 업계에서 물류를 장악하는 것이 업계의 최고 유력 기업으로 성장하는 시대가 된 것이다. **QCD**(Q; Quality, C; Cost, D; Delivery) 중에서 Q=품질과 C=비용을 통한 경쟁과 차별화가 어려워지는 가운데 D=배달=물류 서비스의 레벨 향상이 경쟁 우위를 차지하는 중요한 요소가 됐다.

QCD는 주로 제조업에서 사용되는 목표 지표이다. Q는 품질 목표이고 양품률 99.99%와 같은 식으로 설정된다. 물류에서는 오출하율 0.05% 이하 등으로 설정된다. C는 비용 목표이다. 물류라면 물류비 목표는 매출액 대비 물류비 4% 등으로 설정된다. D는 납기(배달)로 납기 준수와 수송 리드타임을 의미하며 납기 준수율 99.5% 내지 리드타임 1일과 같은 식으로 설정된다.

경쟁력 있는 물류 네트워크를 구축하기 위해서는 수작업에 의존하지 않고 적절한 물류 시스템을 도입하는 것이 필수이다. 물류 시스템의 수준이 기업 경쟁력으로 직결되는 시대가 도래한 것이다.

물류 서비스 경쟁이 매출을 높인다

물류 서비스가 고객의 구매를 결정한다

▌온라인 소매에서 시작된 라스트 원 마일 경쟁

물류 서비스에서 치열한 경쟁을 펼치고 있는 것이 온라인 소매이다. 일본의 대표주자는 아마존재팬과 라쿠텐이다. 양사는 고객에게 물건을 배달하는 물류 영역에서 경쟁하고 있다. 이 영역을 **라스트 원 마일(last one mile)**이라고 한다.

라스트 원 마일은 최종 소비자에게 물건을 건네는 최후의 물류 영역을 말한다. 긴 세월 물류 영역은 매장에서 제품을 구입한 고객이 직접 갖고 돌아가거나 혹은 일부 고객이 개별적으로 택배업자 등에 위탁해서 운반해 받는 형태였다. 이 최후의 영역을 자사의 물류 서비스에 반영함으로써 서비스 경쟁이 격화하고 있다.

아마존재팬의 아마존 프라임, 라쿠텐의 아스라쿠(あす楽, 일본의 익일 배송 서비스-역자) 등이 라스트 원 마일에 해당한다. 두 회사는 얼마나 짧은 시간에 주문받은 물건을 고객에게 배달할 수 있는지를 놓고 경쟁하고 있다.

단시간 배송이 가능하려면 다음과 같은 구조를 구축해야 한다.

우선 수주를 하면 즉시 출하할 수 있도록 피킹 지시와 배송 지시를 해야 한다. 이어서 배송지를 지정하고 적절하게 방면별로 화물을 분류하고 정리해서 단시간에 트럭을 출발시킨다. 이와 더불어 단시간 배송을 위해 마련한 소규모 창고와 차량(재고 포인트 또는 출하 포인트) 중에서 가장 빠르게 배달할 수 있는 수단을 수주 시에 즉석에서 지정해야 한다. 수주 즉시 재고 포인트 또는 출하 포인트 지정, 재고 유무 확인, 출하 지시를 단숨에 신속하게 처리하기 위해서는 시스템이 제대로 구축되어 있지 않으면 불가능하다. 사람 손을 거쳐야 한다면 제시간에 도착할 수 없기 때문에 **수주에서 배송까지 아우르는 시스템화는 필수**이다.

　라스트 원 마일을 선점하면 높은 서비스 레벨로 수행하여 고객 확보가 가능하다는 전제가 있기 때문에, 남겨진 최후의 물류 영역을 누가 장악할 것인지가 살아남기 위한 중요한 열쇠가 되고 있다. 그러나 실현하기에는 상당한 물류비가 들기 때문에 실제로 서비스가 성립되는 것은 인구가 많은 도시권에 한정될 것이다.

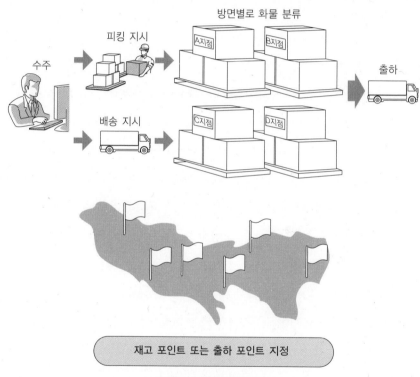

◆ **라스트 원 마일의 구조**

B2B 비즈니스에서도 물류 서비스 레벨이 경쟁력이 된다

Business to Consumer(B2C)와 Business to Business(B2B)는 제법 익숙한 단어이다.

B2C란 소비재를 만드는 기업을 가리킨다. 가령 컴퓨터와 프린터, 화장지와 기저귀, 자동차와 오토바이 같은 최종 소비자용 제품을 만들어 배달하는 기업을 말한다.

이에 대해 B2B란 생산재를 만드는 기업을 말한다. 가령 전자제품, 종이 펄프, 엔진과 핸들 같은 다른 제조업에 납품하는 제품을 만드는 기업이다.

현대 사회에서 최종 소비자에게 물건을 배달하는 B2C뿐 아니라 기업 간 거래인 B2B 영역에서도 물류 서비스는 중요한 경쟁력으로 대두되고 있다.

예를 들면 공장에서 부품을 조달할 때 납기일에 부품이 배달되지 않으면 생산에 지장을 초래한다. 더욱이 자동차 산업을 중심으로 저스트 인 타임(JIT) 납입이 요구되기 때문에 정확성뿐 아니라 계획 변경에 대응해서 신속한 배송이 요구된다. 고객의 요구를 충족시키는 JIT 납입이 불가능하면 부품 공급업자로 선정되기 어렵다.

JIT 요구에 부응하기 위해서는 자사의 제조를 납입처 고객의 제조와 같은 타이밍으로 맞추거나 그렇지 않으면 납입처 가까이에 창고(JIT 창고)를 설치해서 납입 지시에 맞추어 단시간에 납입할 수 있는 체제를 구축해야만 한다. 제조를 동기화시키는 경우는 제조가 완료되는 즉시 출하해야 하므로 트럭을 제조 스케줄에 맞춰 수배해야 한다. JIT 창고를 두는 경우는 납입 지시부터 출하 지시, 피킹, 적재, 수송을 신속하게 실시할 수 있는 구조가 필요하다.

B2B의 물류 영역의 서비스 경쟁은 다른 비즈니스 영역으로도 확대됐다. 가령 소매 점포에 물건을 배달하는 경우이다. 각 납입업자가 따로따로 물건을 가져오면 점포도 그때마다 번번이 짐을 수령해야 해서 인력 문제로 수월하지 않다. 그래서

물건을 집약해서 일괄 납입하는 구조를 구축해 주는 물류 서비스가 중요해지고 있다.

이처럼 납입처의 작업 공수를 낮출 수 있는 서비스도 중요한 경쟁 요인으로 자리 잡아가고 있다.

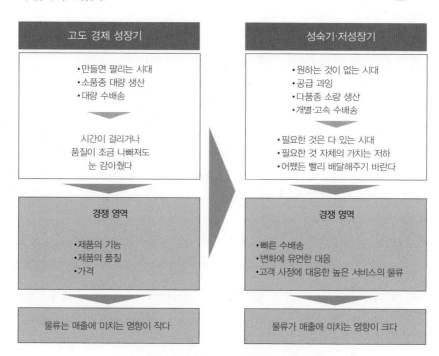

고도 경제 성장기	성숙기·저성장기
•만들면 팔리는 시대 •소품종 대량 생산 •대량 수배송	•원하는 것이 없는 시대 •공급 과잉 •다품종 소량 생산 •개별·고속 수배송
시간이 걸리거나 품질이 조금 나빠져도 눈 감아줬다	•필요한 것은 다 있는 시대 •필요한 것 자체의 가치는 저하 •어쨌든 빨리 배달해주기 바란다
경쟁 영역	경쟁 영역
•제품의 기능 •제품의 품질 •가격	•빠른 수배송 •변화에 유연한 대응 •고객 사정에 대응한 높은 서비스의 물류
물류는 매출에 미치는 영향이 작다	물류가 매출에 미치는 영향이 크다

◆ **물류 서비스 레벨 경쟁이 매출을 증대시킨다**

1-3 인력 부족을 해결하는 효율화의 진전

인력 부족으로 물류가 기업 성장과 매출 확보에 걸림돌

심각한 인력 부족과 트럭 수요의 한계

저출산 고령화로 인한 노동력 인구 감소가 우려되는 가운데 문제가 두드러지는 곳이 물류 업계이다. 특히 **트럭 업계의 인력 부족**은 심각하다.

트럭 운전자의 업무는 중노동에 가깝다. 물건을 운반하는 것뿐만 아니라 때로는 적재, 적하, 창고 납품 업무도 해야 한다. 적재가 늦어져도 납입처에서는 지연되는 것을 허용하지 않고, 그렇다고 무리한 운전으로 교통 위반과 사고를 일으킬 수도 없어 정신적인 압박 강도가 높다.

과거에는 자부심을 갖고 일하던 운전자도 많았고 열심히 하면 노력한 만큼 수입이 보장되었기에 매력적인 업계였다. 그러나 물류 자유화로 경쟁이 심화되면서 수입이 좋아지지 않고 엄격한 작업 환경으로 인해 운전자가 되려는 사람이 감소하고 있다.

한편 온라인 소매업의 신장으로 택배를 비롯한 물류에 대한 요구가 높아지고 있다. 화물량이 늘었는데도 불구하고 사람은 늘지 않기 때문에 심각한 운전자 부족 현상이 일어나고 있다. 택배 속도 향상, 시간 지정 대응, 재배달 등의 요구가 거세짐에 따라 운전자 부족 문제가 한층 더 심화되고 있다.

기업 간에 이루어지는 물류 효율화

이런 경향은 앞으로도 이어질 것으로 예측된다. 따라서 효율적인 다양한 수단이 필요하다.

오래전부터 거론되던 **공동배송**도 본격화했다. 과거와 같이 각 회사가 개별적으로 운송하면 트럭의 적재효율과 운행효율이 악화된다. 하지만 여러 회사에서 공동으로 배송하면 그만큼 효율이 높아진다.

경쟁 타사에 자사의 매출이 드러난다거나 거래량이 많은 기업에게 주도권을 빼앗길 거라는 우려 때문에 공동배송은 엄두를 내지 못했다. 그러나 물류비용이 급격하게 상승하면서 서로 협력하는 편이 메리트가 크다고 인식하는 업체가 등장했다.

예를 들면 가전업계와 과자업계에서는 이미 공동배송을 실현하고 있다. 가전업계는 각 가전 매장, 과자업계에서는 슈퍼와 편의점 등 납입처가 같은 경우가 다수 있다. 이처럼 납입처가 같으면 공동으로 배송하기 쉽다.

공동배송과 마찬가지로 오래전부터 회자되던 것이 **복화 운송**(공차 리턴편)의 활용이다. 복화(復貨) 운송이란 다시 돌아오는 수배송을 가리키, 어느 장소에 수배송을 마친 빈 트럭(공차)을 활용하는 발상이다.

지금까지의 구차구화(求車求貨)매칭 시스템은 화물칸이 비는 타이밍을 맞추기 어려운 데다가 모르는 업체에게 물류를 위탁해야 하는 불안감과 번거로움이 있어 별다른 발전이 없었다. 그러나 인터넷상의 앱을 사용하는 ASP(Application Service Provider)를 이용하면 편리하기 때문에 보급이 빨라지고 있다(153쪽 참조).

장기적으로 기업 간에서 리턴편을 상호 융통하는 사례도 있을 것으로 예상된다. A도시에서 B도시에 정기적으로 물건을 나르는 화주가 리턴편이 항상 공차라면 반대로 B도시에서 A도시에 물건을 운반하는 화주와 팀을 이루면 왕복으로 짐을 싣고 운행할 수 있다. 일부 제조사 간에서는 이런 식으로 리턴편을 활용하고 있다.

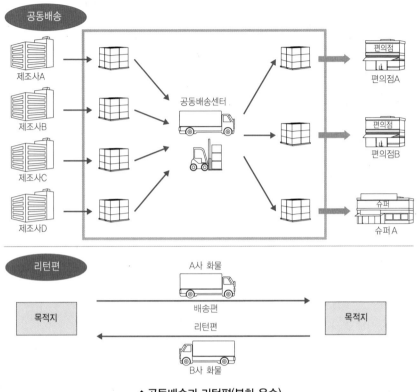

◆ 공동배송과 리턴편(복화 운송)

▌물류의 아웃소싱과 자사 물류의 최적화

한때 '갖지 않는 경영'이 유행하여 물류를 자사에서 운영하지 않고 아웃소싱하는 것이 일반적이었다. 이른바 '떡은 떡집에 맡긴다'는 식으로 물류 전문 기업에 위탁하는 편이 서비스 질이 높고 비용이 저렴한 경우가 많기 때문이다. 자사에서 모든 물류 시스템을 구축하는 것은 곤란하므로 적재적소에서 아웃소싱을 해온 것이다.

그러나 물류비의 급등과 인력 부족으로 자사 물류로 회귀하는 기업도 나오기 시작했다. 일본의 경우 동일본대지진 직후 자사 물류 기업은 스스로의 힘으로 수배송을 조기에 재개하기도 했다.

이러한 점도 있어 **아웃소싱과 자사 물류의 최적 조합을 생각할** 필요성이 제기되고 있다.

택배업의 물류 인력 부족 대응

택배 업계의 인력 부족은 심각하다. 현재 진행되고 있는 대책은 편의점 집하와 택배 박스의 설치 등이다. 또한 장기적으로는 자율주행 트럭에 의한 수배송, 우버 (Uber)와 같은 물류업자 외의 활용, 배송의 드론화 등이 있다.

그리고 지금과 같은 코로나 상황에서는 고속철도와 일반 철도를 활용한 수송 업무도 등장하고 있다.

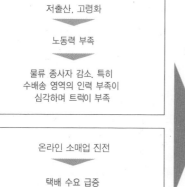

◆ 인력 부족에 의한 효율화 대응

물류의 글로벌화

전 세계 수요와 공급이 네트워크화된 글로벌 물류

▌물류 네트워크 디자인과 수송 모드 선택이 열쇠

해외 시장의 확대로 인해 국내의 제조업이 전 세계로 진출하면서 물류업계도 **글로벌화**가 진행되고 있다.

국내에 제조 거점이 있을 때는 국내에서 상품을 수출한다. 국내에 공장이 있는 장소에 따라서 선박 수송이냐 항공 수송이냐에 따라 선적항이 바뀐다. 그러나 선적항에 따라서는 선편 빈도가 적거나 항공 항로가 없는 사태도 발생한다. 그렇게 되면 다른 선적항에서 출하하기 위해 가격이 높은 국내 안에서 수송을 해야 해서 물류비가 높아진다.

선박 수송과 항공 수송 어느 쪽을 선택하느냐에 따라 비용도 큰 영향을 미친다. 부가가치가 높고 라이프사이클이 짧은 하이테크 제품은 항공 수송으로도 충분히 비용을 조달할 수도 있지만 부가가치가 낮은 물품은 항공 수송으로는 비용이 맞지 않아 선박 수송을 선택한다. 한때 높은 부가가치가 붙은 디지털카메라와 정밀기기도 서서히 단가가 내려가서 지금은 항공 수송을 하면 채산성이 맞지 않는다. 때문에 인근 국가라면 선박 수송으로 전환하는 방법도 검토되고 있다.

한편 재고가 없으면 고객이 당장 피해를 입는 수리용 보수 부품과 소모품의 경우 부가가치가 높은 것은 항공 수송을 선택한다. 가령 저렴한 것이라도 항공 수송에 의해서 보충 사이클을 짧게 해서 재고를 줄일 수 있다면 재고 보관비용이 저렴해지므로 항공 수송을 선택하는 경우도 있다.

국가에 따라서는 선박 수송 시 도착지의 선택이 중요한 경우도 있다. 미국이라면 서해안이냐 동해안이냐에 따라 양하비용이 다르다. 도착항을 기점으로 한 육상 수송비를 합산해서 어느 도착지가 유리한지 검토한다. 육상 수송비가 현저히 높은 호주 등의 대륙 국가에서는 도착지가 1개소라면 물류비가 높아지기 때문에 복수의 도착지를 이용하기도 한다.

또한 이전에는 컨테이너 수송 도착지(목적지)별 환적항으로 부산을 많이 이용했다. 각지에서 적재된 컨테이너를 일단 부산에 집결시킨 후 도착지별로 환적해서 수송하면서 부산이 해운의 허브 역할을 했으나 현재는 중국이 그 자리를 대신하고 있다.

각 국가마다 허브 항만과 허브 공항을 자국에 구축하려고 적극적으로 나서고 있어 글로벌 물류는 앞으로도 크게 변화할 것이다.

▌글로벌 물류의 퍼포먼스를 측정해야 한다

글로벌 네트워크는 선박 수송이냐 항공 수송이냐의 선택, 선적지와 도착지의 선택, 육상 수송비 판단, 허브 선택, 해운업계의 스트라이크 리스크 등 판단해야 할 요소가 많이 있어 **선박 또는 항공 수송의 수송 모드 선택과 물류 네트워크의 디자인이 매우 중요하다.**

이때 알아둬야 할 것은 항로(뱃길), 공로(하늘길)별 단가 정보이다. 물류 관계자는 적극적으로 단가 정보를 수집해야 한다.

아울러 항구의 제반 비용과 육송 비용을 관련 각 회사에서 취합하고 이를 토대로 출하지에서 수입국 창고까지 소요되는 조달물류비(인바운드 비용)와 창고에서 고객까지 소요되는 판매물류비(아웃바운드 비용)를 검토한다. 인바운드 비용과 아웃바운드 비용에 창고비를 합산해서 총 물류비를 산정한다.

글로벌 물류의 매출액 대비 물류비는 대개 수%이다. 총 물류비를 분류해서 인바운드 비용, 아웃바운드 비용, 창고비를 각각 파악하고 위에서 설명한 수송 모드의 선택과 물류 네트워크를 재구축한다. 또한 지속적인 단가 교섭과 작업 개선을 통해 비용 개선을 지향한다.

개선을 하려고 해도 물류비 실적을 정확하게 알지 못하면 어디부터 손을 대야 좋을지 알 수 없다. 물류비 실적 수집과 관련한 인프라가 제대로 정비되어 있지 않아 업무의 표준화와 실적 비용 수집의 규칙화 및 시스템화가 과제가 되고 있다.

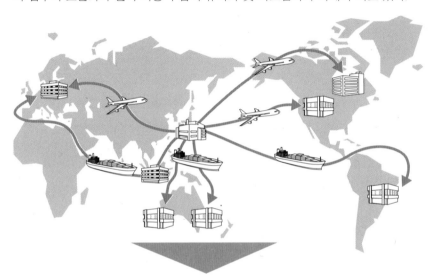

글로벌 물류는 시시각각 가격이 변동하고 새로운 수송 루트의 개발과 허브 항만·허브 공항 경쟁이 심화하고 있다.

비용 개선을 위해서는
· 물류 네트워크 구축
· 수송 모드 선택
· 단가 교섭 등
이 항상 필요한 만큼 물류가 전략적인 업무 영역이 된다.

◆ 글로벌화하는 물류

1-5 진행 중인 판매물류 개혁과 지금부터 시작될 조달물류 개혁

판매물류에 비해 더딘 조달물류 개혁·개선

▌판매물류라는 업무 영역의 인식과 개혁 상황

판매 이후 고객에게 물건을 도착하기까지의 업무 영역을 **판매물류**라고 한다. 수주, 출하, 배송, 매출 청구에 이르는 일련의 업무 흐름과 물품 흐름이 판매물류의 대상 영역이 된다.

최근 판매물류 영역의 개혁 기운이 고조되고 있다. 라스트 원 마일 경쟁과 물류 서비스 레벨 경쟁에서 보듯이 판매물류 영역의 업무가 기업 경쟁력에 큰 영향을 미치기 때문이다.

그러나 기업은 조직별로 전문 분야가 특화해 있기 때문에 판매와 물류 부문을 따로 떼어서 효율화 개혁에 착수하고 있어 개혁·개선의 기회와 효과가 조직 내에서 따로따로 책정되고 있다. 그 결과 효과가 불충분하고 조직 내의 자기만족적인 개선에 그치거나 심한 경우에는 조직 내 효율화가 다른 조직에 악영향을 미치기도 한다. 실제로 저자가 아는 기업에서도 물류 부문이 재고 삭감을 명목으로 창고를 통합해 버린 탓에 결품과 수송 시간이 장기화되는 폐해가 발생했다. 재고가 줄었다고 해도 결과적으로 매출이 대폭 감소하는 실패로 이어졌다.

이처럼 판매물류 관리 측면에서 총체적으로 업무를 파악하는 시점이 결여되어 있으면 기업 경쟁력과는 무관한 개별 조직 개선에 빠져 문제가 일어난다.

'만들면 팔리는 시대'가 끝나고 성숙한 시장에서 경쟁하고 있는 지금, 개별 조직의 개선 사항을 더한다고 해서 기업 전체의 경쟁력을 강화하지는 못한다. 특히 판매물류 영역은 고객과의 접점에 해당하는 수주에서 출하, 매출 청구에 이르는 일련의 흐름이므로 단순한 물류라고 받아들일 것이 아니라 판매물류라는 고객 서비스를 통해서 매출을 확대하는 중요한 경쟁력의 원천이 된다는 인식이 필요하다.

나아가 판매물류 업무를 원활하게 수행할 수 있는 시스템 지원도 중요하다. 일련의 판매물류 흐름이 구축되어 있으면 원활한 업무 진행과 구체적인 시스템 지원이 가능하다.

반대로 판매물류라는 관점 없이 개별 업무 단위로 업무를 진행하면 사람 중심이 되어 낭비되는 요소가 발생한다. 효율이 떨어지고 서비스 수준도 차이 날 뿐 아니라 실수도 많아져서 업무라고는 부를 수 없는 단순한 사내 조정 작업이 대량으로 발생한다. 그에 따른 피해는 고스란히 고객에게 돌아간다. 시스템 지원도 없으므로 모두 수작업으로 대응해야 한다. 이래서는 기업 경쟁력이 악화될 뿐이다.

오늘날의 기업은 고객과 접촉하는 현장의 경쟁력을 높이기 위해 판매물류 영역에서 **경쟁력 있는 업무 시스템을 구축하지 않으면 안 된다**. 더 이상 물류 조직 단독으로만 생각하면 되는 시대는 아니다.

▎조달물류라는 업무 영역의 인식과 개혁 상황

판매물류 영역에 대해 원재료와 부품, 구입 상품 등을 조달해서 사입하는 물류를 **조달물류**라고 한다. 조달물류 영역의 개혁·개선은 더디게 진행되고 있다. 그 이유는 조달 관련 업무를 공급업자에게 의존하고 있는 데다 기업 내에 조달물류라는 개념과 업무 인식이 희박하기 때문이다. 인식하지 못하는 업무를 개선할 수는 없다. 만약 당신의 회사에 조달물류라는 단어가 없고 납입을 공급자에게 맡기고 있다면 개선의 여지는 있다.

자동차 회사의 JIT 납입은 조달물류의 대표적인 개혁 사례이다. 조달에 관한 납입을 생산과 동기화시키기 위한 업무 시스템이 구축되어 있다. JIT를 성립시키기 위해서는 발주 기업과 공급자 간에 계획의 공유와 납입 지시의 연동과 같은 업무가 설계되어 있어야 한다.

또한 조달물류 영역에서 비용을 개선하기 위해서는 **구입 물건의 단가와 납입 관련 물류비를 나누어 관리해야 한다.** 많은 기업에서 구입 단가에 물류비가 반영되어 물품비용과 물류비를 분리할 수 없다 보니 비용을 구분해서 원가를 절감하는 것이 어려웠다.

향후는 구입하는 물품의 단가와 물류비를 나누어 관리하는 것이 필요하다.

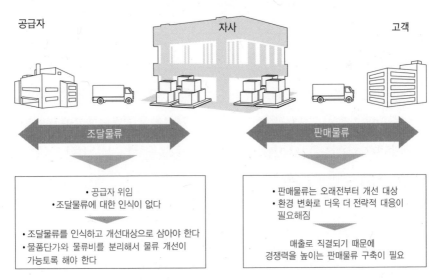

◆ 판매물류와 조달물류의 현상과 개선해야 할 점

물류의 새로운 흐름

자동화, 증강현실, 로봇화, 사물인터넷, 드론화

▌피킹, 수송 자동화와 증강현실(AR)

물류 업계는 다양한 기술을 구사하여 보다 높은 효율성을 위해 노력하고 있다. 효율성은 단순히 업자의 사정뿐 아니라 고객의 편리성을 최대한 고려하는 것이 전제이다. 다시 말해 고객 서비스 레벨의 향상과 비용절감을 양립시키는 것이다.

예를 들면 사람이 하던 **출고 작업(피킹)의 자동화** 움직임이다. 이 분야는 이미 로봇화가 상당히 진행됐다. 지금까지는 인력으로 하던 출고 작업을 기계와 로봇으로 대체해서 자동화하는 것이다.

자동 창고, 자동 피킹, 자동 반송, 자동 분류(소팅), 자동 포장 등은 이미 일반화됐다. 또한 완전자동화는 아니어도 작업의 일부를 자동화해서 기계와 작업자가 연계한 업무 효율화가 진행되고 있다. 가령 디지털 피킹에서는 물건이 실린 트레이에 부착된 전등을 점등시켜 미스가 없는 피킹 지시를 내린다. 또한 피킹 리스트를 보면서라면 손이 여유가 없어 작업 효율이 나쁘기 때문에 음성으로도 피킹 지시를 하고 있다.

피킹 리스트와 출하 전표, 납품자에 대한 데이터 전기(轉記), 인쇄도 컴퓨터상의 로봇에 의해서 자동화되기 시작했다. 물리적인 작업을 수행하는 작업 로봇이 아니라 업무 작업을 자동화하는 컴퓨터상의 로봇도 빠르게 도입되고 있다. 업무 작업에 전개되는 로봇화는 **RPA**(Robotic Process Automation)라고 부른다.

이처럼 작업자의 작업을 효율화한 다음 단계에는 **증강현실(AR:** Augmented Reality)을 이용한 작업도 곧 등장할 것이다. 머리에 쓴 헤드마운터에 지시 사항이 표시되어 일일이 손으로 확인 버튼을 누르지 않아도 작업이 진행된다. 작업에 오류가 발생할 것 같으면 헤드마운터에 경고 메시지가 표시되어 오류를 방지하고 작업을 마치면 센서로 작업 완료 상황이 보고되어 바로 다음 지시 사항이 표시된다.

인력 부족이 심화되는 수송 영역에서는 로봇에 의한 **자율주행**이 실용화 단계에 있다. 우선 장거리 수송용으로 안정된 운전을 할 수 있는 고속도로에서 자율주행이 시작될 전망이다. 그러나 한층 더 기술이 발전하고 법제도와 인프라가 정비되면 도심에서 자율주행이 실현될 것으로 예상된다.

▮사물인터넷(IoT)이 여는 새로운 물류

사물인터넷(IoT; Internet of Things)이라 불리는 사물의 인터넷화가 큰 흐름으로 자리 잡고 있다. 각 단말에 IP(Internet Protocol) 어드레스를 할당하면 센서 기술의 발전으로 데이터 수집 비용이 대폭 낮아지고 데이터 품질이 향상되어 각종 측정값을 자동으로 수집할 수 있게 된다.

IoT라는 단어가 등장하기 전부터 차량의 운행 데이터를 수집해서 운행 실적 가시화와 운전 기술 지도에 활용하거나 장비의 가동을 감시하는 등의 업무가 일반화되기 시작했다. IoT는 이러한 흐름을 더욱 더 가속시킨다.

센서에서 얻은 위치 정보와 지도 정보를 연동시켜 차량의 자율주행뿐 아니라 선박의 자율주행, 나아가 **드론**에 의한 자동 배송도 가능케 될 것이다.

한편 IoT가 실현되면 장밋빛 미래가 열린다는 시스템 제조사의 홍보 문구는 일찍이 RFID(Radio Frequency Identification)가 등장할 무렵에 보던 선전 문구와 비슷하다. RFID는 확실히 편리하지만 단순한 사물 인식용 기술에 불과했다. 효율화는 가능하지만 비즈니스를 근본부터 바꾸는 일은 현재로서는 실현되지 않고 있다.

그러나 IoT로 대표되는 기술의 영향력은 매우 커서 비즈니스 모델 자체를 변혁할 가능성이 있다.

창고 내 자동 반송차

증강현실·헤드마운터 디스플레이에 의한
피킹 지원

자동 창고

드론에 의한 자동 배송

물류 업계에도 기술 혁신이 일어나고 있다.

◆ 자동화, 증강현실, 로봇화, 사물인터넷, 드론화의 진행

1-7 물류 QCD 관리뿐 아니라 새로운 관리 지표도 필요

물류의 중요 지표 관리가 늦어지고 있다

▌물류 작업 관리상 QCD는 측정되고 있다

물류는 오래전부터 존재하는 역사 있는 업계이다. 물류 업계를 근대화해야 한다는 주장이 제기된 지 상당한 시간이 지났지만 여전히 진화하고 있는 단계에 머물고 있다. 과거 물류업계는 트럭 한 대만 있으면 사업이 가능했으며, 한때 누구나 사업에 대한 의도만 있으면 사업을 시작하고 중노동도 마다하지 않고 돈을 벌던 업계이다. 따라서 경영적인 시점에서 물류 비즈니스를 구축했다기보다 돈을 버는 것을 최우선으로 여겼다.

저자는 일찍이 일본의 구 통산성 프로젝트에서 중소 창고·물류업자용 시스템 기획 구상에 관여한 적이 있다. 그때 느낀 것은 중소 물류업자에게는 우선 매출을 올려 이익을 내는 것이 최우선 과제였기 때문에 경영적인 관리에 시간을 할애하지 못하고 감과 경험으로 마지막에 결산을 맞추는 식이었다. 따라서 제조업에서 당연시된 품질(Q; Quality), 비용(C; Cost), 납기(D; Delivery) 관리 수준이 낮을 뿐더러 QCD와 더불어 중시된 안전(S; Safety) 관리도 취약했다.

그러나 개별 운행 효율과 연비 같은 경영 수치에 영향을 미치는 수치는 태코미터(tachometer)를 도입하는 등 어떻게든 달성하고자 노력했으며 최근에는 IoT 기기의 도입으로 트럭 한 대당 운행효율 관리 수준은 현저히 높아졌다. 창고 업무에서는 오출하율, 오손·파손 건수, 잔업 시간, 시간당 출하 건수 등의 작업 관리 관련 지표도 측정하고 있다. 일본 기업의 경우 예로부터 작업 개선과 작업 관리가 전문이고 이 점에서 창고에서는 제조 현장과 동등한 작업 개선과 작업 관리가 추진되

23

고 있다.

그러나 이들 작업 개선에 필요한 관리 지표가 시스템에 의해서 자동으로 수집되고 있는가 하면 전혀 그렇지 않다. 인적 작업을 통해서 데이터를 수집, 가공하고 있어 속도와 정확성에 문제가 있을 뿐더러 관리를 위한 낭비되는 작업 시간이 발생하고 있다. 지표 관리에 필요한 데이터 수집과 가공의 시스템화는 필수이다.

▎물류 경영 관리상 지표가 제대로 관리되고 있지 않다

그렇다고는 해도 트럭 한 대 한 대별로 정교하고 치밀하게 운행을 관리할 수 있고 창고 작업 관리도 일반화됐다. 반면 경영적인 PDCA를 공유하기 위한 물류 관련 경영 관리 지표의 측정은 늦어지고 있다. 경영 지표로는 **매출액 대비 물류비**(물류비/매출액)가 있다. 이러한 수치는 회계 시스템으로 간단하게 얻을 수 있을 것 같지만 그렇지 않다. 매출액 대비 물류비가 부정확한 기업은 많이 있다. 이유는 물류비를 제대로 파악하고 있지 않기 때문이다. 영업 정책상 수송비가 판촉비용으로 둔갑하거나 가격 인하 대상으로 경리상 저렴하게 계상되어 정확한 물류비를 파악할 수 없는 일은 자주 있다.

조달물류 관리에서도 마찬가지 문제가 일어나고 있다. 조달 관련 물류비를 개별로 파악하지 못해 원재료 구입 대금 인하 항목에 섞여 있으면 파악해야 할 조달물류비가 원재료 비용에 반영되어 금액을 명확히 구분할 수 없다. 그렇게 되면 조달물류비의 파악과 개선이 어려워진다. 물류비를 단독으로 관리하지 않으면 타 비용에 묻혀 파악할 수 없기 때문에 개선하기 어렵다.

따라서 회계상 물류비를 제대로 분리하는 구조가 필요하다. 이를 위해서는 **회계 시스템에서 물류비의 처리에 대한 정의를 명확히 하고** 철저히 준수하지 않으면 안 된다. 이는 물류 조직에서 제언할 필요가 있다.

기존의 주요 물류 관리 지표

기존의 주요 물류 관리 지표에 대해 설명한다. 주로 작업 개선을 위해 수집되는 작업 실적인 QCD 관련 지표이다. 대표적인 물류 관리 지표는 아래 표와 같다.

◆ 기존의 주요 물류 관리 지표

물류 관리 지표	내용	계산법
납기 준수율	납기에 맞춰 입하된 건수 비율	납기 준수 입하 건수/전체 입하 건수×100
오입하율	잘못 입하된 건수 비율	오입하 건수/전체 입하 건수×100
오손율	오염되거나 파손된 입하 건수 비율	오손된 입하 건수/전체 입하 건수×100
창고 가동률	창고의 보관 공간이 점유되어 있는 비율	보관 점유된 보관 공간/전체 보관 공간×100
오출하율	잘못 출하된 건수 비율	오출하 건수/전체 출하 건수×100
적재효율	트럭 적재 비율	트럭 적재 화물 중량 또는 용적/트럭의 가적재 중량 또는 가적재 용량×100
실차율	화물을 적재하고 주행한 거리 비율	화물을 적재하고 주행한 거리/전체 주행 거리×100

경영 시점의 주요 물류 관리 지표

작업 단위의 지표뿐 아니라 경영적 지표도 중요해지고 있다. 경영적인 물류 지표는 아래 표에 든 것이 대표적이다.

◆ 경영 관점의 주요 관리 지표

물류 관리 지표	내용	계산법
조달물류비 원가율	제조 원가와 사입 원가에 차지하는 조달물류비 비율	조달물류비/제조 원가×100 또는 조달 물류비/사입 원가×100
매출액 대비 조달물류 비율	매출액에 차지하는 조달물류비 비율	조달물류비/매출액×100
매출액 대비 수입 물류 비율	•매출에 차지하는 수입 시에 든 물류비 비율 •수입 수송비, 수입 제경비 등의 비용을 집계한다 •수입에 관련되므로 인바운드 물류비라고도 한다	수입에 관한 물류비/매출액×100
공급자 물류비	•공급자별 물류비(공급자별 물류비의 공급자별 집계) •공급자별 물류비를 파악한다	
매출액 대비 창고비 비율	•매출액에 차지하는 창고 관련 비용 비율 •창고비에는 보관료, 하역비, 수도 광열비, 보험료 등 창고 운영에 소요되는 관련 비용이 포함된다	창고비/매출액×100

물류 관리 지표	내용	계산법
외주 대비 자사 사원 비율	창고 작업 외주 인원과 자사 사원 비율(외주 인원 수 : 자사 사원 수)	–
창고 인건비	•창고 관련 인건비(창고 관련 인건비 합계) •외주별, 자사 사원별 인건비를 집계하기도 한다	–
재고 월수	매출액에 대비 재고 보관 비율	재고 금액/매출액
매출액 대비 판매 물류비 비율	매출액에 차지하는 판매물류비 비율	판매물류비/매출액×100
매출액 대비 수출 물류비 비율	•매출액에 차지하는 수출 물류비 비율 •수출 수송비, 수출 제경비 등의 비용을 집계한다 •수출에 관련되므로 아웃바운드 물류비라고도 한다	수출 관련 물류비/매출액 ×100
고객별 물류비	•고객별 물류비(고객별 물류비 집계) •고객별 물류비 파악	–

기존의 물류 관리 지표 : 작업 단위의 지표가 중요

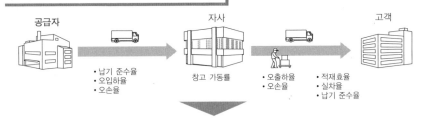

공급자 → 자사 → 고객

• 납기 준수율
• 오입하율
• 오손율

창고 가동률

• 오출하율
• 오손율

• 적재효율
• 실차율
• 납기 준수율

새로운 물류 관리 지표 : 경영적인 지표가 중요. 또한 수출입 관련 물류 지표도 측정해야 한다

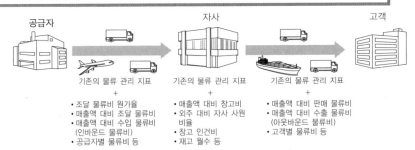

공급자 → 자사 → 고객

기존의 물류 관리 지표
+
• 조달 물류비 원가율
• 매출액 대비 조달 물류비
• 매출액 대비 수입 물류비 (인바운드 물류비)
• 공급자별 물류비 등

기존의 물류 관리 지표
+
• 매출액 대비 창고비
• 외주 대비 자사 사원 비율
• 창고 인건비
• 재고 월수 등

기존의 물류 관리 지표
+
• 매출액 대비 판매 물류비
• 매출액 대비 수출 물류비 (아웃바운드 물류비)
• 고객별 물류비 등

◆ 기존의 물류 QCD 관리도 중요하지만 경영적인 시점에 초점을 둔
새로운 관리 지표도 필요

물류를 통제하기 위한 물류 시스템 도입이 중요

짜깁기식으로 도입된 물류 시스템은 현장 개선에 급급

▌현행 물류 시스템의 아쉬움과 새로운 요건에 대한 대응

물류 영역의 시스템화는 진행되고 있다. 재고관리, 피킹, 출하 지시, 각종 전표 인쇄는 시스템화되지 않으면 관리할 수 없을 정도로 물량과 출하 빈도가 잦아졌기 때문이다.

물류 관리 시스템은 **창고 관리**가 주축이 되어 재고의 단품 관리와 로케이션 관리(61쪽 참조)를 실시하고 있다. 출고 지시에 대해 적절한 재고를 할당하고 피킹 리스트를 출력한다. 동시에 출하 전표, 납품서, 납품 수령서를 출력해서 운송업자에게 물건과 함께 건넨다. 창고 관리 시스템(WMS; Warehouse Management System)이 주축이 되어 처리가 완결된다. 재고관리, 출하·배송에 관한 기능은 창고 관리 시스템에 포함되어 필요 충분한 기능이 실현된다.

창고 관리에서는 입고, 보관, 출하를 관리한다. 물건이 납입되면 입고한 물건의 품번, 수량, 입고일 등 필요 정보를 등록한다. 바코드화되어 있으면 바코드 리더로 입고 처리는 완료된다.

입고 예정이 기간 시스템과 납입업자로부터 사전에 도착되어 있으면 입고 처리 시에 입고 예정과 대조가 가능해 오입하와 입고 누락, 분납에 따른 잔고 관리가 가능하다. 입고 예정이 없으면 단순히 입고된 물건의 입고 실적밖에 관리할 수 없어 적절한 수량이 입고됐는지 납입 잔고가 있는지 판단이 불가능하다. 따라서 확실하게 입고 예정 정보를 취득할 수 있고 입고 시에 입고 예정을 대조할 수 있는 시스템을 구축해야 한다. 의외로 이 시스템이 구축되어 있지 않아 잔고 관리를 사람에

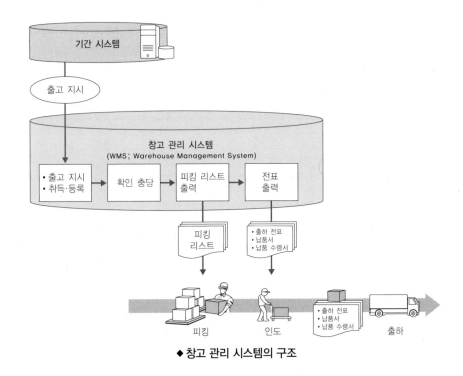

◆ 창고 관리 시스템의 구조

게 의존해서 관리하기 때문에 정확도를 높이지 못하고 있다.

　재고관리와 출하 관리를 중심으로 만든 창고 관리 시스템에는 비즈니스를 둘러싼 요건 변화를 반영해서 새로운 기능이 요구된다. 대표적인 것이 **트레이서빌리티**(traceability)다.

　트레이서빌리티란 제품의 제조와 원재료의 출처에 이르기까지 연동해서 관리하고 문제가 일어났을 때 역추적해서 원인 개소를 발견할 수 있도록 해두는 것이다. 트레이서빌리티를 가능케 하기 위해서는 출하한 물건 모두를 한꺼번에 식별해야 한다. 출하된 품목이 어디의 고객에게 출하됐는지, 출하된 품목의 제조일, 제조 장소 등을 특정할 수 있는 로트 넘버와 시리얼 넘버 등 고유의 번호 관리가 필요하다. 이러한 정보 관리를 추가로 도입해야 하는데 로트 번호와 시리얼 넘버는 제조 현장에서 번호를 부여하기 때문에 창고 관리 시스템 단독으로 번호를 부여할 수

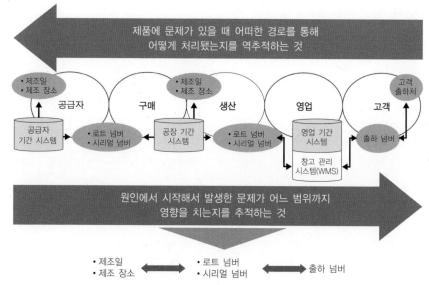

공급자와 공장에서 로트 넘버와 시리얼 넘버를 취득하고 출하 넘버와 연계시키는
시스템이 구축돼야 트레이서빌리티가 가능하다.

◆ 트레이서빌리티의 구조

없어 생산 관리 시스템 등의 기간 시스템에서 로트 넘버와 시리얼 넘버를 데이터
로 취득해야 한다. 다시 말해 창고 관리 시스템뿐 아니라 **주변 시스템과 기능 연계
를 고려해서 시스템을 구축해야 한다.**

　이외에도 유사한 사안은 많이 있어 현재의 물류 시스템은 물류 단독으로는 구
축할 수 없는 상황이다. 주변 관련 영역과의 업무 연계와 데이터 연계를 고려해서
구축해야 한다.

　트레이서빌리티뿐 아니라 출하 시에 고객별로 오래된 것부터 출하하는 **선입선
출의 지정**, 상담상의 영업 선행 재고 확보 등의 요건이 시스템화되지 않으면 수작
업으로 관리해야 해서 효율성이 떨어져 관리 품질 저하를 초래한다. 비즈니스를
둘러싼 환경 변화에 맞춰 새로운 요구가 생겨나므로 물류 시스템의 추가를 통한
개선 작업도 만만치 않다.

전체 최적화를 위해 필요한 것

앞에서 설명한 것처럼 비즈니스가 변화함에 따라 물류 업무도 변화를 맞이하고 있다. 특히 로트 넘버를 지정해서 할당, 출하하고 트레이서빌리티 관리를 해야 하는 등 물류 업무 외의 관련 업무 영역에서 요구되는 기능이 복잡하고 또한 중요해지고 있다. 물류는 고객 접점에 해당하기 때문에 업무상 확실하게 처리하지 않으면 안 되는 일이 많고 매출이나 재고관리에도 직접 영향을 미치는 기능이 많이 있다.

물류 관리에 관련된 시스템을 물류 단독으로 구축해서는 업무에 도움 되는 장치가 될 수 없다. 개별 시스템을 최적화하다 보면 짜깁기식 시스템으로 전락해서 결국 수작업에 의한 관리가 필요해진다. 시스템 전체의 최적화를 염두에 두고 물류 외 업무와 연계를 고려하면서 업무 흐름 속에 녹아드는 형태로 물류 시스템을 구축해야만 한다.

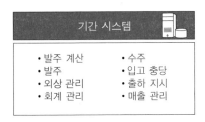

기간 시스템
- 발주 계산
- 발주
- 외상 관리
- 회계 관리
- 수주
- 입고 충당
- 출하 지시
- 매출 관리

창고 관리 시스템(WMS)
- 입고
- 검품
- 재고 관리
- 로트 넘버 관리
- 로케이션 관리
- 사용 기한 관리
- 출고
- 피킹 지시
- 짐짜기, 포장
- 장표 인쇄

수송 관리 시스템(TMS)
- 차량 소요량 계산
- 배차 계획
- 배차
- 용차·구차
- 인원 계획
- 루트 선정
- 단가 계산
- 운행 관리

트레이서빌리티·물류 트래킹·IoT 기기

◆ 시스템 전체를 눈여겨보는 물류시스템 구축이 중요

30

1-9 새롭게 떠오르는 물류 DX의 전망과 과제

디지털로 물류를 개혁하는 물류 DX는 새로운 혁신을 일으킬까?

DX라는 새로운 개혁의 조류

디지털 트랜스포메이션(DX : Digital Transformation)이라는 단어를 들어본 적이 있을 것이다. DX의 개념은 디지털 기술로 기업에 개혁을 일으키고 비즈니스에도 혁신을 가져다주는 것이다.

예를 들어 일본 기업의 경우 IT를 활용하기보다 사람에게 의존하는 업무가 많다. 그 결과, 사람이 노력해야 하는 업무는 늘어나고 시스템화가 늦어졌다. 사람에게 의존하는 방식의 업무는 패키지 시스템과 맞지 않다. 따라서 시스템화가 늦어지는 악순환에 빠졌다.

'만들면 팔리는' 대량 생산 시대에는 좋았을 것이다. 일은 간단하고, 양도 많지 않고, 난이도도 높지 않았던 시대에는 인력을 늘려 그저 열심히 하면 어떻게든 됐다.

하지만 현대는 다양화의 시대이다. 경제 규모가 커짐에 따라 과거와는 비교가 되지 않을 정도로 복잡해졌다. 그런데도 여전히 IT 투자에는 소극적이고 인재를 육성하지 않으며 인력으로 노력하는 상황이 계속되고 있다.

패키지 시스템 활용과 자사 IT 인재에 의한 자체 시스템 구축

일본 기업은 제조 작업이나 물류의 창고 작업 등은 업무를 분석해서 효율적으로 재구성하는 **IE**(Industrial Engineering)라고 하는 작업 개선 방법을 사용해 업무가 표준화되어 있지만, 그 외 업무는 표준화에 대한 의식이 매우 낮다. 때문에 패키지 시스템 기능을 그대로 도입할 수 없다. 고객 서비스를 저해하는 비효율적인 업무를 시스템화하려고 하면, 쓸데없는 기능만 잔뜩 탑재한 시스템이 되고 만다. 많은 투자를 한 것에 비해 업무 개선은커녕 경쟁력에도 도움이 안 되는 시스템이 될 뿐이다.

일본 기업은 IT를 경시하고 있다. 사내에 강력한 IT 부서가 없기 때문에 IT 인재의 육성에도 소홀하다. 따라서 제대로 체제가 정비되지 않은 상태에서 시스템을 발주해서 구축하고 있다. 그 결과, 기업의 혁신과는 거리가 멀 뿐 아니라 혁신과는 상관없는 자잘한 기능을 도입해서 오히려 유지하는 데 비용을 들이고 관리하는 수고까지 하고 있다.

▌ 앞으로 물류 분야에서 일어날 혁신

물류 업무도 IT 활용 수준이 낮은 업무 중 하나이다. 소터(분류기) 및 컨베이어와 같이 물건을 나르는 **운반 관리 기기**는 자동화가 진행되고 있기는 하지만, 업무에 관련된 시스템은 기껏해야 피킹 리스트나 전표를 인쇄하는 정도가 전부이다. 나머지는 거의 사람이 개입해야 하는 작업이다.

하지만, 최근 들어 물류 업무에도 DX의 물결이 밀려오고 있다. 그 배경 중 하나가 인력 부족이다. 사람에 의존해서는 더 이상 물류 업무가 성립되지 않는다.

DX의 개념 자체는 여전히 모호하지만, 개개의 분야에서는 다시 DX를 표방해 혁신을 추구하고 있다.

가장 먼저 주목을 받은 것이 운반 관리 기기의 새로운 개혁이다. 아마존을 비롯해 물류를 경쟁력으로 삼는 기업에서는 운반 관리 기기의 철저한 자동화가 진행되고 있다. 과거의 용차(傭車, 51쪽 참조)와 돌아오는 차편을 인터넷을 경유해서 매칭하는 등의 서비스 혁신, 빅데이터의 활용이나 자율주행 등이 물류 분야에 도입되면서 도처에서 혁신을 위한 시도를 볼 수 있다.

GPS의 발전, 수송 루트의 최적화, 비콘 등 무선 기술의 응용이나 RFID의 활용, 운전자의 생체 정보 수집에 의한 안전성 확보와 사전 리스크 절감 등 **물류의 DX 혁신**도 차츰 정비되어 가고 있다.

이러한 새로운 서비스가 일반화되려면 시간이 걸릴 것이다. 그렇다고는 해도 이러한 기술은 하루가 다르게 발전할 것이다. 물류 시스템에 종사한다면 시시각각 변하는 트렌드에 항상 주목해야 한다. 실용화는 막 시작되었지만 물류 분야에서 DX를 표방해서 진행하는 IT 서비스도 확인해 보자.

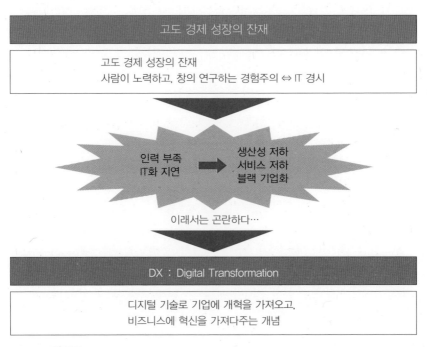

◆ DX의 등장

제 **2** 장

물류란 무엇인가

물건의 흐름으로 물류를 파악한다

물건의 흐름을 조감하고, 물건의 흐름으로 물류를 파악한다

▌물류＝Physical Distribution

물류의 어원은 Physical Distribution을 번역한 '물적 유통＝물류'에서 시작됐다. 간단히 말하면 **물건의 흐름**이 곧 물류이다. 물적 유통이라는 것을 염두에 두고 물류 업무는 물건의 흐름을 좇는 형태로 구축됐기 때문에 수배송과 창고 업무가 중심이 됐다. 물류라고 하면 트럭과 선박을 이용한 수송, 창고 하역 작업을 떠올리는 것은 물류가 '물건을 운반', '보관하는 것'이라고 인식하고 있기 때문이다.

규격화된 물건을 반복적으로 대량 생산, 대량 수송하는 시대에는 단순히 물건을 운반, 보관하는 업무만으로 물류는 충분했다. 각 부문별 작업 개선 사항을 합치면 비용도 절감할 수 있었다. 때문에 물류 관리라고 하면 작업 개선에 집중했고, 어떻게 해서 작업을 효율화할 것인지의 개념이 일반화됐다. 물류 관리를 세부 작업 단위의 개선으로 받아들인 것이다.

▌물류 관리는 세부 작업 단위의 개선을 통해 구축됐다

작업 개선은 제대로 된 물류를 실현하고 물류의 Q; Quality(품질), C; Cost(비용), D; Delivery(납기) 목표를 달성하기 위한 필수 작업이다. 각 작업별 수준을 개선하는 것은 기초 체력을 다지는 의미에서 중요하다.

작업별 수준의 개선이 쌓이고 쌓여 물류 관련 연구와 개선 사례, 서적의 대다수는 **수배송의 효율화**와 **창고 작업의 개선**을 중심으로 다루고 있다.

▌물건의 흐름 전체를 조감할 필요성

그러나 시대가 변했다. 대량 생산·대량 수송 시대에 작업 단위의 자연 발생적으로 구축된 물류가 불일치하는 상황이 초래되고 있다.

창고 업무를 개선해서 사람을 줄인 결과 긴급한 출하 요구에 대응하지 못할 가능성도 있다. 적재효율을 높이기 위해 트럭에 가득 실어 출하하면 팔리지 않은 낭비 재고가 발생한다. 재고를 줄이기 위해 창고를 통합해서 총 재고를 줄이면 이번에는 결품이 발생해서 납기가 길어진다고 영업 부서로부터 불평을 듣는다. 다시 말해 **물류 부문 단독으로 아무리 개선해 봐야 전 부문에 피해**를 끼친다. 혹은 트레이서빌리티를 실현하라는 말을 들었다고 하자. 그러나 생산 부문과 데이터가 연동되어 있지 않기 때문에 창고에서는 수작업으로 출하 대장을 관리하다 보니 작업량이 늘어난다. 물류 부문 외 업무와 연계해서 정합성을 취한 형태로 개선 작업과 업무 분담을 하지 않으면 기업의 이윤 창출에 걸림돌이 될 수밖에 없다.

물류 부문만 편하자고 타 부서에 고생을 강요한다면 작업 개선의 의미가 없으며 그 반대도 마찬가지이다. 또한 물류 개혁으로 창출한 효과가 타 업무에서 발생한 마이너스 부분과 상쇄되는 거라면 역시 의미가 없다.

물류는 작업 내용과 물류 부문의 물건의 흐름만 의식한다고 해서 되는 것은 아니며 **물류를 둘러싼 물건의 흐름, 업무 흐름을 의식해야만 한다**.

▌물류를 물건의 흐름으로 조감

앞서 말한 것처럼 물류의 기본은 입하·입고, 보관, 출고·출하, 수송·배송 같은 물건의 흐름이다.

창고 내 물건의 흐름이 입하·입고, 보관, 출고·출하이다. 창고의 외측에 집하 등의 조달물류가 존재한다. 창고 내에는 **유통가공**도 있다. 제조업에서는 공장 내의 **공장 내 물류**가 있다. 고객에게 물건을 보내주는 수송·배송이 있고 반품과 회수 같은 역물류(역방향 물류)가 있다. 이러한 물건의 흐름을 조감하고 지금 어느 물류 영역을 대상으로 하고 있는지를 명확하게 의식해야만 한다.

제2장에서는 물건의 흐름이라는 시점에서 물류를 조감한다.

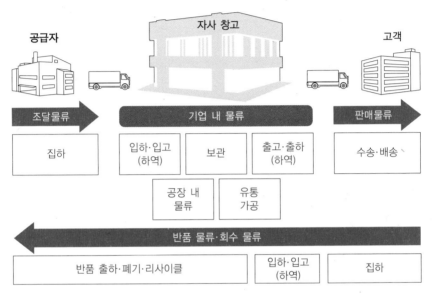

◆ 물건의 흐름이라는 시점에서 물류를 조감한다

2-2 물건의 흐름으로 본 물류 ①
조달물류
물건의 사입에 관한 물류 영역

▌간과하기 쉬운 조달물류

<u>조달물류</u>는 수배된 물건을 자사로 운반하는 물건의 흐름에 해당한다. 제조업이라면 부품과 원재료의 사입에 관한 물류이다. 유통업에서는 상품의 사입에 관한 물류이다.

일반적으로 제조업에서도 유통업에서도 조달물류는 크게 중요하게 생각하지 않는다. 심지어 인식조차 하지 않는 경우도 있다. 사입 관련 물류는 통상 공급자가 담당하고 있어 공급을 받는 쪽은 의식하지 않아도 되기 때문이다.

공급자가 담당하고 있는 조달물류를 물건의 흐름으로 알아보면 집하 → 수송이 된다. 만약 집하 후에 일시 보관 과정이 있으면 집하 → 입고 → 보관 → 출고 → 수송이 된다. 이러한 물건의 흐름은 공급자가 담당하므로 공급을 받는 기업은 거의 의식하지 않는다.

그러나 조달물류는 의식되지 않기 때문에 구입 단가가 비싸다 또는 저렴하다는 사실 한 가지만 거론되고 조달물류 자체의 물류비 절감은 교섭 대상조차 되지 않는다. 만약 공급품의 단가와 조달물류비가 분리되면 조달물류가 개선 대상이 된다. 공급품의 단가 교섭과는 별도로 물류 자체의 개선을 검토할 수 있다.

오래된 업계에서는 조달물류비를 군이 구입처에 의식시키지 않고 물류비는 자신들이 떠안는다는 식으로 가격 인하 대상 수단으로 삼거나 서비스한다는 어필 문구로 사용하기도 했다. 조달물류비를 별도로 명시하지 않고 공급자에게 유리한 교섭 재료로 활용하려고 한다.

그러나 공급자가 부담한다고 주장하는 조달물류비가 저렴한지 비싼지 판단할 아무런 근거가 없다. 비용이 보이지 않으니까 당연하다.

사입 기업은 **사입품의 단가와 조달물류비를 나누어 견적을 내고 각각 가격 교섭을 해야 한다**. 비용을 분리해야 비용 절감 교섭도 개선할 수 있다.

▌일부 업계에서 조달물류는 중요한 개혁 영역

일부 제조업에서는 조달물류 영역이 개선 대상이 되고 있다. 사입품의 단가와 조달물류비를 분리해서 견적을 내 교섭하고 있다. 공급자에게 조달물류를 맡기지 않고 직접 집하함으로써 조달물류비를 조절하고 있는 기업도 있다.

또한 18쪽에서 설명한 바와 같이 JIT 납입은 납입까지의 재고관리를 공급자에게 맡기면서 납입 방식을 JIT화해서 조달물류를 개선한 사례이다.

유통업에서도 조달물류는 개혁 대상이다. 유통 시설인 센터 납품은 유통업이 상품을 사입할 때 조달물류의 형태를 지정하고 물류비를 조절하는 방식이다.

공급자는 센터에 납품하고 일단 센터에서 재고를 보관한다. 보관 중인 재고의 소유자는 공급자다. 사입하는 측은 필요할 때 발주한다. 센터에 납입된 시점에서 공급자의 매출이 되고 매출의 일부가 사용료 명목으로 센터 창고를 운영하는 물류업자에게 돌아간다. 센터 납품은 재고관리를 최대한 공급자가 행하도록 하고(이것을 **VMI**; Vendor Managed Inventory라고 한다) 입하도 일괄적으로 하여 사입(유통업) 기업의 조달물류를 효율화하는 수법이다.

조달물류는 업무 기능을 제대로 가시화해서 설계하는 해외 기업에게는 당연히 개선 대상이다. 각 지점을 순회하며 집하하는 **밀크런 집하**와 공장 인도 조건(Ex-Works)이 당연한 일이며 집하하는 것이 보통이라는 생각이 일반적이다.

작금의 제조업과 유통업은 조달물류의 시점이 희박하다. 조달물류 영역에는 개선의 여지가 남아 있다.

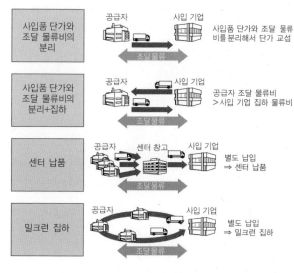

사입품 단가와 조달 물류비의 분리	공급자 사입 기업 조달물류	사입품 단가와 조달 물류비를 분리해서 단가 교섭	▶ 사입품 단가와 조달 물류비 각각 절감
사입품 단가와 조달 물류비의 분리+집하	공급자 사입 기업 조달물류	공급자 조달 물류비 > 사입 기업 집하 물류비	▶ 사입 기업이 집하함으로써 조달 물류비 절감
센터 납품	공급자 센터 창고 사입 기업 조달물류	별도 납입 ⇒ 센터 납품	▶ 재고관리는 공급자의 센터 창고로부터 납입이 시작하여 사입까지가 되고 물류비는 공급자의 매출에서 일정 비율을 센터 수수료로 받는다.
밀크런 집하	공급자 사입 기업 조달물류	별도 납입 ⇒ 밀크런 집하	▶ 원래는 밀크(우유)를 각 낙농가에 집하하러 다닌 것에서 밀크런이라고 부르게 됐다. 1회 운행으로 모든 공급자로부터 집하함으로써 효율화할 수 있는 경우가 있다.

◆ 조달물류는 물건을 사입하는 물류

물건의 흐름으로 본 물류 ②
공장 내 물류
공장 내 물건의 흐름에 주목한 물류

▌공장 내 물건의 흐름도 물류이다

제조업이라면 공장 안에도 물건의 흐름=물류가 있다. 이것을 **공장 내 물류**라고
한다.

공장 내 물류를 쉽게 이해하려면 재고가 있는 상품 보관 장소를 생각하면 된다.
보관 장소에는 부품과 원재료가 입하되어 보관되는 자재 창고가 있다. 또한 제조
용으로 현장에 들어간 공정 중 재고도 공장 내의 지정된 장소에 보관된다.

공정의 마지막에는 완성 후 검사 대기 중인 품질 관리 판정 대기 보관 장소가 있
다. 검사에 합격해서 출하 가능 상태가 돼야 비로소 제품 창고에 인도되어 출하될
때까지 보관된다.

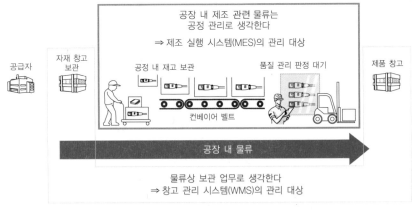

◆ 공장 안에도 공장 내 물류라는 물류가 있다

▍제조 라인과 반송 기기의 조합, 사람의 관여

각 보관 장소에서 제조 현장으로, 각 제조 현장에서 보관 장소로 운반할 때는 다양한 방법을 이용한다. 가장 간단한 방법은 사람이 운반하는 것이다. 손으로 운반하거나 대차로 운반한다. 포크리프트를 운전해서 운반하는 것도 사람이 나르는 거라고 볼 수 있다.

창고와 설비, 설비와 설비 간에 컨베이어 벨트나 파이프로 연결되어 있다면 이를 이용하여 자동 반송된다. 완전자동이 아니라 사람을 투입하거나 트레이에 다시 싣는 등 사람이 다양한 방법으로 지원하면서 반송을 한다. 자동 반송차를 이용해 창고와 공정 간을 자동으로 반송하는 방법도 있다.

▍자재 창고 보관과 공정 내 재고 보관의 구별

자재 창고 보관과 공정 내 재고 보관은 별개의 물건으로 생각해야 한다.

자재 창고는 입하, 검품, 입고, 보관, 출고 등 일반적인 창고의 물건의 흐름과 거의 같다고 생각해도 좋다. 어디에 물건이 보관되어 있는지(**로케이션 관리**), 어느 정도의 수량이 재고로 있는지, 사용 기한은 어떤지 등 일반적으로 보관에 필요한 사항을 관리한다. 따라서 자재 창고 업무는 일반 창고와 마찬가지로 생각할 수 있다.

이에 대해 공정 내 재고 보관은 일반 창고 관리와는 다르다. 창고 같은 격납 설비 없이 현장에 놓여 있거나 선반이나 로커 등 일시적인 보관 장소가 지정되어 있을 뿐인 경우도 있다. 수량 관리는 사용한 만큼 파악하는 사용 실적 관리, 남은 만큼 관리하는 잔량 관리 등 간이 방법으로 이루어진다. 기한 관리에 대해서는 자재 창고에서 공정으로 투입된 시점에서 사용 기한이 지켜지고 있겠지만 현장에 장기 체류할 리스크도 있으므로 투입 시에 사용 기한 준수 여부를 판단한다.

자재 창고 보관은 **창고 관리 시스템**(WMS; Warehouse Management System)으로 수행한다. 공정 내 재고는 **제조 실행 시스템**(MES; Manufacturing Execution

System)이라는 제조 실행용 관리 시스템으로 재고관리를 수행한다. 자재 창고는 공장 내라고는 하지만 물류라는 시점에서 물건의 관리가 중요한데 공정 내 재고는 공정 관리 대상으로 물품을 관리하기 때문에 관리를 담당하는 시스템이 상이하다.

한편 WMS에 대해서는 제4장에서, MES에 대해서는 제6장에서 자세하게 설명한다.

2-4 물건의 흐름으로 본 물류 ③
판매물류
물건을 고객에게 배달하기까지 관련된 물류 영역

▌제품·상품을 고객에게 배달하기까지의 물류

판매에 관련된 물류를 **판매물류**라고 한다. 이 영역이 물류의 중심 영역이다. 제조업이라면 제품을, 유통업이라면 상품을 고객에게 배달하기까지의 물류이다.

제조업이라면 제품 창고에서, 유통업이라면 상품 창고에서 물건의 흐름이 시작된다. 출하 지시 → 재고 배분 → 출고 지시→ 피킹 → 포장 → 짐짜기 → 트럭 인도 → 수송의 흐름이다.

고객에게 직접 물건을 전달하는 것과 같이 2개의 거점을 두고 물건을 배달하는 방식이 **수송**이다. 여기서 물건이 고객에게 도착하면 **짐의 인도**가 된다. 출하 시에 넘겨받은 납품서를 물건과 함께 건네고 납품 수령서를 받아 돌아간다.

납품처가 여러 곳이어서 물건을 나눠주면서 다니는 것은 **배송**이라고 한다. 납품처별로 물품을 인도하고 출하 시에 넘겨받은 납품서를 물건과 함께 건네고 납품 수령서를 회수한다.

짐을 인도할 때 창고 안으로 나르고 입고 작업까지 수배송 담당자가 대행하는 일도 있다. 창고에서 매장까지 제품을 나르는 일을 돕기도 한다. 이러한 작업은 명확한 규정 없이 애매하게 관행처럼 이어지고 있으며 수배송 작업자에게는 부담이된다. 만약 필요하다면 부대 작업이라고 명확하게 구분하고 상호 계약을 통해 일을 진행해야 한다.

▎창고 배치는 목적에 따라 계층화해서 역할을 정의한다

판매물류 영역에서는 상류에서 하류를 향해 센터 창고, 지역 창고, 데포 창고의 식으로 역할이 나뉘어 있다.

센터 창고는 공장 가까이 내지 물류 기점이 되는 장소에 설치된다. 센터 창고에서 각 지역의 통괄 창고가 되는 지역 창고로 물건을 출하한다.

지역 창고는 지역의 핵심이 되는 창고이다. 지역 창고에서 고객 가까이의 데포 창고로 물건이 수송된다.

데포 창고는 고객에게 단시간에 납입하기 위해 고객 가까이에 설치하는 창고이다.

▎많은 중간업자가 존재하는 물류

제조업이든 유통업이든 자사에서 최종 소비자인 고객에게 도달하기까지 다양한 중간업자가 존재한다. 중간업자란 상사와 도매업자이다.

물류가 발달하지 않았던 시대부터 남아 있는 이름으로 도매업자도 계층화되어 1차 도매업자, 2차 도매업자로 여러 계층의 중간업자가 존재한다.

중간업자의 역할은 **장부 대조**와 **물류**이다. 장부 대조란 다종다양한 소매업체의 계산을 집약하는 역할을 한다. 10사의 영세한 소매업과 거래하는 것보다 소매를 결집한 어느 정도 규모 있는 중간업자와 거래하는 것이 효율적이기 때문이다.

효율 면에서는 물류도 마찬가지다. 일반적으로 규모가 큰 제조업 입장에서 영세 소매업에까지 물건을 배달해서는 채산성이 맞지 않는다. 중간업자에게 일괄 납입하고 그 이후의 세세한 물류는 중간업자에게 맡겨 효율성을 높이는 것이다.

그러나 경쟁이 심해진 현대사회에는 영세하고 수가 많은 중간업자를 거치면 오히려 비용이 들어 최종 제품의 가격이 높아진다. 물류도 번잡해져 비용은 높아지고 속도는 떨어지고, 또한 경직될 우려도 있다.

때문에 중간업자를 배제하고 직송하는 제조업도 늘고 있다. 발달한 물류업자의 서비스와 IT를 구사해서 판매물류 영역의 물류도 변하기 시작했다.

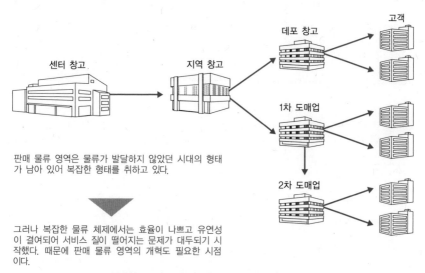

센터 창고

지역 창고

데포 창고

1차 도매업

2차 도매업

고객

판매 물류 영역은 물류가 발달하지 않았던 시대의 형태가 남아 있어 복잡한 형태를 취하고 있다.

그러나 복잡한 물류 체제에서는 효율이 나쁘고 유연성이 결여되어 서비스 질이 떨어지는 문제가 대두되기 시작했다. 때문에 판매 물류 영역의 개혁도 필요한 시점이다.

◆ 물건을 고객에게 배달하기까지 관련된 물류 영역

물건의 흐름으로 본 물류 ④
창고 내 물류와 포장·유통가공
창고 내 작업 단위의 물건 흐름

▌창고의 역할은 보관만은 아니다

창고의 역할은 보관만 하는 것은 아니다. 창고에서는 입하·입고, 피킹, 출고·출하 같은 **하역 작업**이 이루어지고 있다. 창고 내에서 보관 장소를 바꾸는 로케이션 교체, 창고를 옮기는 이고 작업도 있다. 이러한 물건을 옮기는 하역 작업에 의해서 창고 안팎으로 물품이 이동한다.

출고 후 확인 취합, 포장, 방면별·매장별 분류, 전표 발행, 짐과 전표 인도 등 물건을 운반하는 이외의 부대 작업도 수반된다. 물류의 일환으로 창고 안의 고내 물류도 확실히 파악하고 효율화해야 한다. 창고 내 하역은 단시간에 대량의 짐을 처리해야 하기 때문에 **자동화 기술**도 상당 부분 도입되었다. 자동 창고 도입, 피킹 자동화, 반송 자동화, 분류 자동화 설비가 도입되고 있다.

자동화 기술은 아니어도 다양한 첨단 기술이 도입되어 있다. 효율적인 동선, 로케이션 관리, 전자적으로 피킹을 지원하는 디지털 피킹, 각 선반과 컨베이어에서 필요한 물건을 집어 피킹하는 거두어드리기(이삭줍기) 피킹 방식과 소분(소포장)된 각각의 물건을 준비된 용기에 투입하는 뿌리기(파종) 피킹 방식이 있다.

▌포장의 다양성과 포장 자재 관리

출하를 위한 고내 작업에서는 **포장(짐꾸리기)**도 중요한 기능이다. 포장을 하는 목적은 물건을 보호하는 외에도 짐을 집약 통합하고, 내용물 표식을 부착하기 위해서다. 작은 물건이라면 낱개 포장, 내장 포장, 외장 포장을 하고 두껍게 포장을 한다. 중간의 내장 포장은 제품명 등이 인쇄된 전용 상자를, 최후의 외장 포장은 골판지 상자 등을 이용한다. 외장 포장을 한 후 골판지를 팰릿(pallet)에 쌓고 다시 비닐로 포장하는 일도 있다. 수출 시에는 수출용 포장을 해서 컨테이너에 적재한다. 포장에 필요한 다양한 자재는 창고 업무의 일환으로 자재 재고관리를 한다. 포장 재료 등의 재료 발주 업무를 물류 부문이 수행하는 경우도 있다.

▌유통가공에 의한 물류상 제조 행위

포장과 나란히 물류 차원의 부대 작업으로 큰 노동력의 투입을 수반하는 것이 **유통가공**이다. 유통가공이란 간단하게 말하면 완성된 제품을 팔릴 수 있도록 가공하거나 특수한 형태로 포장하는 일이다. 예를 들면 보통은 한 개씩 파는 음료수를 3개들이 1팩으로 하거나 덤을 끼워 케이스를 교체하는 등의 일이다.

창고 내 작업은 아니지만 이러한 작업은 제조 행위에 해당한다. 물류 업무의 일부에 제조 업무가 포함된 형태이다. 유통가공이라 불리는 것은 제품화한 후 유통 과정에서 가공 등의 제조가 진행되기 때문이다. 옛날에는 중간업자와 소매업이 하던 작업이 물류의 작업으로 상류화됐기 때문에 지금도 유통가공이라는 단어가 사용되고 있다. 유통가공에는 영업 캠페인이나 소매점의 요구 등에 맞춰 다종다양한 형태가 있다. 일과성 제조 행위이므로 가공과 포장 등에 사용하는 재료는 의뢰처에서 지급하는 것이 일반적이고 물류 부문에서 자체적으로 수배하는 일은 드물다.

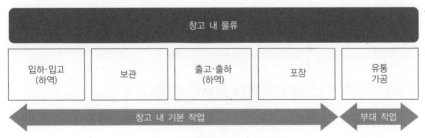

◆ 창고 내 물류와 포장, 유통가공

물건의 흐름으로 본 물류 ⑤
창고 특성과 수송 모드의 차이
창고의 특성과 수송 모드에 따라 변하는 물건의 흐름

일반 보관 창고는 보관하고 출하한다

창고의 특성과 수송 모드에 따라서 물건의 흐름에 특징이 드러난다.

일반 창고는 물품이 입하·입고되면 보관했다가 출고·출하하기 위한 용도이다. 냉장·냉동 창고도 마찬가지로 기본적으로 입하·입고한 물품을 보관했다가 출고·출하하는 기능으로 운용된다. 일반 보관 창고는 수송과 배송을 위한 보관 창고로 **DC**(Distribution Center; **보관형 창고**)라고 불린다.

보관이 목적이 아닌 통과형 창고

보관을 목적으로 하지 않는 통과형 창고도 있다. **TC**(Transfer Center; **통과형 창고**)라고 불린다. TC에서는 각 방면에서 모인 물건을 방면별로 재분류해서 출하한다. 보통은 재고는 보관하지 않고 입하 → 분류 → 출하의 순서대로 단시간에 흘러간다. TC는 운용상 어려움이 많은데, 무엇보다 출하 스케줄에 맞춰 물건이 각 방면에서 도착해야 한다. 출하 타이밍에 맞춰 필요한 물건이 갖춰지지 않으면 곤란하므로 높은 관리 수준이 요구된다. 한편 입고 타이밍을 동기화해서 방면별로 취합 출하하는 것을 **크로스 도킹**(cross docking)이라고 한다.

유통가공 창고는 니즈에 맞춰 작업을 수행한다

유통가공에 대해서는 이미 말했지만 유통가공을 전문으로 운용하는 창고도 있다. 유통가공은 고객의 니즈에 맞춰 다양한 형태로 가공을 하지만 어느 정도의 설비 투자와 인원 확보를 해야 하므로 지속적인 수주를 전망할 수 있는 유통가공이 전제가 된다. 이 정도로 설비 투자가 필요하지 않은 경우는 단순한 소분 피킹과 어소트를 수작업으로 하는 창고도 있다.

저자가 과거 관여한 사례에서는 도매업자에게 제품을 판매하는 제조사가 능력이 없는 도매업자를 위해 소분 포장을 해서 소로트 납입을 할 수 있도록 했다. 그때까지는 골판지 포장으로 대량 납입했지만 도매업자가 보관과 재고관리, 소분류 피킹을 하는 것이 어려워져 제조업자가 대신 하기 위해 고객 가까이에서 소분류 포장 형태의 유통가공을 하는 창고를 설치한 것이다.

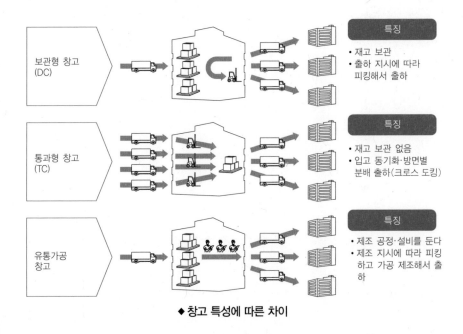

◆ 창고 특성에 따른 차이

▌자사 트럭, 계약 트럭, 용차 트럭의 차이

창고뿐 아니라 트럭 수송에도 특징이 있다. 자사에서 고용하고 있는 트럭 운전사라면 융통 가능성도 있지만 계약을 맺고 트럭을 수배하는 경우 계약 내용과 다른 의뢰를 할 때는 조정이 필요하다. 만약 자사 트럭과 계약 트럭으로도 싣지 못한 화물을 운반해야 하는 경우 일시적으로 트럭과 운전자를 수배해야 한다. 이것을 **용차**라고 한다. 수송량에 따라 필요한 트럭 대수를 산출하고 배차 수배를 하는 것인데, 자사와 계약한 트럭을 조달하면 비용이 크게 상승하지 않는 반면 용차는 단가 교섭에 따라 비용이 상승하는 일도 있다.

▌노선편과 전세편의 차이

트럭에는 **노선편**과 **전세편**의 차이도 있다. 노선편이란 일정 구간을 운행하는 트럭으로 각사의 화물을 실어 수송하는 트럭이다. 전세편은 1사 전속으로 빌려서 지정한 납입 장소에 화물을 운반하는 트럭이다. 전세편이 세심한 대응이 가능하지만 가격은 상승한다. 노선편은 짐을 가득 채우기 때문에 가격이 저렴한 반면 납입처가 정해져 있고 시간도 융통이 어려운 경우가 있다. 노선편과 전세편을 구분해서 사용하여 최적의 수송을 구성할 필요가 있다.

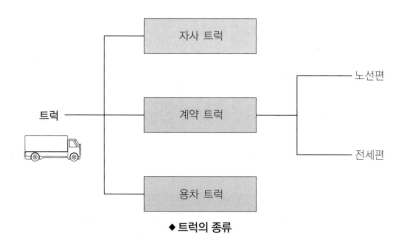

◆트럭의 종류

2-7 물건의 흐름으로 본 물류 ⑥ 반품물류와 회수물류라는 역물류

반품 및 회수물류도 중시되기 시작했다

▌역물류라 불리는 리턴 물류

물류라고 하면 고객에게 어떻게 배달할지가 주요 논의 사항이다. 공급자나 제조업에서 유통업, 그리고 최종 고객으로 서플라이 체인의 상류에서 하류를 향한 물건의 흐름을 의식한다. 상류에서 하류를 향한 물건의 흐름을 **정물류(동맥물류)**라고 한다. 정물류와 반대로 반품과 회수한 서플라이 체인의 하류에서 상류를 향해 거슬러가는 물류를 **역(reverse)물류(정맥물류)**라고 부르기도 한다. 잘못 출하됐거나 품질에 문제가 있어 반품되거나 사용하고 난 폐기물을 회수하기 때문에 정맥이라는 비유가 사용된다. 반품과 회수 같은 리턴 물류가 역물류이다.

▌반품물류는 필수 업무

반품은 반드시 발생한다. 오출하라면 반품된 물건은 일단 회수해서 품질 검사를 통해 재차 판매 가능 여부를 판단한다. 재판매가 가능하면 반품 입고하고 재고로 계상하여 보관한다.

의약품 등 일부 제품은 일단 출하되고 나면 품질 관리상 문제가 된다고 봐서 회수한 후 그대로 폐기한다. 따라서 입고되지 않는다. 회수가 번거로운 경우는 회수하지 않고 납입처에서 폐기하도록 한다.

품질에 문제가 있어 반품된 물품은 품질 검사를 통해 원인을 파악한다. 이때 문제가 발생한 원인 공정을 파악하고 문제가 된 원재료를 파악하는 트레이서빌리티를 실시한다.

▌회수물류는 재활용의 핵심

사용한 제품을 회수하는 물류도 존재한다. 회수한 물건을 폐기하는 경우도 있지만 재활용해서(리사이클) 다시 제품화해서 출하하기도 한다. 재활용 제품으로 식별하여 다른 신품 제품과 마찬가지로 관리하고 출하한다.

회수된 물건 중에 사용된 부품이 재생 가능한 경우는 재생해서 재사용(리유스)한다. 혹은 재생하지 않고 그대로 사용할 수 있는 부품도 재사용한다.

재활용과 재사용은 환경 문제와 지구 자원 낭비 억제라는 시대적 요청에 부응해서 확산되고 있다.

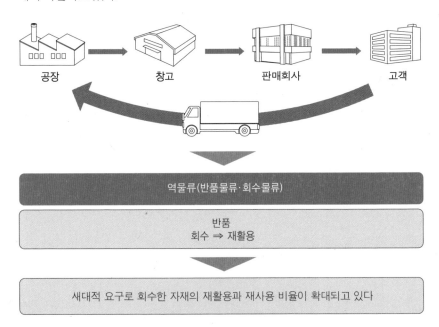

◆ 반품물류와 회수물류라는 역물류

재활용센터라는 역물류의 센터 창고화

재활용을 추진하는 과정에서 회수품을 모아 재활용을 전문적으로 하는 센터 창고가 생겨났다. 예를 들면 의약품 자재와 수술 처치구 등은 회수해서 멸균, 세정한 후에 다시 재활용품으로 출하한다. 과거 병원에서 직접 멸균과 세정을 했지만 효율화와 비용 절감 차원에서 **재활용센터**가 설립되기 시작했다.

정상적으로 재활용 부품을 사용하는 재활용 공장의 조달물류

마찬가지로 프린터 잉크와 복사기 토너 등도 재생하여 재충전해서 제품화한다. 재활용 공장 입장에서는 조달물류에 해당하지만 회수품을 어느 정도 회수할 수 있을지를 사전에 알 수 없어 곤란하다. 회수품의 재고를 관리하면서 일정 수량이 쌓이면 생산을 개시한다.

재활용 공장을 최대한 가동시키기 위해서는 항상 풍부한 양의 회수품이 회수되어야 한다. 매장과 기업에서 세심한 회수물류를 구축하지 않으면 안 되기 때문에 번거롭고 비용이 드는데다 실제로 모아보지 않으면 회수품의 수량을 알 수 없기 때문에 물류의 시스템화도 어렵다.

제 **3** 장

물류 업무를
기능으로 이해하기

업무의 흐름으로 본 물류
물류 업무는 물품을 운반하고 보관하는 것만은 아니다

▌물류의 기능은 물건을 관리하는 모든 것

오래된 물류 관련 도서를 보면 물류란 물적 유통이라고 적혀 있다. 물류는 물건의 유통, 즉 물건의 이동을 가리키며 수배송과 보관을 하는 것이 주요 물류 기능이라고 설명되어 있다. 일찍이 트럭을 이용한 수배송, 화물 열차나 비행기, 선박 수송 및 창고 입출고와 보관이 물류 업무의 대상이라고 인식됐다. 이 인식은 물류의 관리 대상 영역을 매우 좁게 해석하고 있다.

이 정의에 따르면 물류가 담당하는 수배송은 운반해야 하는 화물을 출하 장소에서 입하 장소까지 나르기만 하면 되며 창고 업무는 반입된 물건을 입고, 보관하고 출고 지시가 있는 물품을 출고하면 된다. 눈에 보이는 작업 수준의 업무만을 물류라고 정의한 것이다. 그 결과 물류 관리의 기능은 수배송에 관한 수송 수단의 수배와 운행 관리, 창고 작업에 관한 작업 관리와 로케이션 관리로 여겨졌다. 물류를 단순한 작업으로 치부한 것이다.

이것은 마치 생산의 대상이 물건의 가공·조립 같은 작업에 한정된다고 정의하는 것이나 마찬가지라고 할 수 있다. 생산은 가공·조립 같은 작업만으로 성립되는 것은 아니다. 좋은 생산을 성립시키려면 좋은 생산 계획과 조달, 생산의 양부를 판단하기 위한 지표와 목표의 관리가 필요하며 생산을 성립시키는 업무 전반을 파악해야 한다. 작업 레벨의 인식으로는 좁다. 마찬가지로 물류도 관리해야 할 작업 레벨의 실행 업무뿐 아니라 좀 더 넓어 **물류를 성립시키는 업무 전반을 고려하지 않으면 좋은 물류가 실현되지 않는다.** 작업 레벨을 뛰어넘은 물류 매니지먼트 업무를 포함해서 물류에 관한 모든 업무를 고려할 필요가 있다.

▌물류란 무엇인가, 어떤 업무 기능을 대상으로 해야 하는가?

물류의 업무 기능은 몇 가지 계층으로 성립된다. 우선 물류의 **실행 업무**가 있다. 이것이 기존에 인식되던 작업 레벨의 물류 업무로 창고 관리 업무와 수배송 업무가 해당한다. 실행 업무에는 작업 지시도 포함된다.

좋은 물류를 성립시키기 위해서는 적정한 실행 지시를 위한 관련 업무가 있다. 재고를 적정하게 관리하는 재고 현품 관리 업무, 적정한 물건을 출하하기 위한 보충(충당) 관리이다.

또한 적정한 지시를 수행하기 위한 **계획 업무**가 있다. 재고 수량을 적정하게 유지하기 위한 발주 계산과 수송을 바르게 수행하기 위한 수배송 계획 업무가 있다.

계획하고 실행한 이후에는 실행 상황의 퍼포먼스를 측정하는 체크 기능이 있다. 수배송의 진척 상황을 파악하는 물류 트래킹과 물류 결과의 좋고 나쁨을 측정하는 물류 퍼포먼스 업무이다. 체크 업무에는 물품의 이동을 기록하고 문제가 일어났을 때 신속한 대응을 가능케 하는 트레이서빌리티도 포함된다. 물류라는 기능을 성립시키기 위해서만도 이렇게 넓은 업무 기능이 필요하다.

이들 업무에 추가해 물류와 연계한 다양한 업무와 적정한 연동이 필요하다. 예를 들면 발주 계획을 수행하려 해도 상위의 생산 계획이나 판매 계획과 제대로 연동되지 않아 틀린 숫자로 발주 계산을 하면 결품이 발생하거나 재고가 과잉되어 물류 상황이 악화된다. 또한 제품을 수출하는 경우 무역 업무와 연계하지 않으면 예정된 납기와 비용에 맞춰 출하하는 것이 불가능하다.

본서에서는 주요 기능인 물류 기능에 초점을 두고 설명하겠지만 좋은 물류 구조를 생각하기 위해 물류 관리 기능과 물류를 둘러싼 주변 기능의 관련성에 대해서도 살펴본다. 아울러 물류 시스템과 연계하는 주변 시스템도 언급한다.

좋은 물류를 성립시키기 위해서는 업무와 비즈니스 시점에서 필요한 물류의 전체상과 관련성을 연결하지 않으면 안 된다.

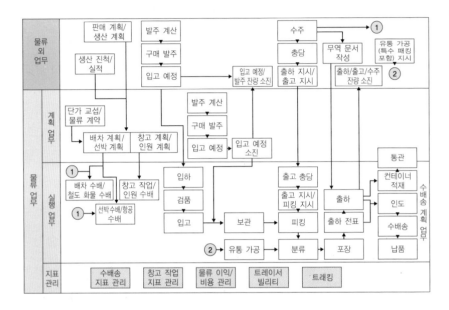

분류		기능
계획 업무	창고 관리 업무	• 단가 교섭/물류 계약 • 창고 작업 인원 계획 • 발주 계산
	수배송 관리 업무	• 단가 교섭/물류 계약 • 배차 계획/선박 계획
실행 업무	창고 관리 업무	• 창고 작업 인원 수배 • 구매 발주/입고 예정/입고 예정 소진 • 입하/검품/입고/보관/유통가공 • 출고 지시/피킹 지시/피킹 • 분류/포장/출하 전표/출하
	수배송 관리 업무	• 배차 수배/철도 화물 수배 • 선박 수배/항공 수송 수배 • 인도/수배송/납품 • 선적/통관
지표 관리		• 수배송 지표 관리 • 창고 작업 지표 관리 • 물류 이익/비용 관리/물류 ABC • 트레이서빌리티/트래킹

▲업무의 흐름에서 물류를 파악한다

3-2　물류를 구성하는 실행 업무 기능 ①
창고 관리
창고 관리는 창고 설비에 물건을 제대로 정리하는 것

▍창고 업무의 주요 기능은 보관 기능과 보관 관련 부대 관리

　창고는 물건을 보관하는 장소이다. 물건을 보관한다고 해도 창고의 기능은 단순히 물건을 두는 물건 거치장과는 다르다. 물건을 적정하게 관리하고 지시에 따라서 신속하게 입출고해야 한다. 출고를 신속하게 수행하기 위해서는 일일이 찾으러 돌아다녀서는 안 되므로 반드시 창고 안의 보관 장소의 **번지**를 할당한다. 선반이 있으면 선반 하나하나에, 바닥 보관장이면 보관 장소를 구분해서 번지를 할당한다. 특히 해당 번지에 무엇이 보관되어 있는지 정확하게 파악해야 한다. 보관 장소를 정하고 무엇이 보관되어 있는지 제대로 정확하게 관리하는 것을 **로케이션 관리**라고 한다.

　정해진 로케이션에 확실하게 물건이 있는 상태로 유지하는 것을 **현품 관리**라고

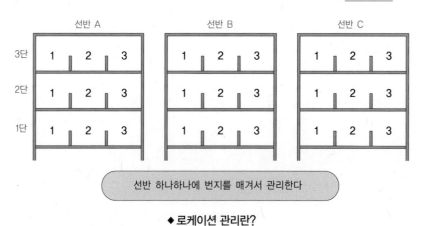

선반 하나하나에 번지를 매겨서 관리한다

◆ 로케이션 관리란?

한다. 현품 관리가 제대로 되어 있지 않으면 해당 로케이션에 물건을 가지러 갔을 때 있어야 할 물건이 없거나 잘못된 물건이 보관되어 있어 정확하고 신속한 출고가 불가능하다. 만에 하나라도 잘못된 물건을 출하하면 고객에게 피해가 간다.

이외에도 보관 기능에는 다양한 부대 관리가 있다. 예를 들면 **유효기간 관리**이다. 식품, 약품, 화학품 등은 기간이 지나면 열화하므로 사용 기한을 철저하게 관리해야 한다. 보관되어 있는 물건이 유효기간이 지났으면 설령 재고가 있어도 출하하지 못하기 때문에 유효기간은 철저하게 관리해야 한다.

또한 **로트 관리**와 **시리얼 넘버 관리**가 필요한 물품도 있다. 가령 공장에서 로트 넘버를 할당한 제품이 있으면 보관되어 있는 물품의 로트 번호를 관리한다. 고객은 새로운 것을 선호하고 오래된 것은 싫어한다. 출하한 물건이 이전 고객에게 출하한 물건보다 오래됐다고 하면 클레임이 되어 반품되는 것이 보통이다. 오래된 로트 넘버의 물건이 출하되지 않도록 재고를 관리할 때 전회보다 이번 회에 오래된 로트가 출하되는 로트 역전이 일어나지 않도록 관리한다.

시리얼 넘버는 기계 등에 할당되는 '일련번호'이다. 고액의 기계는 한 대별로 시리얼 넘버를 관리한다. 로트 넘버와 시리얼 넘버를 창고에서 관리함으로써 납품처에 출하된 로트 넘버와 시리얼 넘버의 물품을 관리할 수 있으므로 트레이서빌리티가 정확하고 신속하게 수행된다.

▌창고의 작업 관리 : 입고, 보관, 출고 지시와 피킹

보관과 더불어 창고에서 중요한 업무는 일반적으로 **하역**이라 불리는 작업으로 입하, 검품, 입고, 적치, 보관, 출고 지시와 피킹, 포장, 출고 등 물품의 출입에 관한 업무이다. 물품의 출입에 관한 작업은 지시에 따라서 정확하고 효율적으로 수행해야 한다. 입하가 된 물품은 검품을 해서 문제가 있는 물품은 수령을 거부한다. 바르게 수령하기 위해서는 입고 예정이 없으면 입고된 물품이 맞는지 여부를 대조하는 것이 불가능하기 때문에 입하 예정을 사전에 파악해야 한다. 출고는 출고 지시에 따라서 정확하게 피킹되도록 피킹 리스트를 출력해야 한다. 일련의 작업을 바르게 수행하기 위해서는 업무와 시스템이 제대로 구축되어야 한다.

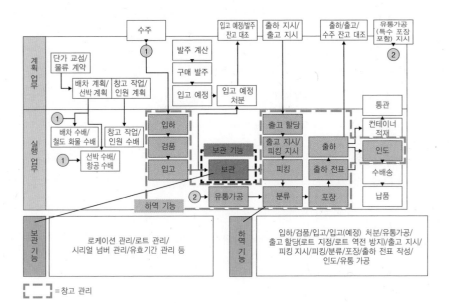

◆ 재고관리의 흐름과 기능

▌포장, 유통가공 같은 부가가치 기능과 특수한 창고 기능

창고에서는 보관과 입출고 작업보다 더 부가가치가 높은 업무를 수행하는 경우가 있다. 예를 들면 특수 포장 작업과 물류의 유통가공을 들 수 있다. 이러한 작업을 수행하기 위해서는 **특수 포장 지시**와 **가공 지시** 같은 지시 체계가 필요하다.

또한 보관 기능이 없는 통과형 창고와 예치 재고를 보관하는 VMI 창고, 예치 재고를 보유하고 출하량에 맞춰 청구를 하는 센터 창고 등 다양한 기능을 가진 창고가 있으며 각각 독자적으로 업무와 관리가 이루어진다.

물류를 구성하는 실행 업무 기능 ②
수배송 관리
운반하는 '수단'과 운반하는 '행위'를 관리하는 수배송 관리

▌수송 모드를 검토하여 운반 수단을 최적화한다

보관 기능과 더불어 물류의 대표적 기능이 **운반**이다. 운반 수단에는 여러 가지가 있다. 트럭, 배, 비행기, 철도 화물 등이 대표적이다. 트럭이라도 항상 같은 노선을 운항하는 노선편, 전세 형태로 수송 루트와 도착지를 지정할 수 있는 전세편, 자사에서 직접 운반하는 방법 중에서 선택할 수 있다.

물건을 운반하는 수단을 선택할 때 어느 수단이 적절한지를 검토해야 한다. 목표하는 서비스 수준과 비용과 제약 사항을 조율하여 운반 수단을 선택한다.

예를 들어 원거리의 두 도시 간을 전부 트럭으로 운반하면 수배송비가 방대하므로 중간에 철도 화물과 선박 수송을 적절히 이용하는 방법을 고려한다. 하역과 스케줄 대기로 운반 시간(수송 리드타임)이 길어지기 때문에 서비스 수준은 떨어지지만 고속으로 운반해야 하는 조건이 아닌 경우에는 비용과 균형을 맞추어 수송 수단을 선택한다.

트럭, 배, 비행기, 철도 화물 수송 같은 수송 수단을 **수송 모드**라고 한다. 수송 모드는 수송 리드타임, 수송 사이클, 세부 대응의 가부 등 목표하는 서비스 레벨과 비용의 조화를 고려하여 선택한다. 국제 물류에서는 항공기 수송이나 선박 수송이 주요한 수송 모드이다. 속도를 중시하는 거라면 비용이 비싸도 항공기 수송을, 비용을 중시해서 어느 정도 시간이 걸려도 괜찮은 거라면 선박 수송을 선택할 것이다.

▌서비스를 평가해서 운반비용을 조정한다

선택한 수송 모드로 운반해주는 물류업자는 많으므로 여러 물류업자의 서비스 질과 비용을 비교해서 파트너 물류업자를 선택한다. 처음에는 표준 수송요금(**표준 관세**)을 제시하겠지만 단가 교섭을 통해 가격을 조정함으로써 비용을 낮춘다. 교섭 결과 합의가 성립하면 계약이 체결되고 정식 수배송 요금표(**자사용 관세**)가 결정된다.

하주와 물류업자는 매년 가격 교섭을 한다. 사람을 채용하는 난이도가 변동할 뿐만 아니라 임금도 오르내린다. 화물량의 증감에 따라서 운반할 수 있는 능력과 운반하려는 화물량의 균형이 무너지거나 원유와 가솔린 가격도 변동한다. 이처럼 항상 변동하는 제비용을 감안하여 교섭에 임해야 한다.

▌운반 수단을 수배하고 지시한다

수송 모드가 결정되어 단가가 정해지면 이제 남은 것은 업무로서 운반하기만 하면 된다. 그러나 운반한다고 해도 우선은 어느 정도의 화물이 있고 얼마큼의 수송량에 맞는 수송 수단이 필요한지를 검토한다. 보통은 계약 단위로 수송량이 결정되며 수송량의 변동이 가능해도 수송 능력에 한계가 있기 때문에 가능한 한 미리 계획에 기초해서 수배해야 한다. 언제라도 원하는 만큼 운반할 수 있는 것은 아니다.

트럭 수송이라면 운반하는 방면별로 화물의 수송량을 계산하고 필요한 트럭 대수로 환산해서 수배한다. 이것을 **배차계획**이라고 한다. 배차 계획은 경험 많은 물류 담당자인 인력 작업에 의존하는 부분이 많은 만큼 수배송 관리 시스템(TMS; Transportation Management System)을 도입하는 등 시스템화가 기대되는 영역이다. 배차 계획에 대해서는 133쪽에서 상세하게 해설한다.

또한 직전이 되어서야 수송량을 알 수 있는 경우는 수배에 어려움이 따르기도 한다. 사전에 생산·입고 정보와 구입·입고 정보, 판매 예측을 물류 부문과 공유해서 수배 준비를 할 수 있도록 해야 한다. 이것은 물류 업무에 관련된 각 부문과의 업무 및 시스템 연계 시 해결해야 할 과제이다.

수배를 마치면 **출하 지시**를 한다. 창고에서 출고된 후 트럭별로 적재되고 출하 전표, 납품서, 납품 수령서 같은 서류를 출력해서 트럭 운전자에게 건넨다. 운전자는 화물을 납품할 때 화물과 납품서를 납입처에 건네고 납품 수령서를 받아서 돌아온다.

많은 경우 출하 지시는 시스템화되어 있다. 납품서 등의 전표는 시스템에서 인쇄한다. 시스템이 연계되어 있으면 수월하지만 수동으로 전표 시스템에 입력하는 기업도 있다.

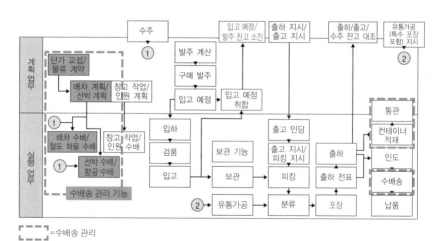

◆ 수배송 관리의 흐름과 기능

3-4

물류를 구성하는 실행 업무 기능 ③
재고의 현품 관리

현품 관리의 고도화와 더불어 오랜 관리 수법도 잔존

현품 관리 기준의 강화

3-2에서도 언급했지만 보관에 요건이 엄격해지면서 현품 관리 기준 또한 엄격해지고 있다. 유효기간 관리와 로트 관리, 시리얼 넘버 관리는 물론 원재료와 부품의 **원산지 관리**도 필요하게 되었다. 원산지 관리는 문제가 일어났을 때 역추적(트레이서빌리티의 트레이스 백)을 통해 문제가 된 원재료 수입국을 특정해서 다른 제품에 미치는 영향이 없는지를 조사할 수 있다(트레이스 포워드). 또한 수출지에 따라서는 수입 금지국의 부품을 사용하지 않았는지를 식별할 필요도 있다. 납이나 수은 등의 성분 규제도 강화되고 있다.

약품과 용액 등은 유효 성분이 몇% 함유되어 있는지 유효 성분 농도 관리(역가(力價) 관리라고 한다)가 필요하며 같은 약품과 용제, 촉매 등은 공정에서 회수한 회수품과 처음으로 투입하는 신규 투입품을 식별해야 한다. 부품도 재활용품과 신품, 제품이나 부품 역시 신품, 재활용품을 식별해야 한다.

출고 지시든 출하 지시든 상기와 같은 상세한 현품 관리를 토대로 충당하지 않으면 안 된다. 이와 같은 현품 관리에 관한 속성 관리는 업무·시스템 모두 제대로 되어 있지 않으면 물류 현장에서 사람이 일일이 처리해야 해서 부하·긴장도가 높아져 미스도 발생하기 쉽다. WMS를 도입해서 가능한 한 시스템화하기를 권장한다.

제품 창고 업무의 관행이 미치는 영향과 대응

창고 현품 관리시 필요한 영업적 관습이 있다. **영업 확보 재고** 또는 **고객 충당용 출고 정지 재고** 등이 그것이다.

영업은 대고객 서비스를 최대화해서 매출 확보를 노린다. 잘 팔리는 상품으로 재고 거래를 해야 하는 상황에서는 자신의 고객용으로 재고를 확보해서 확실하게 출하하고자 한다. 그렇게 되면 업무상 체계화·시스템화되어 있지 않은 상황에서 영업사원 개개인 혹은 고객 개개인을 위한 재고를 확보할 필요가 있다면 현장에서 대장을 보고 일일이 재고를 관리해야 한다.

재고관리가 제대로 되어 있지 않으면 재고가 있다고 생각했는데 이미 확보된 상품이라서 출하하지 못해 영업 담당자 사이에 트러블이 일어나거나 출하 가능하다고 회답했는데 출하하지 못해 고객과 트러블이 발생하기도 한다. 이런 일이 일어나지 않도록 확보냐 출하 가능이냐 등의 현품 스테이터스 관리를 사람이 해야만 해 매우 번거롭다.

또한 긴 시간 상품을 확보하고 있으면 그 사이에 재고로 체류하는 것이나 마찬가지이므로 회사 입장에서는 손실이다. 출하했으면 매출로 이어졌을 텐데 출하하지 못해 기회손실이 되는 것이다. 또한 오랜 시간 확보해 둔 상품이 결국 불필요해져 확보 재고에서 제외되면 그때는 오래된 재고가 되어 팔 수 없게 되는 진부화와 열화 리스크도 생긴다.

로트 역전을 꺼리는 고객에게 '확보' 상태에서 풀린 오래된 로트의 제품이 출하되면 이것 역시 고객 불만의 원인이 된다. 이러한 트러블이 일어나지 않도록 로트 관리를 해서 오래된 로트를 출하하지 않도록 시스템을 갖춰야 하며 업무 규칙상 **선입선출의 철저한 준수**와 로트가 오래될 것 같을 때는 **조기에 확보 상태를 해제하는 사내 규정의 작성**이 중요하다. 이러한 달성을 위해서는 물류 부문 외의 부서와 연계할 필요가 있기 때문에 관련 부서와의 연계가 중요하다.

자재 창고·원재료 창고는 수불 및 입고 관리가 중요

현품 관리를 제대로 하려면 물품의 수불 관리가 정확히 이루어져야 한다. 자재 창고와 원자재 창고에서는 대장으로 물건을 관리하는 회사도 있을 것이다. 그러나 인적 대응으로 미스도 일어나기 때문에 시스템화와 업무 룰의 철저한 준수가 필요하다. 또한 자재의 입고 관리도 제대로 할 필요가 있다. 계획한 대로, 발주한 대로 입고됐는지 관리할 수 없으면 입고 예정 잔고 관리(발주 잔고 관리)가 불가능해 재고관리의 정확도가 악화된다. 현품 수입 시에 입고 예정을 파악하고 수입 시에 입고 예정을 대조해서 동시에 발주 잔고가 소진되도록 시스템이 처리함으로써 입고 예정에 없는 입하의 수입을 거부하는 일이 가능하다. 입고 예정과 발주 잔고 관리가 가능하면 예기치 않은 재고를 수입하여 어느새 재고가 쌓이는 등의 트러블도 방지할 수 있다.

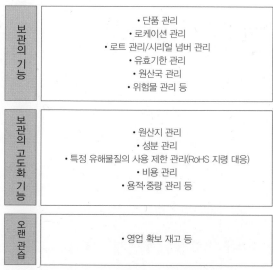

보관의 기능	• 단품 관리 • 로케이션 관리 • 로트 관리/시리얼 넘버 관리 • 유효기한 관리 • 원산국 관리 • 위험물 관리 등
보관의 고도화 기능	• 원산지 관리 • 성분 관리 • 특정 유해물질의 사용 제한 관리(RoHS 지령 대응) • 비용 관리 • 용적·중량 관리 등
오랜 관습	• 영업 확보 재고 등

※ 각각의 요건에 대해서는 104쪽에서 자세하게 설명한다.

◆ 보관 업무의 고도화 요구와 오랜 관습에의 대응

물류를 구성하는 실행 업무 기능 ④
충당·출고·출하 지시
재고를 충당하는 기능은 복수 시스템에 분산되어 있다

어느 물건을 충당할지는 중요한 기능

보통 출고 지시와 출하 지시 전에 출하하는 물건을 지정하기 위해 **재고를 충당**한다. 제품이라면 수주해서 제품 재고를 충당한다. 일반적인 업무 흐름은 수주 → 충당 → 출고 지시→ 출고 → 출하 지시 → 출하가 된다. 출고 지시와 출하 지시가 동시에 진행되는 경우도 있다. 원재료라면 생산 계획에 따른 출고 지시에 의해 원재료 재고를 충당하고 제조 현장에 납품한다(출고).

앞에서 말한 바와 같이 물품 관리가 고도화되어 있어 충당 대상을 지정하는 것이 중요하다. 예를 들어 로트가 오래된 것을 출하하지 않도록 하는 **로트 역전 방지**는 출고 타이밍에 오래된 로트를 출고하지 않도록 해야 한다. 보통은 선입선출로 처리할 수 있지만 출하처에 따라서 우연히 선입선출이 아닌 최신 로트를 출하해서 다음 수주 때 오래된 로트 재고가 있다고 해도 오래된 로트는 출고해서는 안 된다.

로트 역전을 예방하는 선입선출은 고객별로 가능토록 하고, 항상 전회에 출하한 로트 넘버와 비교해서 새로운 로트 넘버의 물품이 출고되도록 출고 로직을 내장한다.

충당 구조는 복수로 역할 분담과 연계를 확실히

시스템적 처리의 역할 분담이 간단한 것 같으면서도 어려운 것이 충당이다. 왜냐하면 일반적으로 재고는 복수의 시스템으로 관리하고 있기 때문이다.

우선 현품을 관리하는 **창고 관리 시스템(WMS**; Warehouse Management

System)이 있다. WMS가 없는 경우는 창고에서 사람이 재고를 관리해야 하기 때문에 재고관리 대장이 비치되어 있을 것이다.

WMS와는 별도로 재고의 자산 관리를 하는 기간 시스템이 있다. 기간 시스템은 수주 처리를 하고 충당 처리를 해야 하기 때문에 재고 정보를 갖고 있다. 기간 시스템으로는 생산·판매·회계 업무를 통합한 패키지 시스템 **ERP**(Enterprise Resource Planning; **통합 업무 패키지**)를 도입하는 것이 일반적이다.

WMS, ERP 양쪽 모두 재고 정보를 갖고 있는 경우 충당 방법을 어떻게 분담할지를 결정해야 한다. 예를 들어 ERP로 수행하는 충당은 로트 넘버를 무시하고 자산을 충당하기만 하고(총량 충당) WMS 측에서 로트를 충당하는 식으로 역할을 분담하는 것도 가능하다. 그러나 ERP로 충당이 가능해도 WMS 측에서 최신 로트를 충당할 수 없는 등의 부적합 요인이 빈발할 때는 ERP에도 로트 정보를 갖게 해 로트 충당을 하는 기능을 부여할 필요가 있다.

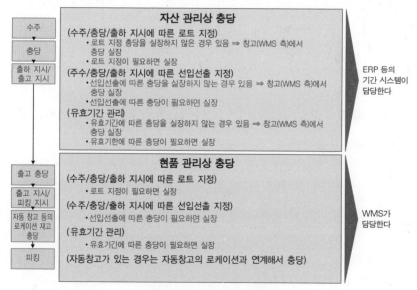

◆충당·출고·출하 지시의 개요

자동 창고 관리 시스템으로도 재고관리와 로케이션 관리를 하는 경우가 있다. 재고가 ERP, WMS, 자동 창고 관리 시스템의 3층 구조를 갖고 있기 때문에 더 복잡한 역할 분담 정의가 필요하다.

특히 ERP가 수행하는 자산 관리상 충당과 WMS가 수행하는 현품 관리상 충당은 상호 연관지어 결정될 수밖에 없다. 자산 관리상 충당과 현품 관리상 충당 각각의 역할 분담 방식은 앞 페이지의 그림과 같다.

▌출고 지시와 출하 지시의 차이

시스템화를 전제로 정확한 업무 계획을 수행하려면 말의 정의는 중요하다. 자칫 구분이 모호할 수 있는 출고 지시와 출하 지시는 제대로 구분해서 사용해야 한다.

출고란 **창고에 보관된 상황에서 창고 밖으로 이동(출고)시키는 것**을 말한다. 반면 출하는 **기업 바깥으로 이동하는 것**으로 출하 후에 수배송, 고객 도착으로 이어진다. 출하는 그 후 매출로 직결되는 기업 간 거래의 시작이다.

이렇게 정의하면 ERP는 자사 외부로 물품을 이동시키도록 지시한다는 점에서 출하 지시인 동시에 고내 재고를 출고시킨다는 의미에서 출고 지시를 담당한다. 한편 WMS는 출고 전표 또는 피킹 리스트를 출력해서 출고 지시를 내린다. 창고 담당자는 출고 지시, 피킹 지시를 받아 트럭 야드로 물품을 출고하고 트럭에 물건을 인도하는 타이밍에 출하 전표를 건네면 출하가 진행된다.

출고 지시가 있어도 출하 대기 상태이거나 출하로 이어지지 않는 출고 지시가 있기도 하므로 출고 지시와 출하 지시를 나누어 정의한다.

3-6

물류를 구성하는 계획 업무 기능 ①
발주 계산·보충 계산
재고관리를 물류 기능에 포함하는 경우에 고려해야 할 업무

▌물류 업무가 재고의 발주와 보충을 담당하는 경우

창고 관리 업무의 일환으로 재고관리를 하는 가운데 창고에서 재고의 적정량을 유지하는 업무를 수행하는 일이 있다. 적정 재고를 유지하기 위한 업무가 **발주 계산, 보충 계산**이다. 발주 계산은 보충해야 할 필요한 재고량을 계산한 후 사외로 발주한다. 보충 계산은 사내로의 전송 지시와 생산 지시의 토대가 되는 적정 재고 보충 수량을 계산한다. 이러한 계산 업무는 생산 관리부와 자재 부문이 ERP를 사용해서 처리하는 것이 보통이지만 업무 역할 분담상 물류 부문이 담당하기도 한다.

▌발주 계산, 보충 계산의 개략적인 개념

발주 계산과 보충 계산의 기본 개념은 출고와 출하에 대비해서 적정한 재고량을 유지할 수 있도록 "필요한 물품을 필요한 장소에 필요한 타이밍에 필요한 양만큼" 입고되도록 하는 업무이다.

대략적인 개념은 **계산 타이밍과 계산 방법**에 따라 나눈다. 타이밍은 정기냐 부정기냐, 계산 방법은 정량 발주냐 그때그때 필요량을 다시 계산하는 부정량 발주냐의 차이다. 타이밍과 계산 방법에 따라 다음의 조합을 생각할 수 있다.

① 정기·정량

매주 금요일 내지 매월 월말과 같이 정해진 일자에 정기적으로 정해진 양을 정량 발주·보충하는 방법이다. 예를 들면 매주 금요일에 100개 발주하는 식이다.

이 방법은 물건이 정량적으로 사용되어 줄어들기 때문에 정량 발주해 두면 재고가 유지되는 개념이다. 현대 사회에서는 물건의 출하와 이용이 항상 일정한 것은 아니므로 거의 채용되지 않는 방법이다.

② 부정기·정량

필요한 타이밍에 항상 일정량 발주·보충하는 방법이다. 어느 일정 재고수를 밑돌면 정해진 양을 발주·보충한다. 예를 들면 재고 10개를 밑돌면 30개를 발주하는 식이다. 이 방법을 **발주점 방식**이라고 한다. 발주점을 수량으로 관리하지 않고 상자나 팰릿에 들어 있는 수량이 없어지면 같은 상자나 팰릿 1개분을 발주하는 **더블 빈 법** 등이 있다.

발주점 방식과 더블 빈 법은 간이 방법으로 비교적 저렴한 물건이나 조달이 크게 어렵지 않은 물건을 발주·보충할 때 사용한다.

③ 정기·부정량

매주 1회 또는 매월 1회와 같은 식으로 일자를 정하고 그 일자에 필요한 수량을 계산하는 것을 말한다. 일반적으로는 이 방법을 가장 많이 사용하며 계획적으로 매회 정해진 타이밍에 적정 수량을 계산해서 주기적으로 발주·보충한다.

대개의 업무는 스케줄에 따라서 이루어지며 생산현장으로의 생산 지시와 납입처에 발주하는 일은 대체로 스케줄이 정해져 있으므로 이 방법이 일반적이다.

정기적·계획적으로 발주·보충되기 때문에 중요한 물품의 발주·보충은 주로 이 방법을 많이 이용한다.

④ 부정기·부정량

부정기적으로 부정량을 발주·보충하는 방법도 있다. 예를 들면 결정한 최저 재고수를 밑돌면 최대 재고까지 채워질 수 있도록 재계산하는 방법이다.

구체적으로는 최저 재고량 100을 밑돌면 80이 된 타이밍에 최대 재고 200이 되도록 120개 발주하는 식이다. 이것을 **Min-Max법**이라고 부른다. 가령 100을 밑돌아 70이 되면 130개 발주한다. 발주점 방식과 비슷하지만 발주량이 변동한다는 점에서 다르다.

▌포장재 등의 재료 재고관리와 발주 계산

물류 부문에서 중요한 물품의 발주·보충을 담당하는 것은 경우에 따라서 다르지만 물류 현장에서 사용하는 포장재와 물류 부자재의 재고관리와 발주·보충 계산을 해서 재고를 적정하게 유지하는 업무는 물류 부문에서 담당하는 것이 보통이다.

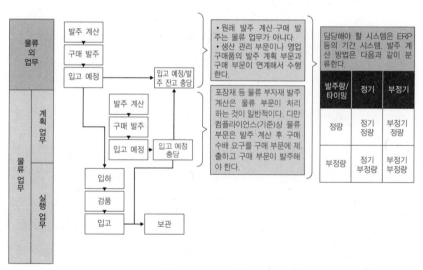

◆발주 계산·보충 계산의 개요

물류를 구성하는 계획 업무 기능 ②
수배송 계획
계획적으로 물류를 수배해서 퍼포먼스를 높인다

필요 트럭 대수를 계산해 사전 수배하는 배차 계획

수배송을 할 때 필요 충분한 트럭의 대수가 필요하다. 필요 충분해야 하는 이유는 수배한 트럭이 너무 많으면 적재효율이 나쁜 상태로 운행해야 해서 낭비이고 트럭이 부족하면 물품을 운반할 수 없다.

특히 최근에는 트럭 운전자가 수요에 비해 부족하여 각사에서 경쟁을 벌이고 있다. 필요 충분한 트럭을 수배하기 위해서라도 제대로 된 배차 계획을 세워야 한다.

트럭 소요 대수는 출하 화물의 수량을 토대로 환산한다. 출하 케이스 수에 따라 필요 대수를 계산하거나 출하 톤수에서 환산한다. 크레인이 필요한지 중량물을 나를 수 있는지 냉동·냉장고가 필요한지 등 특수한 요건도 고려하여 필요한 트럭 대수를 계산한다. 이미 연간 계획에서 트럭 수배 대수를 정했음에도 불구하고 수요가 급증하면 준비되어 있는 트럭으로는 부족하다. 이때는 그때그때 계약 트럭을 찾아서 채용한다. 이것을 **용차** 또는 **전세편**이라고 한다. 평소 스케줄이나 루트가 아닌 돌발적으로 일어나는 수배송의 경우도 마찬가지로 용차를 이용한다. 배차 계획은 거의 시스템화되어 있지 않아 숙련된 담당자의 감과 경험으로 처리하고 있다.

만재를 위한 '3차원 짐짜기'

트럭 대수를 계산해도 화물의 형상이 제각각이다 보니 생각한 만큼 짐칸에 잘 들어가지 않는 일이 있다. 짐과 짐 사이에 틈새가 여러 곳 생기면 공간 낭비로 수송효율이 나빠진다.

　수송효율을 높이기 위해 가능한 한 트럭 짐칸의 적재효율을 높여야 한다. 짐 모양이 통일되어 있어 적재하기 수월한 경우는 크게 검토하지 않아도 만차로 실을 수 있지만 짐 모양이 제각각이면 사전에 충분히 검토하지 않으면 적재효율을 높일 수 없다.

　트럭 짐칸에 효율적으로 물건을 적재하기 위해서는 3차원의 화물 짐칸에 3차원 화물 상자를 적재하는 방법을 검토해야 한다. 짐칸에서 다양한 형상의 짐을 효율적으로 꺼내기 위한 계산을 '짐짜기'라고 하며 이것을 3차원으로 응용한 **3차원 짐짜기**를 실시한다. 2차원 짐칸의 낭비를 최대한 줄이도록 3차원 공간의 낭비를 극한까지 줄이기 위해 적재 시뮬레이션을 통해 최적의 답을 찾아낸다. 3차원 짐짜기 계산(3차원 적재 계산)은 컨테이너 적재 문제 해결을 위해서도 사용된다.

　3차원 짐짜기 계산을 시스템화하는 것은 매우 어려워 장인적인 감과 경험으로 수행하는 게 일반적이다.

▎배나 비행기의 적재 공간 확보

　트럭의 수배송 능력을 확보하기 위해 배나 비행기의 **적재 공간** 확보 계획도 수행한다. 트럭 배차는 매일매일 처리해야 하는 업무가 번잡하지만 배는 수송 사이클이 정해져 있는 경우가 많아 차분하게 계획할 수 있다. 비행기는 정상 출하와 긴급 출하에 따라 긴급도가 다르다.

　비행기를 사용해서 긴급 수송을 할 때는 컨테이너를 만재하지 못해도 보낼 수밖에 없는 경우가 있다. 이 경우는 물류비가 매우 많이 상승하므로 긴급 출하하는 일이 없도록 적절한 재고관리를 하는 것이 중요하다.

최적 루트 계산

적재효율을 높이는 것과 아울러 운행효율을 높이기 위해서는 최단, 최저 비용으로 수송할 수 있는 루트를 선정해야 한다. 유럽이나 미국에서는 최적 루트를 계산하는 시스템이 도입되어 있다.

하지만 국토가 좁거나 도로가 복잡해서 도심부에 간선도로가 끼어들거나 부정기적으로 공사를 하는 일이 잦아 정체와 우회가 부정기적으로 발생하는 경우는 그다지 효과적이지 않다. 오히려 내비게이션으로 그때그때 루트를 확인하는 것이 효율적이기 때문이다.

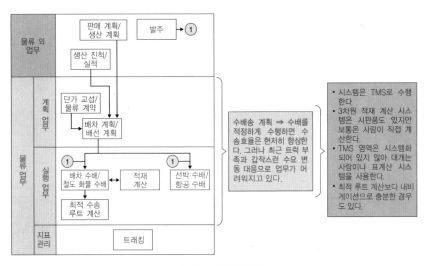

◆ 수배송 계획의 개요

3-8 물류를 구성하는 기능 ①
물류 트래킹
화물의 수배송 진척 가시화는 일반적인 서비스가 됐다

▌재고관리의 부족 정보를 메우는 물류 트래킹

물류 트래킹이란 화물이 '지금, 어디에' 있는지를 추적해서 가시화하는 것이다. 예를 들면 출하 대기, 트럭 수송 중, 창고 통관인 화물이 어느 배에 실려서 어느 항구에 있는지 등의 출하 상황을 확인할 수 있다.

지금도 많은 기업에서는 출하 후 자사의 시스템에서 재고 정보가 사라지고 나면 화물이 어디에 있는지 추적할 수 없는 것이 일반적이다. 예를 들어 고객이 급하게 필요한 물건이라도 트럭이 지금 어디를 달리는지, 몇 시 정도에 도착하는지를 알 수 없는 게 보통이었다. 또한 해외의 자회사에 화물을 수송하고 있는 도중에 화물이 언제 도착하는지 알 수 없어 불필요한 긴급 항공 수송을 하거나 도착 지연에 의한 결품이나 판매 타이밍을 놓치지 않으려고 과잉 재고를 보유해야 하는 등 수송 스테이터스의 트래킹이 불가능하면 여러 가지로 낭비 요소를 초래한다. 하주기업은 이처럼 사외로 나간 화물의 재고를 관리할 수 없어 물류 과정에 있는 적송 중인 재고관리가 불충분했다. 재고를 확인할 수 없는 '미싱 링크(missing link, 부족정보)'를 가시화할 수 있으면 재고관리 정도가 높아져 효율적인 업무를 영위할 수 있게 된다.

▌트래킹이 가능하면 효율적인 화물 수령이 가능하다

또한 물류 트래킹이 가능하면 화물 수령 타이밍을 알 수 있기 때문에 화물 수령 준비를 할 수 있어 효율적인 화물 수령이 가능해진다. 입하 예정이 명확하지 않으면 입하 대기 시간이 길어지거나 급하게 입하해야 하는 상황에 인력을 구하지 못해 무리, 편중, 낭비 요소가 발생하는 불합리한 업무 처리를 할 수밖에 없다.

물류의 스테이터스와 도착 타이밍을 정확하게 알면 적절한 타이밍에 적정한 인원을 치밀하게 준비해서 화물 수령에 대비할 수 있다.

물류 트래킹은 화물을 수령하는 기업뿐 아니라 물류 기업의 효율화에도 도움이 된다. 도착 타이밍을 알 수 있도록 해두면 받는 쪽에서 미리 입하 준비를 해주므로 수취 대기와 재배달이 줄어들기 때문이다. 특히 최근의 택배에서는 화물량 증가와 운전자 부족으로 배송이 어려워지고 부재에 의한 재배송이 큰 부담이 되고 있다. 비즈니스를 넘어 최종 소비자에 전달하는 배송까지 물류 트래킹은 효율화의 도구로 평가받고 있다.

▎트래킹의 성립에는 복수 기업의 데이터 연계가 불가결

택배와 같이 1기업 내에서 물류가 완결되는 경우는 시스템도 통일되어 있기 때문에 물류 트래킹 구축이 용이하다. 그러나 물류가 복수 기업 간에 걸친 경우는 만만치 않다. 기업별로 시스템이 다르고 코드도 데이터 포맷도 다르다. 다른 시스템 간에 다른 업무 룰에 따라 운용되고 있는 다른 데이터를 연계시켜 관리해야 하기 때문이다.

예를 들면 사내에서는 출하 전표로 인식되는 납품처와 출하 품목에 대해 어느 트럭에 그 화물이 적재되어 있는지를 시스템상으로 파악하지 않으면 안 된다. 물류 회사의 어느 트럭 넘버에 어느 화물이 적재되어 있고 그 트럭이 어디를 통과하는지를 결부시켜 관리하게 된다. 적재된 물건이 뒤바뀌면 그야말로 큰일이다. 하주의 사내 시스템과 물류 회사의 트럭 이동과 짐 인도를 연계시켜야 하기 때문이다.

복수 기업 간의 트래킹은 해외 수송인 경우는 더 복잡해진다. 출하한 물품이 어느 컨테이너에 들어 있는지, 그 컨테이너가 어느 배에 실려 있는지, 물류 지시를 할

때는 일괄이었던 짐이 선박의 상황에 따라 분할되어 여러 선박의 컨테이너에 실려

있지 않은지 등을 확인하려면 데이터를 연계시켜야 한다.

　수주 넘버와 출하 넘버를 연결할 때는 컨테이너 넘버와 선박을 특정하지 않으

면 안 된다. 그러려면 기업 간의 시스템 연계가 필요하며 데이터 연계 기반을 제공

하는 제3자 기업도 존재한다.

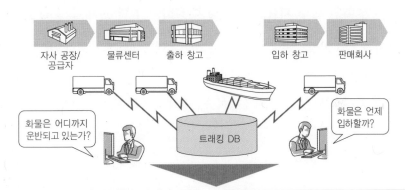

◆ 물류 트래킹의 개요

물류를 구성하는 기능 ②
물류 퍼포먼스 관리

물류 퍼포먼스 관리는 기업이 측정할 의사가 없으면 불가능하다

▌물류 분야의 재무 지표와 지표를 측정하기 위한 과제

물류는 기업 활동의 하나이다. 당연히 비용과 이익, 현금 흐름에 영향을 미치는 활동이다. 물류를 재무적으로 측정해야 하지만 의외로 제대로 하고 있지 않은 기업이 많다. 24쪽에서 설명한 바와 같이 대표적인 재무 물류 지표는 **매출액 대비 물류비**이다. 이것을 더욱 세분화해서 **매출액 대비 수배송비**와 **매출액 대비 창고비**로 분류한다. 매출액과 관련지어 보는 것이므로 판매물류에 관한 지표이다.

해외 각국에 자회사가 있고 각국으로 수송, 각국 내에서 수배송을 하는 경우는 각국의 매출액 대비 물류비 및 매출액 대비 국내 수배송비(국내 수배송 : **아웃바운드 수배송비**), 수입에 관한 매출액 대비 수송비(수입 수송비·제비용과 통관, 창고까지의 수송비 : **인바운드 수송비**), 매출액 대비 창고비로 구분해서 가시화한다.

이렇게 집약한 지표 아래에는 수배송비, 창고 운영비, 창고 인건비, 창고 보험료, 창고 수도광열비 등 물류 관련 비용을 집계한다.

비용에 관한 과목을 집계할 뿐 아니라 재고도 감시한다. 재고는 매출에 따라 증감하므로 재고의 절대 수량을 측정하는 것만으로는 불충분하다. 매출과의 관계를 알 수 있는 **재고 월수** 또는 **재고 회전수**를 지표로 한다.

물류 재무 지표는 측정되어 있는 경우도 있지만 지표를 정확하게 집계하는 것은 의외로 곤란하다. 애초에 물류비가 물류비로 계상되어 있지 않은 경우도 있기 때문이다. 예를 들면 영업 서비스 대상으로 보고 판매비로 계상되어 있으면 물류비로 인식할 수 없다. 수작업으로 집계해서 어떻게든 찾아내서 파악하거나 포기하

고 부정확한 물류비로 지표화하는 기업이 매우 많다.

판매물류와 쌍을 이루는 비용이 **조달물류비**이다. 원재료와 구입 상품의 조달에 수반하는 물류비를 파악해서 관리하는 지표이다. 조달물류비는 한층 더 파악·집계하는 것이 곤란하다. 조달에 관한 물류비가 구입 비용에 일괄로 들어 있어 물류비를 분리해서 파악할 수 없는 일이 많기 때문이다. 구입처의 서비스와 전략에 의해 가격 인하의 기초자금으로 물류비가 사용되어 물류비가 얼마 들었는지 확인되지 않는다. 구입 견적을 내는 단계에서 물류비와 조달 품목 구입비를 분리하지 않으면 조달물류에 관한 지표는 어지간해서는 확인할 수 없을 것이다.

수배송 퍼포먼스를 측정하는 적재효율과 운행효율

재무 지표와 병행해서 업무 퍼포먼스를 측정하는 작업 지표도 관리한다. 수배송에 관한 지표가 **적재효율**과 **운행효율**이다.

적재효율은 컨테이너와 화물칸이 유효하게 사용되고 있는지를 관리하는 지표로 이 값이 100%에 가까울수록 만재에 가깝다고 평가한다. 운행효율은 트럭 1회 운행당 화물 적재량으로 1운행당 많이 운반할수록 효율이 높다.

창고 가동률과 창고 작업 품질 지표

창고는 가득 찰수록 효율적으로 활용되고 있다고 판단한다. 창고 단독 지표라면 이것을 기준으로 해도 상관없지만 체류해서 움직이지 않는 재고가 남아 있어도 창고는 가득 찬다. 유효 재고와 불량 재고의 비율을 가시화해서 정말로 효율적으로 사용되고 있는 창고의 용량은 어느 정도인지를 파악하지 않으면 창고가 유효하게 채워져 있는지 혹은 쓸데없는 체류 또는 불량 재고가 쭉 보관되어 있어 유효하게 사용되고 있지 않은지 알 수 없다.

이와 함께 작업 품질도 측정한다. 오출하율, 오손·파손율, 오배송률 등의 작업

83

실적을 수집·기록해서 작업의 정확도와 품질을 높여야 한다.

▌물류 지표는 반드시 활동 지표와 재무 지표 양방을 관리해야 한다

　물류에 관계되는 작업 지표의 측정은 필수이지만 더불어 물류에 관한 재무 지표도 관리해야 한다. 아무리 작업 자체를 개선했다고 해도 재무에 영향이 없으면 의미가 없기 때문이다. 작업을 개선한 결과 재무가 확실하게 개선되었는지를 파악하지 못한다면 하나 마나 한 개선 내지 개선을 위한 개선으로 끝난다.

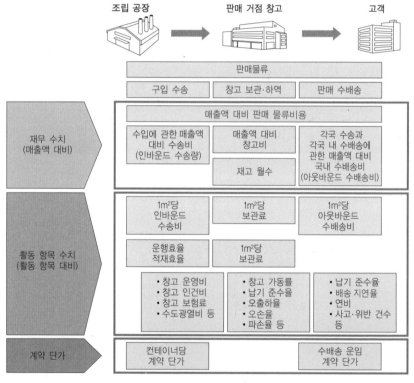

◆ 물류 퍼포먼스 관리의 개요

3-10 물류를 구성하는 체크 업무 기능
트레이서빌리티
품질 문제가 일어났을 때 필수 기능

▌트레이서빌리티의 운용에는 물류가 중요한 역할을 한다

품질 문제가 일어나면 문제의 원인이 유통 과정인지 물류 과정인지 아니면 제조 과정인지 원재료인지 거슬러 올라가 규명한다. 동시에 즉시 출하와 판매를 정지하는 것과 더불어 제품을 회수한다.

원인을 특정할 수 있고 출하처와 판매처를 파악해서 문제가 미치는 영향 범위를 확인할 수 있으면 출하처와 판매점을 특정해서 피해가 미치는 범위에 적절하게 손을 쓸 수 있다. 그러나 원인이나 영향 범위를 특정하지 못하거나 특정하기까지 시간이 걸리면 고객에게 큰 피해를 끼칠 뿐 아니라 경영상 큰 타격을 피할 수 없다.

원인 규명에 시간이 걸려 비즈니스 활동을 장기간에 걸쳐 멈추지 않으면 대책이 불가능한 상태가 되면 신용이 크게 손상되어 기업 실적에 악영향을 미칠 수밖에 없다. 이러한 사태를 피하고 단기간에 원인과 영향 범위를 특정하여 신속하게 대책을 취할 수 있도록 하는 기능이 트레이서빌리티(traceability)다.

▌문제가 일어났을 때 원인을 거슬러 올라가는 트레이스 백

문제가 일어났을 때 물류 과정, 그 이전의 제조 과정, 나아가 원재료로 거슬러 올라가는 것을 트레이스 백(trace back)이라고 한다. 수송, 출하, 제조 공정, 원재료로 역추적해서 문제가 있는 부분과 담당자를 특정한다.

이때 열쇠가 되는 것은 전표 넘버의 흐름과 전표 안에 있는 로트 넘버 또는 시리

얼 넘버이다. 트레이스 백에 의해서 문제를 일으킨 과정과 문제 있는 로트 넘버 또
는 시리얼을 특정한다.

문제의 영향 범위를 특정하는 트레이스 포워드

다음으로 문제가 된 로트 넘버 제품이 어느 시장, 어느 매장, 어느 고객에게까
지 배달됐는지를 추적한다. 영향 범위를 특정하고 사용 정지와 회수 통지를 하기
위해서이다. 이런 식으로 영향 범위까지 내려가 탐색하는 것을 **트레이스 포워드
(trace forward)**라고 한다. 한편 기계 등에 시리얼 넘버가 할당되어 있을 때는 기계
를 단번에 특정할 수 있기 때문에 트레이스 포워드는 필요없다.

트레이서빌리티는 문제를 일으킨 물류 과정, 제조 과정을 특정하는 것만으로는
불충분하다. 기타 로트 넘버에 미치는 영향 범위를 특정해야만 하며 트레이스 백
과, 시장으로 어디까지 운반되어 어느 범위까지 통지와 회수, 리콜 처리를 해야 하
는지를 특정하는 트레이스 포워드의 조합이 필요하다.

트레이서빌리티의 실현은 제조자 책임을 완수하기 위해서 그리고 이후의 피해
와 배상 등을 최소화화기 위해서 필요한 관리이다.

트레이서빌리티는 물류만으로는 불가능하다

트레이서빌리티는 소비자와 구입자의 보호를 위해 필수이다. 신속한 대응이 불
가능하면 기업 수익에 큰 타격이 생긴다. 문제가 드러나는 것은 대개는 소비자에
게 도달한 후 또는 유통 과정에서이다. 소비자와 유통 과정에 문제가 없으면 물류
과정이나 제조 과정 또는 원재료 문제이다. 물류업자와 기업의 물류 부문 각각에
서 수배송과 보관에 대해 제대로 역추적해서 관리할 수 있어야 하는 것이 대전제
가 된다. 문제가 된 물품의 출하처, 물류 실태, 창고 보관 장소와 보관 실태는 로트
넘버를 좇아 물품이 어떻게 건네졌는지를 제대로 물류상에서 파악할 수 있으면 쉽

게 추적할 수 있다. 그러나 제조 프로세스까지 거슬러 가는 것이 어려운 경우가 있다. 제조 과정에서의 제조 로트 넘버가 물류에 시스템적으로 연동되지 않아 물류와 제조 부문에서 별도 관리하는 경우이다.

그렇게 되면 물류 부문에서 입고할 때마다 별도 관리해야 한다. 이때에는 물류에서 부여한 넘버와 제조 로트 넘버를 연계하는 관리 대장을 종이나 엑셀로 만들어야 한다. 일단 문제가 일어나면 일일이 대장을 넘겨 가면서 수작업으로 트레이스 백과 트레이스 포워드를 해야 한다. 그러나 이 작업은 부하가 크다. 그러한 일에 직면하지 않기 위해서라도 물류와 제조 부문을 연계하는 시스템의 구축이 불가결하다.

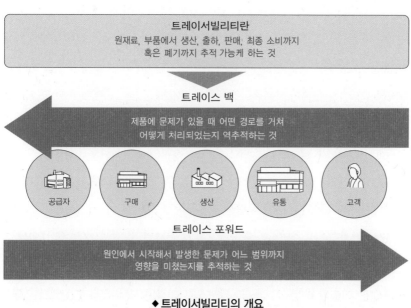

◆ 트레이서빌리티의 개요

3-11 물류를 중심으로 한 시스템 관련도

물류 시스템은 물류 업무와 유관 업무의 연관성을 명확히 구분한다

▌물류 시스템의 핵심은 창고 관리 시스템(WMS)

재고관리를 하는 시스템은 관리의 세부 정도에 따라서 시스템을 구분해서 사용한다. 주로 자산상의 재고관리를 수행하는 것이 기간 시스템, 상세한 로트 넘버와 입고일 등을 세부적으로 관리하는 것이 **창고 관리 시스템**(WMS)이다.

로트 넘버의 데이터 원류가 기간 시스템인 경우는 WMS에 로트 넘버를 계승하는데, 기간 시스템의 로트 넘버 지정 충당과 출고 지시를 로트 넘버를 포함해서 WMS에 연계한다.

▌기간 시스템 : ERP와의 연계

기간 시스템이라 불리는 시스템은 회사의 거래와 내부 처리를 기록하는 시스템이다. 판매와 물류, 회계 등의 기능에 특화한 기간 시스템도 있지만, 최근에는 기능을 통합한 통합 관리 시스템으로 **ERP**의 도입도 일반화했다.

기간 시스템에는 수주, 여신 관리, 재고관리, 충당, 출하 지시, 매출 계상, 외상 채권 관리 등의 기능이 있다. 기간 시스템으로 수주하고 재고를 충당해서 출하 지시를 내리고 WMS에 연계해서 창고에 있는 현품의 출고 지시로 이어지는 흐름이다.

기간 시스템과 WMS의 연계 빈도는 높고 밀접하므로 시스템 구축 시에는 업무 설계와 시스템 기능의 정의, 각 시스템의 기능 분담을 철저하게 규정해야 한다.

▍적절한 트럭 확보와 수송 스케줄을 정한다

물류량에 맞춰 필요한 수송 용량을 검토하고 필요한 트럭 대수를 산출하는 장치가 배차 시스템이다. 준비된 트럭에 루트를 할당하고 짐을 할당한다. 나아가 최적의 루트를 선정해서 수송 루트 최적화까지 수행한다.

유럽이나 미국에서는 이러한 시스템을 **수배송 관리 시스템**(TMS)이라고 한다. TMS는 국토가 좁고 루트가 복잡한 국가에서는 도입되기 어려운 배차 시스템이었다. 이런 이유로 오랜 세월 경험 있는 담당이 배차하고 루트는 운전자의 경험과 내비게이션의 안내에 따라 최적의 루트를 선택해야 했다.

최근에는 트럭 운전자 부족 현상도 있어 사전에 치밀한 물류 계획을 해야 한다는 요구가 높아지고 있다. 하지만 교통사정 등을 고려하면 TMS 도입은 큰 트렌드가 되지 않을 것이다.

▍바코드, RFID, IoT 등은 도구에 지나지 않는다

물류의 입출고 관리, 인도 연동 관리를 지원하는 도구에 **바코드**와 **RFID**(Radio Frequency Identifier)가 있다. 바코드와 RFID에 관한 기기는 WMS와의 연계에 의해 처리를 효율화해 준다.

RFID가 등장했을 때만 해도 물류 관리에 보랏빛 미래가 열릴 것처럼 떠들썩했지만 실제로는 그저 물건의 이동을 파악하는 도구에 지나지 않았다. 어느 정도 효율화는 가능해도 극적으로 비즈니스를 바꾸지는 못했다.

RFID를 사용해서 그 배후에 있는 구조가 변하는 거라면 영향도 있을 것이다. 그러나 그것은 물류 이야기가 아니라 비즈니스 모델 이야기이므로 과도한 환상을 품지 말고 담담히 도구의 일환으로 도입을 검토해야 한다.

IoT도 마찬가지라고 할 수 있다. 도구는 어디까지나 수단이다. 수단으로 인해 비즈니스는 변용하지 않는다. 우선은 비즈니스에서 달성하지 못한 목표·목적에서 생각하고 IoT가 도구로서 유효한지 여부를 검토한 후에 도입 가부를 판단해야 한다. 도구를 바꾸면 비즈니스가 바뀐다는 역발상은 지양해야 한다. IoT는 비즈니스를 어떻게 바꾸고 싶은지, 일을 어떻게 바꾸고 싶은지를 생각하고 도입을 검토해야 한다.

▌물류 업무와 관련 업무의 연관성을 명확히 구분한다

물류 시스템의 핵심은 WMS이다. 기능을 분담하고 면밀한 연계를 생각하지 않으면 안 되는 상대 시스템이 ERP이다. 재고관리와 충당 역할 분담이 있기 때문이다. 로트 넘버의 계승과 수주와 출하의 연계도 관리해야 한다. 트레이서빌리티를 실현하려면 ERP와 WMS의 데이터 연계가 필수이다.

해외 수출이 있는 경우는 무역 시스템과의 연계도 고려한다. 무역 업무에서의 서류에서 물류와 연계하는 경우의 데이터 인도 등의 관리가 필요하다.

▌증강현실, 로봇 피킹, 드론, 자율주행이 진전

최근에는 IoT 외의 다른 기술 혁신도 빠르게 진행되고 있다. 종이 피킹 리스트가 사라지면서 화면으로 피킹해야 할 선반에 램프를 달아 피킹을 유도하는 디지털 피킹이 일반화됐다. 양손을 자유롭게 하기 위해 음성 지시에 의한 피킹도 실용화되어 도입되고 있다.

한 발 더 나아가 **증강현실(AR; Augmented Reality)**에 의해 헤드마운터 디스플레이에 지시 사항이 표시되는 등의 방법으로 좀더 정확하고 신속한 피킹이 실현될 것이다.

앞으로 인력 부족 현상은 더욱 심화될 것이다. 자동창고, 자동반송차 등의 기술이 보급되었다고는 해도 여전히 피킹은 사람의 손을 거치고 있다. 제조현장의 로봇 도입 노하우를 살려서 피킹에도 로봇을 도입하기 시작했다. 이 움직임은 향후 더욱 가속화될 것이다.

창고 업무의 디지털화와 자동화뿐 아니라 수배송의 자동화도 실험 단계에 있다. 드론을 이용한 수배송, 자율주행의 기술 혁신은 착실히 진행하고 있으므로 향후 수배송의 IoT와 자동화도 실현될 것이다.

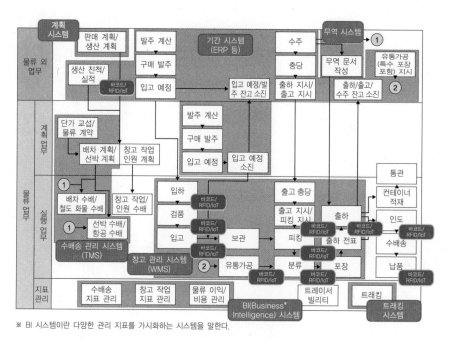

◆ 물류 관련 시스템의 기능 배치

※ BI 시스템이란 다양한 관리 지표를 가시화하는 시스템을 말한다.

제 4 장

창고 관리 업무와
창고 관리 시스템

창고 관리 업무의 개요

물류 관리의 중심 업무

▍창고 관리의 중요 기능 ① 입출고 관리

물류 관리의 중심이 되는 것은 창고 관리와 수배송 관리이다. 그중에서도 **창고 관리**는 가장 중요한 기능이다. 창고 관리를 구성하는 기능으로는 **입출고 관리**와 **보관 관리**를 들 수 있다. 입출고 관리는 업무상 하역이라 불리는 작업이다. 입출고 관리는 입고 업무와 출고 업무이고 **입고 관리**와 **출고 관리**라고 하는 2가지 기능이 있다. 각각 다음과 같은 내용을 관리한다.

입고 관리

- **입고 예정 취득**…창고에 언제 무엇이 어느 정도 입하되는지에 대한 예정을 기간 시스템(ERP)에서 입수한다.

- **입하**…납입된 화물을 수취한다. 입하 시에 납품서와 납품 수령서를 수취한다. 수입 납품 수령서를 납입업자에게 돌려준다.

- **검품**…입하된 화물이 제대로 된 물건이고 수량은 맞는지 외관상 문제가 없는지를 확인한다. 납품서와 대조해서 잘못된 부분이 없는지 확인하는 동시에 입고 예정과도 맞는지 확인한다. 품질 검사가 필요한 경우 입하는 했지만 검사 대기 상태가 되어 검사에 합격해야 입고된다.

- **입고**…검품에 합격한 화물은 비로소 입고 처리된다. 불합격품은 입고되지 않고 반품된다.

- **입고 예정 삭제**…입고되면 입고 예정 정보를 없앤다. 분납의 경우는 입고 예정

일부를 없애고 입고 예정 잔량으로 처리해서 잔고 관리를 한다. 입고 예정 취소는 기간 시스템(ERP)에까지 반영해서 발주 잔고가 취소되어 관리에 반영된다.

출고 관리

- **수주·출하 지시 취득**…언제 무엇을 얼마큼 누구에게(어디에) 출하하는지의 지시 내용을 기간 시스템(ERP)에서 입수한다.
- **할당**…재고를 할당한다. 지시가 없으면 선입선출하고 로트 지정과 시리얼 넘버 지정이 있으면 지정된 로트와 시리얼 넘버를 할당한다. 기간 시스템 측에서 로트와 시리얼 넘버가 할당되어 있으면 그 결과를 창고 관리 시스템(WMS)에서 현품 관리상 로트 넘버와 시리얼 넘버를 할당한다.
- **출고 지시**…할당된 물건의 출고 지시를 내린다.
- **피킹 지시**…출고 지시에 기초해서 피킹 지시를 내린다.
- **포장 지시**…출하 지시에 지정된 포장 형태의 포장 지시를 내린다.
- **분류**…고객별, 납품처별, 방면별 등의 납품, 수배송 조건에 맞는 분류(취합) 지시를 내린다.
- **전표 인쇄**…수배송 담당자에게 건넬 출하 전표를 인쇄한다.
- **출하, 짐 인도**…화물과 전표를 건네고 출하한다.
- **출하 지시 잔량·수주 잔량 취소**…출하 실적에서 출하 지시 잔량과 수주 잔량을 취소한다. 출하 잔량은 잔고 관리를 한다. 출하 지시와 수주 잔고 취소 데이터를 기간 시스템(ERP)의 잔량 관리에 반영한다.
- **납품 수령서 취득**…납품 수령서를 수취한다. 납품 수령서는 수배송 업자의 지불 지시와 외상 매입금 채무 관리에도 사용한다.

▌창고 관리의 중요 기능 ② 보관 관리

입고 처리가 끝나면 보관 관리로 넘어간다. 보관 관리는 로케이션 관리와 보관되어 있는 재고의 상태(스테이터스) 관리가 중심이 된다.

보관 관리에서는 다음과 같은 사항을 관리한다.

- **로케이션 관리**…보관된 물건의 로케이션을 지정한다.

- **입고일 관리**…보관된 물건의 입고일을 관리한다.

- **로트 관리**…보관된 물건의 로트 넘버를 관리한다.

- **유효기간 관리**…보관된 물건의 유효기간을 관리한다.

- **기타 스테이터스 관리**…다양한 재고의 상태를 관리한다(4-3 참조).

▌창고 관리의 중요 기능 ③ 기타 중요 관리

창고 관리에 부대하는 기타 중요한 관리로는 **반품**과 **재고조사**가 있다.

반품은 반품 시에 수입, 보관, 출하 가능 재고관리, 폐기를 한다. 재고조사는 보관되어 있는 현품 재고를 조사한다.

하역 업무	입고 관리	• 입고 예정 취득 • 입하 • 검품	• 입고 • 입고 예정 삭제
	출고 관리	• 수주·출하 지시 취득 • 할당 • 출고 지시 • 피킹 표시 • 포장 지시	• 분류 • 전표 인쇄 • 출하, 화물 인도 • 출하 지시 잔량·수주 잔량 삭제
보관 업무		• 로케이션 관리 • 입출고 관리 • 로트 관리	• 유효기간 관리 • 기타 상태 관리
부대적인 업무		• 반품 • 재고조사	

◆ 재고관리 업무의 내용

4-2 입고 예정 취득부터 입하, 검품, 입고, 입고 예정 삭제까지

발주 및 생산 입고 예정부터 삭제까지의 업무·시스템 연계

▌입고 예정은 기간 시스템에서 취득한다

기간 시스템(ERP)에서 발주를 하거나 생산 계획을 등록하면 **입고 예정 데이터**를 작성한다. 이 입고 예정 데이터를 WMS에 취득하고 WMS에서 입고 시 삭제 대상 정보로 한다. WMS가 없으면 입하 시에 검품에 사용하거나 입고 시의 입고 예정 잔량을 관리할 수 있도록 표계산 소프트웨어로 전송하여 인쇄할 수 있게 한다.

바코드 시스템이 있는 경우 WMS에서 바코드 단말기에 입고 예정 데이터를 전송한다. 입하됐으면 종이 입고 예정과 납입된 물건을 대조한다. 바코드로 입하 처리를 하는 경우는 수입 시에 바코드를 스캔해서 입하 접수를 한다.

▌입고 예정 데이터를 토대로 입고 사전준비를 한다

입고 예정 데이터를 보고 원활하게 입고 업무가 진행될 수 있도록 사전준비를 한다. 입고 가능한 로케이션 공간, 입하·입고 작업자의 인원 배치 등을 계획한다. 로케이션에 공간이 없으면 사전에 로케이션 이동과 이고 작업을 해서 입고 공간을 비워둔다. 입고 가능한 로케이션 공간 상황은 WMS에서 확인하고 로케이션 이동이나 이고가 필요한 경우는 출고 지시와 입고 지시를 하여 피킹해서 로케이션 이동과 이고를 수행한다.

입하 후 검품을 해서 입고 여부를 판단한다

입하 접수를 했다고 해서 입고된 것은 아니다. 입하 후 **검품**을 해서 입고 예정에 없는 경우는 입고를 중지한다. 관행적으로 입고 규정이 애매한 경우 공급자가 멋대로 선행 납입을 하는 일이 있는데 원칙적으로는 입하 시에 입고를 거부해야 한다.

입하 시에 외관 검사를 해서 불합격하면 입고를 거부한다. 입하 수량이 입고 예정과 다르면 조사한다. 적으면 분납인지 아니면 과소 입하인지를 확인하고 입고할지 말지를 판단한다. 과잉인 경우도 마찬가지이다. 실무상은 사내 규정에 정해져 있으므로 그때그때 판단하지 않고 관습적으로 입하 입고를 할지 거부할지가 정해진다.

바코드 시스템이 있으면 간단하게 오입하 체크와 수량 과부족 체크를 할 수 있다. 종이로 체크하는 경우는 작업의 정확성이 요구된다.

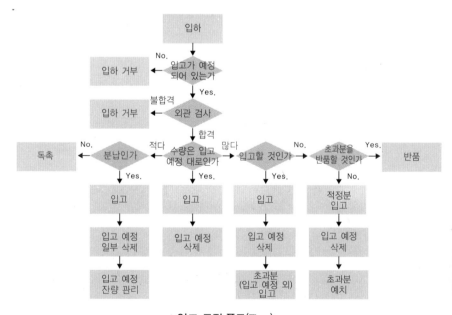

◆ 입고 로직 플로(Flow)

또한 입하 시에 품질 검사를 해서 합격품만 입고하는 경우는 입하 후의 품질 검사 결과를 기다렸다가 입고한다. 불합격인 경우는 입고를 거부하고 반품한다. 입고 예정을 그대로 남기고 기간 시스템의 수주 잔량도 남길 건지 발주 취소할지를 규정에 따라서 처리한다.

품질 검사에 시간이 소요되는 경우 등은 먼저 샘플 입하하도록 한다. 샘플 제품이 검사에 합격하면 WMS와 바코드 단말기의 입하 수입이 가능하다고 보고 원활하게 입고를 실행한다. 검사가 불합격이라면 입하 입고를 거부하게끔 한다.

합격하여 입하 입고를 했다면 입하 검품 라벨을 출력하고 화물에 부착한다.

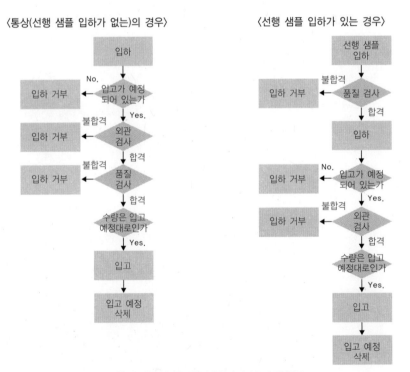

◆ 품질 검사가 필요한 경우의 수입 로직 플로

┃입고 처리, 입고 예정 삭제, 입고 예정 잔량·발주 잔량 관리

입하 수입을 한 화물은 입고 로케이션으로 이동시켜 입고한다.

선반이나 로케이션이 정해진 고정 로케이션의 경우 **입고 지시서**를 출력하거나 **핸디터미널(HT)에 입고 장소를 제시**한다.

입고 선반이나 로케이션에 입고할 때 선반 번호 등의 **입고 장소와 입고 검품 라벨을 스캔**해서 입고 수입을 한다.

프리 로케이션의 경우는 작업자가 화물을 이동시키고 입고 로케이션이 정해지면 입고 로케이션과 입고 검품 라벨을 스캔해서 입고 수입을 한다.

입고했으면 입고 예정을 삭제하고 기간 시스템에 **입고 데이터**를 송신한다. 기간 시스템은 입고 예정 잔량을 삭제하고 발주 잔량을 관리한다.

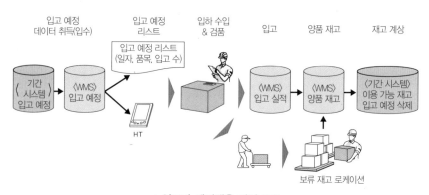

◆ 입고가 예정됐을 때의 흐름

4-3 보관 기능 ① 로케이션 관리와 재고 스테이터스 관리

보관 기능은 로케이션 관리가 기본이지만 재고 스테이터스도 관리한다

▌로케이션 관리는 필수 기능

고정 로케이션과 프리 로케이션 모두 재고가 보관되어 있으면 **로케이션 관리**를 한다. 로케이션 관리란 어디에 무엇이 어느 정도 보관되어 있는지를 한눈에 알 수 있도록 해둔 것이다.

또한 피킹을 할 때 여기저기 가지러 가지 않아도 되게끔 같은 것은 가능한 한 근접한 로케이션에 보관하도록 한다.

로케이션 관리의 기본은 **보관 장소에 번지를 할당**하는 것이다. 또한 **구획화**해서 유사한 품목군을 모아 놓은 존을 만든다. 이렇게 하면 입고 시에도 출고·피킹 시에도 짧은 동선으로 효율적으로 하역을 할 수 있다.

보관 로케이션이 가득 차서 어쩔 수 없이 보관 장소가 아닌 다른 장소에 물건이 놓여 있는 일이 있다. 가능한 한 이런 사태가 일어나지 않도록 재고 정리와 이고를 해둔다.

보관 장소에 항상 물건이 넘치면 창고를 증축하거나 빌리는 등의 방법으로 입고할 수 있는 보관 장소를 확보해 둬야 한다. 이런 조치를 사전에 해놓지 않으면 현품 관리가 제대로 되지 않아 어디에 무엇이 있는지를 알 수 없게 된다. 일일이 찾으러 다니는 수고를 해야 할 뿐 아니라 낭비 재고 체류를 일으켜 기업에게 손실을 입힌다.

보관 중인 재고 스테이터스 관리도 필수

단순히 보관 장소에 두는 것이 보관은 아니다. 보관되어 있는 현품의 **스테이터스**를 관리해야 한다.

재고 스테이터스에는 **양품, 보류품, 반품, 불량품, 폐기품** 등의 스테이터스가 있다. 각각의 상세는 다음과 같다.

• **양품**

검사 합격품 등의 양품은 할당 가능 재고이다. WMS에서 양품 스테이터스를 할당한다.

• **보류품**

검사 대기 상태여서 할당이 불가능한 상황의 스테이터스이다. 입하 후 검사에 오랜 시간이 걸려 보류 상태에 있거나 반품 후 검사 중이어서 재출하 가능한지 어떤지 합격/불합격 여부 판정을 대기 중이기 때문에 할당 출하해서는 안 되는 상태의 물건이다. 검사에 합격하면 양품으로 스테이터스를 변경한다.

WMS에서 보류품 스테이터스를 할당하고 검사 결과에 따라서 양품 또는 불량품, 폐기품으로 변경한다.

유효기간 마감 재고도 보류품이 된다. 유효기간은 사내 규정에 정해져 있고 무슨 일이 있어도 유효기간을 준수해야 하는 것과 재검사를 해서 유효기간을 연장할 수 있는 것이 있다. 기한 연장 불가품은 폐기품이 되고 기한 연장이 가능한 물건은 양품으로 변경된다.

• **반품**

보류품 중에서 반품된 물건을 반품 스테이터스로 전환하는 일도 있다.

• **불량품**

검사 결과 불량품으로 판정된 품목에 불량품 스테이터스를 할당한다. 불량품은 구입품인 경우는 반품한다. 자사 제조품으로 재생 가능한 경우는 공장으로 반품해서 재생한다. 재생 불가능 불량품은 폐기품으로 구분한다.

불량품도 불량 상태에 따라 등급을 정해서 외장 상자의 손상 정도가 경미한 물건은 B급품으로 구분해서 할당·출하할 수 있도록 해서 판매하기도 한다. 그때는 양품 스테이터스로 전환하지만 양품 스테이터스를 더 세분화해서 A품, B품으로 상세 스테이터스로 구분할 필요가 있다.

• 폐기품

재생이 불가능한 불량품은 폐기품 스테이터스가 된다. 폐기품은 기간 시스템에서 재고 폐기, 재고 처분 비용이 승인되고 나서 폐기 지시가 내려오면 그 후 출고하여 폐기한다.

일반적인 재고 스테이터스	• 양품 • 보류품 • 반품 • 불량품 • 폐기품	• 기본적인 재고 스테이터스로 WMS에서 관리한다 • 기간 시스템에는 다음 스테이터스로 연계한다 ▶ 이용 가능 재고=할당·출하 가능 재고 : 양품 ▶ 이용 불가능 재고=할당·출하 불가능 : 보류품, 반품, 불량품 ▶ 재고에서 삭제 : 폐기품

◆ 일반적인 재고 스테이터스

보관 시에는 이상과 같이 스테이터스별로 보관 장소가 나뉘어 있는 경우도 있다. 수리가 필요한 제품 거치장, 불량품 거치장, 폐기품 거치장 등이 정해져 있으면 스테이터스에 맞는 보관 장소로 이동시킨다.

바닥이나 자동 창고 선반에서 프리 로케이션 관리가 이루어지는 경우, 바닥이나 선반에 보관되어 있는 물건의 스테이터스만 교체해서 스테이터스를 변경하고 로케이션 이동은 하지 않는 경우도 있다.

보관 기능 ② 입고일 관리, 유효기간 관리 등의 상세 스테이터스 관리

재고관리 항목은 점점 세분화된다

시대에 맞춰 고도화되는 스테이터스 관리

보관 중인 재고 스테이터스 관리 요건은 점점 고도화되고 있다. 기존에는 단순한 출하 가부를 판정할 수 있는 일반적인 스테이터스 관리 수준이었으므로 대부분의 WMS에는 표준으로 표시되어 있다.

그러나 고도의 스테이터스 요구에 대해 모든 요건을 표준화할 수는 없다. 반드시 관리해야 하는 요건이라면 WMS를 커스터마이즈하거나 별도로 추가 개발해서 필요한 스테이터스 관리를 할 수 있도록 해야 한다.

WMS에 기능을 추가할 수 없을 때는 표계산이나 종이 대장으로 관리해야 하기 때문에 이중 관리가 되어 조작할 때마다 작업자의 판단이나 수작업이 발생하여 공수 증대, 처리 리드타임의 장기화, 미스 유발을 일으킨다. 이런 문제를 방지하기 위해서라도 가능하면 시스템화하는 게 좋다.

상세화하는 스테이터스 관리와 WMS의 대응

다음과 같은 스테이터스로서 관리해야 할 새로운 요건과 특수한 요건이 차츰 생겨나고 있다.

• **입고일 관리**

입고일을 관리한다. 선입선출 등의 할당 룰 적용 시에 입고일 스테이터스를 이용하는 경우가 있다. 또한 입고일 스테이터스를 관리할 수 있으면 현재 일자로부터 보관 기간을 산출할 수 있다. 보관 기간을 계산할 수 있으면 체류 재고와 부동 재고의 관리·색출이 가능해져 오래된 재고와 폐기 예비 재고를 쉽게 발견할 수 있다.

• **유효기간 관리**

　유효기간 관리는 식품과 약품, 화학품 등 사용 기한을 정해서 관리하는 품목의 스테이터스 관리에 사용된다. 기한 내에는 사용 가능 재고로 간주해서 할당 가능 대상이 된다. 기한이 끝났거나 임박 기간 도래(기한이 끝나는 며칠 전부터 몇 주일 전 등 사용 기한이 임박했음을 알리는 기간 도래) 스테이터스품은 할당 대상이 아니다. 이용 가능한 재고가 아니므로 기간 시스템 측의 이용 가능 재고도 감소 반영시켜 보충이나 발주를 촉구하도록 데이터를 연계한다.

　기한 마감이나 위험 기간 도래 경보를 울릴 수 있으면 품목에 따라서는 검사에 의해 기한을 연장할 수 있는 것도 있다. 합격품으로 기한 연장이 승인되면 WMS상의 기한을 연장한다.

• **로트 관리**

　입고 시에는 로트 넘버를 부여해서 관리한다. 로트 넘버는 물류 부문에서 자체적으로 넘버 할당 규정을 둬도 상관없다.

　만약 제조업이라면 공장에서 부여한 로트 넘버를 그대로 사용하는 것이 보통이며 생산 관리 시스템에 로트 넘버를 부여할 수 있다. 창고 입고 시에 생산 관리 시스템 측에서 갖고 있는 로트 넘버가 WMS 측에 인계된다.

　인계되지 않는 경우는 생산 관리 시스템의 로트 넘버와 WMS의 로트 넘버를 연계해서 관리할 수 있도록 대장을 만드는 등 수작업으로 관리해야 한다. 또한 타사에서 구입한 품목에는 공급자가 할당한 로트 넘버를 그대로 사용하는 일이 많다. 로트 넘버는 할당에도 사용된다. 로트 번호가 역전되지 않도록 또는 선입선출로 할당할 수 있도록 WMS에서 할당 시에 고려할 수 있도록 한다. 로트 할당을 기간 시스템으로 수행하는 경우도 있지만 WMS와 기간 시스템 어느 쪽에서 로트 할당을 할지는 다음 절에서 상세히 설명한다. 로트 넘버가 그대로 유지되고 출하 시에 어느 고객에게 어느 로트 넘버가 출하됐는지를 기록하면 추적이 가능하다. 생산 관리 시스템과 연계하지 않아 제조 로트 넘버를 취득하지 못하면 종이 대장이나 표계산 소프트웨어를 사용해서 물류 독자의 로트 넘버를 지정해서 관리하기도 한다. 시스템화되어 있지 않을 때 현장에서 임시방편으로 사용하는 방법이다. 이렇게 하면 정확도에 문제가 있고 추적에도 막대한 공수가 들어 대응을 뒤로 미루기 십상이다. WMS를 중심으로 생산 관리 시스템이나 공급자의 로트 관리와 연동해서 시스템화해야 할 영역이다.

• 시리얼 넘버 관리

로트 넘버는 동일 제품이 대량으로 재고될 때 채택되는 넘버인 반면 시리얼 넘버는 중장비와 건설기계, 제조장치 등의 대형기기를 1대별로 관리하는 넘버를 가리키며 연번 관리라고도 할 수 있다. 재고 보관 시에 시리얼 넘버를 유지하고 출하 시에 어느 고객에게 어느 시리얼 넘버의 제품이 출하되는지를 기록한다. 시리얼 넘버는 애프터 세일스에 해당하는 보수와 수리 시기를 파악하는 데 필요한 정보이기도 하다.

• 원산지 관리

구입 부품과 원재료의 원산지 관리도 날로 엄격해지고 있다. 부품 단위로 유해물질을 관리할 때 경우에 따라서는 기준을 충족하지 않는 국가가 있기 때문에 해당 부품을 배제하기 위해서다. 또한 어떤 국가는 특정 국가에서 제조된 제품, 부품, 원재료를 수입 금지하는 곳도 있다. 실수로 수입 금지국의 부품과 원재료를 사용하지 않도록 하기 위해서라도 원산지 관리가 필요하다.

원산지 관리는 문제가 발생한 원재료를 추적하는 트레이스 백에도 중요하다. 구입한 원산지에 문제가 생긴 것을 안 시점에서 해당 원산지로부터 수입을 중지하거나 이미 구입한 원재료를 폐기할 수 있기 때문이다.

• 성분 관리

화학약품의 경우는 성분의 농도 등 성분 관리가 필요하다. 같은 1리터라도 필요한 성분이 3%냐 4%냐에 따라서 포함되어 있는 유효 성분량이 달라진다. 유효 성분이 달라지면 투입에 필요한 소요량도 변하기 때문에 출고 지시를 내릴 때 출고해야 할 수량을 유효 성분 농도(이것을 역가(力價)라고 한다)에 맞춰서 다시 계산해야 한다.

• 내용물 중량 관리

내용물 중량 관리는 성분 관리와 비슷하다. 내용물 중량 관리는 포장 형태별로 어느 정도 정확하게 물건이 들어 있는지 관리하는 것이다. 예를 들면 포장지에 25킬로라고 적혀 있어도 실제로는 24.5킬로로 가볍거나 반대로 26킬로로 무거운 일이 있다. 표준 중량은 25킬로라도 필요에 따라서 입고 시에 바르게 중량을 계량해서 유지한다. 표준과 실제의 차이를 '**중량 오차 차이**'라 부른다.

내용물의 중량 차이가 크면 표준으로 사용해도 실제로 투입한 원재료의 양에 차이가 나기 때문에 너무 큰 차이가 나면 투입량을 조정해야 하며 그 차이를 파악하기 위해 내용물 중량 차이를 관리하는 경우도 있다. 물론 매회 계량해서 사용하는 방법도 있기 때문에 번거로움을 생각하면 내용물 중량 차이까지 WMS로 관리해야 할지의 여부는 업무 요건을 감안해서 신중히 검토할 필요가 있다.

• 용적·중량 관리

보관되어 있는 물건의 용적과 중량을 관리하는 것도 일반화됐다. 포장의 짐 모양을 검토할 때나, 트럭이나 컨테이너에 적재 시 3차원 짐짜기 계산(3차원의 적재 계산)을 할 때 용적과 짐 모양은 중요한 정보이다.

또한 수송 가격을 검토할 때 용적과 중량 정보가 필요하다.

• 해비(該非) 판정

해비(수출 허가) 판정이란 수출 허가를 받은 품목인지, 그렇지 않은 품목인지를 식별하는 일이다. 보관되어 있는 물건이 수출 허가를 받지 않으면 출하해서 수출하는 것이 불가능하다. 해비 판정 정보를 대장으로 관리하면 할당 시에 사람이 일일이 관리해야 해서 출하에 시간이 걸리기 때문에 해비 판정도 시스템으로 체크하도록 해야 한다.

• 특정 유해물질 관리(RoHS 대응)

납과 카드뮴 같은 특정 유해물질의 수입을 금지하는 국가도 많이 있다. 보관되어 있는 물건에 이러한 유해물질이 포함되어 있는지 여부를 관리하기 위해 유해물질 관리를 해야 한다. RoHS란 전자·전기기기의 특정 유해물질 사용에 관한 제한 지침으로 RoHS 지침이라고도 한다. 이와 유사한 규정이 더 있으므로 해당 유해물질 규제에 대응해서 관리하기 바란다.

• 특정 고객용

특정 고객용으로 재고관리를 해야 할 때는 보관 시에 스테이터스를 할당해서 관리하는 경우가 있다. 이것은 특정 고객 이외의 할당을 금지하기 위한 스테이터스 관리이다. 기간 시스템 측에서 관리하는 경우도 있다.

• 영업 확보

영업 담당자가 특정 고객용으로 재고를 확보하고 그 영업 담당자 이외에 할당하지 못하도록 할 때 사용하는 스테이터스이다. 특정 고객용 확보와 영업 담당자의 영업 확보도 마찬가지 목적으로 사용된다.

각 영업 담당자가 각각 재고를 확보하고 있기 때문에 재고가 있는데도 출하하지 못하는 일이 있다. 이때 다른 영업 담당자가 확보한 재고가 있고 이것을 자신의 고객이 원하고 있는 경우에는 영업 담당자끼리 확보한 재고를 대차하기도 한다. 이때는 영업 담당자끼리 교섭해서 스테이터스를 교체하고 해당 재고를 원하는 영업 담당자에게 스테이터스를 다시 대체해서 출하할 수 있게 한다.

재고 체류와 판매 기회 손실, 대차로 인해 쓸데없는 조정 공수가 들기 때문에 확보 재고를 시스템화해야 할지의 여부를 놓고 의견이 분분하다.

• 출고 보류

판매가 종료된 상품이나 판매 정지 상품 또는 신제품 중에서 판매 확보 재고 등 기업의 사정에 따라 할당을 하지 못하도록 한 재고 스테이터스이다.

█ 스테이터스의 기간 시스템 연계

WMS로 관리하는 재고의 스테이터스를 모두 기간 시스템과 연계하는 것은 곤란하다. 기간 시스템, 특히 ERP는 업무 실행 지시를 내리는 것과 원가 계산이나 자산 관리 등 회계를 담당하기 때문에 현품 관리상의 자잘한 스테이터스를 관리할 수 없으며 기능 분담상으로도 그 정도까지 상세한 스테이터스 관리를 시켜서는 안 된다. 기간 시스템과 WMS 간에 기능은 엄밀하게 분담해서 낭비되는 개발과 중복, 부정합은 구상 단계와 요건 정의 단계에서 배제하도록 관리해야 한다.

| 고도화하는 재고 스테이터스 | • 입고일 관리
• 유효기간 관리
• 로트 관리
• 시리얼 넘버 관리
• 원산지 관리
• 성분 관리
• 내용물 중량 관리
• 용적·중량 관리
• 해비 판정
• 특정 유해물질 관리
• 특정 고객용
• 영업 확보
• 출고 보류 | 기본적으로 WMS으로 스테이터스를 관리한다. 업무상 기간 시스템(ERP)에도 동등한 스테이터스 관리가 필요한 경우는 기간 시스템에 연계한다. 이때 WMS와 동등한 스테이터스를 갖게 할지 아니면 이용 가능/불가능 재고 등의 스테이터스로 변환할지는 업무 성격에 비추어 검토한다. |

◆ 세분화되는 재고 스테이터스

출고 기능 ① 수주·출하 지시를 취득하고 할당 기능과 연계하여 출고를 지시한다

출하 지시를 기간 시스템에서 취득하고 출고 지시를 내린다

▌기간 시스템으로 수행하는 수주·출하, 할당 지시와 취득

기간 시스템(ERP)에서 수주한 후 할당해서 출하 지시를 내린다. 출하 지시 데이터를 WMS에서 취득하고 WMS의 출하 지시 등록, 할당, 출고 지시를 생성한다. 출고 지시는 피킹 지시가 된다.

기간 시스템에서는 기본적으로 **이용 가능 재고의 유무를 확인**하고 할당을 한다. 기간 시스템은 세세한 재고 스테이터스 정보를 갖고 있지 않기 때문에 기본적인 이용 가능 재고를 확인하고 할당할 수 있는 정도의 역할을 구분한다.

가령 기간 시스템에서 로트 지정과 기한 관리 등 상세한 스테이터스를 관리하고자 하는 경우, 특히 ERP는 추가 개발 규모가 커지므로 과연 기간 시스템에 그 정도까지의 관리가 필요한지 충분히 검토해야 한다. 또한 WMS에서 필요한 데이터가 기간 시스템에 없는 경우도 있기 때문에 WMS를 도입할 때도 데이터 관련과 마스터 연계에는 충분한 주의를 기울일 필요가 있다.

기간 시스템에서 할당할 때 이용 가능 재고 스테이터스를 신경 쓰지 않고 할당하는 것을 **총량 할당**이라고 한다. 반면 WMS에서 재고 스테이터스를 고려해서 할당하는 것을 **실할당**이라고 한다. 재고 스테이터스별로 자세하게 정의하고자 할 때는, 가령 '로트 할당'이나 '시리얼 넘버 할당'과 같이 '실할당'의 할당 내용을 상세하게 말하는 경우도 있다. 재고 스테이터스 관리의 종류에 따라 할당 방법이 다른 경우가 있다. 다음 페이지에서 자세하게 설명한다.

WMS에서는 재고 스테이터스를 가미해서 할당한다

기간 시스템에서 출하 지시를 취득했으면 보관되어 있는 재고의 할당을 한다. 재고 스테이터스별로 다음과 같은 할당 개념으로 수행한다.

• 양품 스테이터스 할당

기간 시스템에도 이용 가능 재고로 동기화되어 있으므로 기간 시스템의 출하 지시에 기초해서 할당을 수행한다.

• 보류품 할당

보류품은 기간 시스템상의 이용 가능 재고는 아니어서 할당되지 않기 때문에 WMS에서도 할당 대상은 아니다.

• 불량품 할당

불량품은 기간 시스템상 이용 가능 재고는 아니어서 할당되지 않기 때문에 WMS에서도 할당 대상은 아니다.

• 폐기품 할당

폐기품은 기간 시스템상의 이용 가능 재고는 아니어서 할당되지 않기 때문에 WMS에서도 할당 대상은 아니다.

• 입고일 관리 할당

기간 시스템에서는 입고일 지정 할당은 하지 않지만 선입선출 규정에 따라 갖고 있는 경우가 있다. 이때는 기간 시스템에 입고일 정보를 건네고 선입선출에 따른 출하 지시를 취득하여 WMS에서도 선입선출로 할당한다.

• 유효기간 관리 할당

유효기간 관리 기한이 끝난 제품과 위험 기간 도래 스테이터스 제품은 이용 가능 재고는 아니기 때문에 기간 시스템에서도 WMS에서도 할당 대상은 아니다. 기한 내 재고는 이용 가능 재고이므로 기간 시스템에서도 WMS에서도 이용 가능 재고로 할당한다.

111

- **로트 관리 할당**

  로트 역전이 일어나지 않도록 로트 관리를 해서 할당해야 하지만 기간 시스템에까지 로트 관리를 시킬지 말지는 검토가 필요하다.

  기간 시스템은 총량으로 이용 가능 재고를 할당하고 로트 할당은 WMS에서 하는 것이 간편하다. 이때 로트 역전이 일어나지 않도록 WMS에서 관리하도록 한다.

  드물게 기간 시스템에서 할당이 가능한데도 불구하고 로트를 고려하면 WMS에서 할당이 불가능한 경우가 있다. 이때는 할당 불가 정보를 기간 시스템으로 되돌려서 영업 업무의 일환으로 고객과 조정하여 오래된 로트를 출하해도 좋은지 최신 로트 입하를 기다렸다가 입하해야 할지를 조정한다.

- **시리얼 넘버 관리, 원산지 관리, 성분 관리, 내용물 관리 할당**

  각각 로트 관리 할당과 같은 방식으로 할당한다.

- **용적·중량 관리 할당**

  할당 시에는 고려하지 않는다.

- **해비 판정의 할당**

  해비(수출 허가) 판정 정보는 기간 시스템에도 갖게 한다. 기간 시스템에서는 수출 허가품만 할당하고 출하 지시를 WMS에 내보낸다.

- **특정 유해물질(RoHS 대응) 할당**

  해비 판정의 할당과 마찬가지 방법으로 한다.

- **특정 고객용 할당**

  특정 고객용 스테이터스는 기간 시스템에도 갖게 한다. 기간 시스템에서는 특정 수주에 대해 특정 고객용 재고만을 할당하고 출하 지시를 WMS에 내보낸다.

  기간 시스템이 ERP인 경우 특정 고객용 스테이터스를 재고 스테이터스가 아니라 보관 장소 등에 따라 분류하는 일이 있다. 보관 장소로 설정한 경우는 마스터 관리나 시스템 처리의 커스터마이즈 설정, 추가 개발이 필요한 경우가 있어 기능

이 복잡해진다. 가능하면 업무상 그만두는 것이 바람직하지만 상거래 관습상 그만

둘 수 없는 경우에는 ERP가 아니라 WMS에서 처리할 수 있도록 검토한다. WMS

에 추가 개발하는 것이 저렴하고 보수가 수월하기 때문이다.

- **영업 확보 할당**

  특정 고객용 할당과 마찬가지 방법으로 한다.

출고 전표와 피킹 리스트에 연계

할당을 하면 출고 지시를 생성하고 출고 전표와 피킹 리스트에 연계한다. 출고

후 출하되어 WMS에서 기간 시스템으로 출하 실적이 송신되고 수주 잔고가 없어

진다.

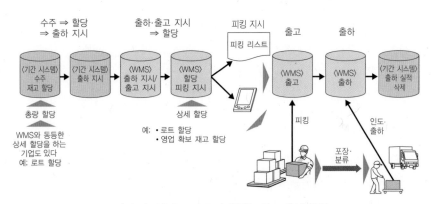

◆ 기간 시스템과 WMS로 수행하는 출고·출하 흐름

출고 기능 ② 피킹 지시, 포장 지시, 분류, 전표 인쇄
피킹 지시에 기초해서 실제로 물건을 이동시키는 업무

피킹 방법과 피킹 리스트

출고 지시에 기초해서 **피킹 지시**를 한다. 피킹 방식에 따라 피킹 작업도 달라진다.

피킹에는 주로 다음과 같은 방법이 있다. ①부터 ③은 사람이 하는 피킹, ④는 자동 창고가 수행하는 피킹, ⑤는 TC 등의 입고 ⇒ 분류를 한꺼번에 소터로 수행하는 방법이다.

① 싱글 오더 피킹

싱글 피킹은 출고 지시 전표 한 장 한 장 피킹을 지시하는 방법이다. 피커는 피킹 리스트를 소지하고 리스트에 맞춰 피킹한다.

출고 지시 전표 한 장 단위란 출하처·납품처별 피킹 리스트가 발행된다는 것이다. 하나의 출하처·납품처에 출하하는 물건을 보관한 로케이션으로 가서 1품목씩 피킹한다. 피킹 리스트의 바코드를 핸디터미널로 읽고 선반 등의 로케이션에 있는 품목 라벨의 바코드를 읽혀 대조하여 실수를 방지한다. 피킹 시에 수량을 입력하면 피킹으로 선반에서 출고된 것이 기록된다.

핸디터미널에 피킹 지시가 전송되어 표시되어 있으면 종이 피킹 리스트 없이 바코드 리더 처리만으로 피킹이 가능하다.

싱글 피킹은 하나하나의 품목을 꺼내서 피킹하므로 **수확 방식** 혹은 **거둬들이기 (따내기) 방식** 등으로 부른다.

② 토털 피킹

토털 피킹은 복수의 출하 지시 전표를 종합하여 합계 수를 피킹하도록 지시하는 방법이다. 예를 들면 A회사 품목 X10개, B회사 품목 X20개라면 피킹 리스트는 품목 X30개가 된다.

전체 30개를 피킹했다면 다음으로 출고 전표별로 분류한다. 접이식 리턴 박스에 A회사용 출고 지시 품목 X10개, B회사용 품목 X20개를 투입한다. 이런 식으로 투입하는 모습이 씨를 뿌리는 것처럼 보여 **파종 방식(뿌리기 방식)**이라고 부른다.

토털 피킹 시에는 싱글 피킹과 마찬가지로 피킹 리스트와 바코드 리더 단말기를 사용해서 오류가 없도록 피킹하여 출고 처리하고 분류 시에도 투입할 때마다 물건에 부착된 품목 라벨을 읽어 투입처의 접이식 리턴 박스에 붙인 출하 라벨을 읽어 대조할 수 있도록 해 분류 오류(피킹 미스)를 사전에 방지할 수 있도록 한다.

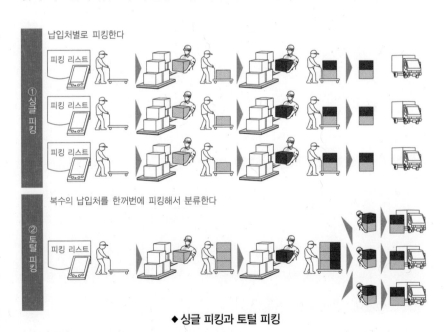

◆ **싱글 피킹과 토털 피킹**

분류 시에 체크를 할 수 없는 경우는 별도 검품 작업을 통해 미스가 없는지를 체크한다.

③ 멀티 피킹

멀티(multi) 피킹은 복수의 출고 전표(=출하처)를 동시에 피킹하고 그대로 출고 전표(=출하처)별 접이식 리턴 박스에 투입(파종)하는 방식이다. 매우 효율적인 방법으로 피킹과 동시에 분류를 하므로 1회 피킹으로 복수의 출고를 처리할 수 있다.

단, 미스가 일어나지 않도록 바코드화하는 등 실수 방지 장치를 고안해둘 필요가 있다.

④ 자동 창고에 의한 자동 피킹(=출고 지시)

피킹을 사람에게 시키지 않고 자동 창고에서 출고=피킹하는 방법도 있다. 이 경우 자동 창고에는 1선반 1출하 단위로 보관해 두는 것이 전제이다.

⑤ 소터에 의한 피킹과 분류

트랜스퍼 센터와 같은 통과형 창고에서는 인적 피킹은 하지 않고 짐을 소터로 투입해서 방면별로 피킹하고 기계적으로 분류한다.

▍포장 지시와 전표 인쇄, 방면별 분류

피킹이 끝나면 **포장**을 한다. 별도의 시스템적 포장 지시는 없는 것이 일반적이며 기본적으로 정해진 포장 형태로 패킹해서 출하할 수 있게 한다.

출하 전표를 출력해서 화물에 첨부한다. 방면별 트럭에 적재하기 위해 방면별로 분류한다. 컨테이너 대차에 적재하거나 팰릿에 실어서 트럭에 적재하기 쉬운 상태로 하고 트럭이 도착하기를 기다린다.

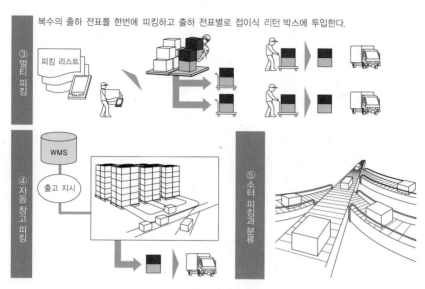

◆ 멀티 피킹과 자동 창고 피킹, 소터 피킹과 분류

▎짐의 인도, 출하 지시 잔량·수주 잔량 처리, 납품 수령서 취득

트럭이 오면 짐을 인도하면서 출하 전표를 건넨다. 출하가 끝나면 출하 실적을 WMS로 계상하고 기간 시스템에 데이터를 연계해서 **출하 지시와 수주 잔량을 처리한다**. 분납 출하한 경우는 기간 시스템으로 수주 잔고를 관리한다.

매출 계상 기준이 출하 기준인 경우는 매출 계상과 외상 채권 관리를 기간 시스템으로 수행한다.

트럭 운전자가 고객 납품 시에 수령한 **납품 수령서**는 물류 부문에서 회수하고 물류비 지불을 위한 증표로 보관한다. 매출 기준이 납품 기준인 경우 납품 수령서는 영업 부문 또는 경리 부문에 보내고 매출 계상과 외상 채권을 관리한다.

4-7

특수한 업무 ①
반품 관련 업무
고객으로부터의 반품 입고와 구입처로의 반품 출고

▌자사가 출하한 물건의 반품 입고

자사가 판매한 제품이나 상품이 납입처에서 반품되어 오는 일이 있다. 반품 입고 처리는 다음과 같은 절차에 따른다.

STEP 1 : 반품 입고 예정 데이터 취득

반품 교환이 기간 시스템에서 이루어지고 반품 전표가 등록되어 있으면 반품 입고 예정 데이터를 기간 시스템에서 WMS에 취득한다. 경우에 따라서는 반품 입고 예정 데이터가 없는 경우도 있다.

STEP 2 : 반품 입하 수용과 검품

화물이 반품되면 내용을 확인한다. 반품 입고 예정 데이터를 확인하고 반품 예정 화물이라면 일단 받아들인다. 만약 반품 입고 예정이 없는 화물이라면 관련 부문에 연락해서 수입 가부를 판단한다. 수입 가능하다면 예정 외 입고로 처리해서 받아들인다.

STEP 3 : 반품 스테이터스로 일시 보관

입고 처리한 화물은 반품 레벨을 부착하고 반품 스테이터스로 입고하는데 반품용 일시 보관 장소가 있으면 이동시켜 입고한다. 이 단계에서는 할당 대상이 이용 가능 재고가 아니므로 보류 상태인 스테이터스의 하나가 된다. 또한 기간 시스템의 반품 입고 예정 정보를 취소한다.

STEP 4 : 양품 계상, 폐기, 불량 반품 출하

반품 이유를 확인하고 반품 이유가 외장 상자의 오손이나 파손 정도에 그쳐 상자 안의 상품에 문제가 없으면 검품 후 양품 스테이스터로 변경한다. 일단 반품된 것이므로 정가로 판매할 수 없는 경우는 B급품으로 분류한다. 품질에 문제가 있어 반품된 경우는 품질 관리, 생산 기술, 생산 관리, 구매 등 각 부문에서 원인을 조사한다. 자사에 원인이 있어 반품되어 판매 불가능한 제품은 폐기한다. 폐기 데이터를 기간 시스템에 반영하여 재고를 차감한다.

폐기하지 않고 재활용 또는 재사용하는 경우는 재활용·재사용 공정에 출고하여 재활용 작업, 재사용 처리를 한다. 반품의 원인이 상품 공급자와 부품·원재료 공급자에게 있는 경우는 다음 항목과 같이 불량 반품 출하 처리를 한다.

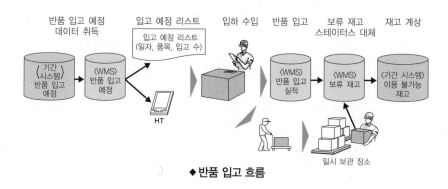

◆ 반품 입고 흐름

▍자사가 구입한 물건을 공급자에게 반품 출하

납입처에서 반품된 물건의 반품 원인이 공급자에게 있는 경우 반품 출하 처리를 한다. 이미 원인이 특정되어 회사 간에 반품이 합의된 것을 전제로 다음과 같은 단계를 거친다.

STEP 1 : 반품 출하 지시 데이터 취득

공급자에게 반품하기로 정해져 있는 경우는 기간 시스템에 반품 출하 지시 전표가 등록되고 출하 지시 데이터가 생성된다. WMS에서 출하 지시 데이터를 취득하고 출고 지시를 한다.

STEP 2: 출하·출고 지시, 피킹, 출하

출하·출하 지시 후 출하까지의 흐름은 일반 출하와 거의 같다. 다만 납입처가 출하 판매처가 아니라 구입처가 된다. 기간 시스템에도 WMS에도 마스터로서 납입처를 등록해 둘 필요가 있다.

STEP 3: 출하 지시 데이터의 회수, 발주 취소

일반적인 출하와 마찬가지로 출하 후 출하 실적은 기간 시스템에 반영하고 출하 지시를 회수한다. 동시에 기간 시스템의 발주를 취소한다.

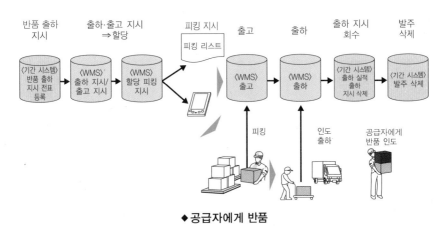

◆ 공급자에게 반품

▌반품 출하 지시를 수반하지 않는 반품 출하

공급자의 오출하 등으로 입고 예정에 없는 물건이 납입돼도 반품이 발생한다. 자사에서 발주한 물건은 아니므로 받아들이지 않고 반품 처리한다.

납입한 트럭업자가 즉시 갖고 돌아갈 수 있으면 간단하지만 일단 트럭 야드에 내려놓고 입하 검품을 하다가 알아차린 경우는 다음 입하 시에 운전자에게 건네거나 반품을 위한 트럭을 수배해야 한다.

4-8 특수한 업무 ②
재고조사
분기말 일제 재고조사와 순환 재고조사 2가지 방법이 있다

▌보관하고 있는 재고 수량이 맞는지 확인하는 재고조사 방법

창고 관리 업무인 통상의 입출고 및 보관과 더불어 비중이 큰 업무가 재고조사이다. 재고조사란 간단히 말하면 보관되어 있는 재고의 정확한 수치를 파악하는 것이다. 정확한 재고 수를 파악하는 목적은 3가지가 있다.

첫째 **정확한 결산을 하기 위해서**다. 재고가 정확하지 않으면 올바른 결산 처리가 불가능하며 재고가 정확하고 바른지 증명하지 않으면 결산을 조작할 의도가 있는 것으로 의심받기도 한다. 올바른 재고 파악은 회사 경영상 필수이다.

둘째 **업무에 지장을 초래하지 않도록 하기 위해서**다. 재고가 있다고 생각했는데 실제로는 재고가 없으면 출하와 생산이 불가능하다. 올바른 재고 파악은 업무를 원만하게 영위하기 위한 전제 조건이다.

셋째 **발주 및 생산 낭비를 방지하지 위해서**다. 재고가 부정확하면 발주 계산과 생산 계획에 차질이 생긴다. 파악하고 있는 재고가 실제 수보다 적으면 쓸데없는 생산·조달이 발생하고 반대인 경우는 부족해서 생산과 출하에 지장을 초래한다.

따라서 재고의 정확도를 높이지 않으면 안 된다. 이 경우의 정확도란 시스템과 대장으로 파악하는 이론재고와 창고에 있는 실지재고의 수량이 합치한다는 얘기다.

이론재고와 실지(현장)재고에 재고 차이가 있어 재고 정확도가 90%를 밑돌면 업무에 지장이 생긴다. 재고 차이가 생기는 원인을 파악하고 재고 정확도를 높이는 대책을 강구해야 한다. 이처럼 재고 정확도를 확인하고 재고 정확도를 높이기 위해서라도 재고조사가 필요하다.

분기말 결산을 위한 일제 재고조사 작업

분기말에 결산 확정을 위해 실시하는 재고조사가 있다. 출하와 입하를 멈추고 일제히 수행하는 분기말 **일제 재고조사**이다. 일제 재고조사는 다음과 같은 절차를 따른다.

STEP 1: 입출고 정지

재고 이동이 있으면 정확한 재고조사가 어려우므로 기본적으로 재고조사 시기에는 입출고를 중단한다.

STEP 2: 재고조사 리스트 작성

재고 데이터를 동결하고 재고조사 리스트를 작성한다. 장표로 인쇄하는 경우도 있으며 핸디터미널로 전송하는 경우도 있다.

재고조사 리스트는 로케이션, 품목 시스템에 기록되어 있는 이론 수량을 표시한다. 이론 수량 옆에 실지 재고조사(실제 선반) 수량을 기입하도록 해서 차이를 명확히 표시한다. 만약 재고 정확도가 높고 시스템으로 차이 추출을 하는 거라면 이론 수치를 표시하지 않고 실제 선반 수만 기입해도 문제없을 것이다.

STEP 3: 실지 재고조사

재고조사 리스트를 갖고 실지 재고조사를 한다. 현물을 카운트해서 수량을 확인하고 현물 수량을 기입한다.

STEP 4: 재고 차이 추출

재고 수에 차이가 있는 품목을 추출한다. 필요가 있으면 재차 실지 재고조사를 실시한다. 차이가 나는 원인을 찾아 향후 재고 정확도 향상을 위한 대책을 강구한다. 원인 규명에는 시간이 걸리므로 우선은 재고조사 작업을 끝맺기 위해 다음 단계인 재고 조정을 한다.

STEP 5: 재고 조정

기본적으로 현품의 실지 재고조사가 바르다고 여겨지므로 WMS의 재고를 실제 선반에 맞추어 수정한다.

STEP 6: 기간 시스템의 재고 데이터 조정

WMS의 재고 데이터를 기간 시스템에 송신하고 회계상 재고조사 데이터를 수정한다.

일제 재고조사는 회사의 재고조사 데이터를 결산 수치로 사용하므로 회계사가 실지 재고조사에 입회하거나 사내에 감사인을 입회시킨 상태에서 실시한다. 이처럼 제3자의 감사가 요구되는 중요한 업무이다.

◆ 보관하고 있는 재고의 수량이 맞는지를 확인하는 재고조사 작업

▎정기적인 재고조사 작업을 하는 순환 재고조사 작업

일제 재고조사와 달리 입출고 전체를 멈추지 않고 일부 창고 로케이션만 멈추어 재고조사를 하고 창고 전체를 1년 또는 반년에 걸쳐 일주(一周)하는 방식으로 재고조사를 하는 것을 **순환 재고조사**라고 한다.

순환 재고조사의 절차도 일제 재고조사와 거의 같지만 입출고를 정지하는 것은 일부 로케이션이므로 입출고가 정지된 로케이션을 선별해서 입출고를 정지한다. 때로는 입출고를 정지하지 않고 입출고 작업 후 야간에 재고조사를 하기도 한다.

순환 재고조사는 할당을 마친 미출고 재고가 있기도 하므로 주의가 필요하다. 순환 재고조사는 기본적으로 현품 재고와 WMS나 재고 대장상의 이론재고 차이를 찾아내 재고 정확도를 높이기 위해 실시하는 거라고 생각하자. 다만 재고 조정 데이터는 기간 시스템에도 반영한다.

재고조사 작업 인원 계획과 재고조사 작업자 수배

일제 재고조사는 입출고를 중단하고 창고 전체에서 실지 재고조사를 하므로 대단히 수고스럽다. 그러나 오랜 시간 입출고를 멈출 수는 없기 때문에 단기간에 마쳐야 한다. 평소의 창고 작업자만으로는 인원이 부족하기 때문에 창고 사무직원과 공장, 본사의 지원을 받아 재고조사를 하는 게 보통이다.

실지 재고조사는 일대 이벤트인 만큼 시간이 걸린다. 또한 재고 차이를 가려내는 데도 시간이 걸린다. 이러한 작업을 단시간에 끝마치려면 **실지 재고조사 전문업자에게 아웃소싱하는 방법**도 있다. 또한 재고 차이 추출은 WMS 등을 도입해서 시스템화함으로써 시스템 처리에 의해서 간단하게 추출해서 효율화해야 한다.

최근 어느 회사로부터 재고조사에서 데이터를 체크해서 표계산 소프트웨어에 입력하느라 철야를 했다는 말을 들었다. 데이터의 옮겨쓰기와 차이 추출에 부가가치는 없으므로 회사 입장에서 가능한 한 시스템화해야 한다.

또한 재고 정확도가 낮으면 재고조사 작업에 방대한 시간이 걸린다. 원인 조사에는 더 많은 시간이 걸린다. 순환 재고조사를 하면서 항시 재고 정확도를 향상·유지하고 업무적으로 재고 정확도가 악화하지 않도록 해두자.

4-9 물류 DX:RFID의 저비용화로 재고 관리를 어디까지 효율화할 수 있을까?

RFID가 개척하는 서비스 혁신과 실태, 앞으로의 기대

▌RFID는 짐을 빠르게 구분하는 능력이 있다

RFID(Radio Frequency Identification)는 전파를 이용하여 비접촉식으로 데이터를 읽고 쓰는 장치를 말하며 전자 태그 또는 IC 태그라고 한다. 형태는 카드형 또는 코인형이나 원통형이 있다. 크기가 작은 것은 종이 안에 전자 태그가 저장되어 있는 것도 있다.

또한 RFID에 기록된 데이터를 읽고 쓰는 기기를 리더/라이터라고 한다. 대표적인 것이 핸디 터미널(HT)이며, 게이트형이나 안테나형 리더/라이터도 있다.

▌RFID로 실현할 수 있는 혁신적인 업무 효율화

RFID는 데이터를 순식간에 읽을 수 있어 창고에 있는 제품을 단번에 읽어 재고를 조사할 수 있고 입고 시에 여러 품목을 한번에 처리할 수 있다.

전파 투과성이 있어 상자 안에 여러 품목이 있어도 한번에 모든 품목을 읽을 수도 있다. 이것이 가능하다면 상자를 개봉하지 않아도 안에 들어 있는 물품을 확인할 수 있어 작업 효율성이 크게 높아진다. 또한 비접촉이기 때문에 사람이 일일이 핸디 터미널을 가까이 대고 RFID를 읽지 않아도 쉽게 물품을 구별할 수도 있다. 즉, 롤러 컨베이어 등에 물품을 실어 올리면 게이트를 빠져나가 단번에 입고가 되는 것이다.

또한 RFID는 여러 번 읽고 쓸 수 있기 때문에 공장의 공정을 통과할 때마다 작업 내용을 기록할 수 있고 추적도 훨씬 용이하다.

여러 가지 면에서 혁신적인 기능이 있어, 한때 RFID를 활용하면 업무의 효율이 크게 높아질 것으로 기대를 모았다. 그러나 실제로 RFID는 크게 활용되지 않고 있다. 일부 소매 점포에서 장바구니에 들어간 상품을 단번에 읽어 지불 금액을 알려주는 예가 있기는 하지만, RFID의 보급은 크게 진척이 없다.

RFID의 보급을 저해하는 요인은 비용 장벽과 효과의 평가

RFID의 보급을 더디게 하는 요인은 높은 비용이다. 비용 때문에 쉽게 도입할 수가 없다. RFID는 데이터 쓰기와 삭제를 여러 번 반복할 수 있으므로 재사용할 수 있다는 점에서는 유리하지만, 업무상 데이터를 다시 읽고 쓰는 일이 그다지 빈번하지는 않다. 있다고 해도 RFID가 아니라 시스템 측의 DB에 데이터를 저장·갱신하면 되므로 바코드 라벨을 읽는 기능만으로는 부족하다.

즉, RFID에 데이터를 저장하는 의미가 없다. 클라우드의 보편화로 어디서나 전파를 사용할 수 있는 환경이 갖춰지면서 RFID라는 장치에 과도한 데이터를 저장할 필요가 없는 것이다. 따라서 종이 바코드 라벨을 대체할 때에 그 이점을 찾을수 없다. 종이 라벨을 붙일 수 없고, 또한 RFID의 비용을 충당할 정도의 고부가가치 제품이 아닌 한 RFID의 도입이 어려운 것이 현실이다.

게다가 리더/라이터의 가격도 비싼데, 전파를 넓은 범위까지 도달하게 하려면 더 좋은 장비가 필요하게 되므로 비용은 더욱 비쌀 수밖에 없다.

그렇기 때문에 아무리 비용을 내린다 해도 종이 라벨보다 저렴할 수는 없고 효과도 미미하다. 굳이 RFID를 사용하지 않아도 바코드나 2차원 바코드의 활용으로도 충분한 것이다.

특정 분야에서는 특수 RFID가 혁신을 이뤄내고 있다

위에서는 RFID의 단점에 대해 설명했지만, 특정 분야에서는 혁신을 이뤄낼 잠 재력을 갖고 있다. 예를 들어 종이 시트 사이에 끼인 RFID가 있다. 이 RFID는 종 이를 찢을 때 전파를 방출해서 찢어졌다는 사실을 데이터로 알려준다. 이 RFID는 상자의 포장이 풀렸거나 봉투가 열렸다는 사실을 알릴 수 있다. 대여한 물건의 개 봉이나 사용 기록을 알 수 있으면 재고가 줄어들었다는 얘기이므로 보충해야 한다 는 사실을 알 수 있다.

넓은 부지에 주차된 차량이나 대형의 자재를 찾기 위해 위치와 보관 장소를 연 동하는 데도 사용할 수 있다. 보관 장소에 놓인 위치를 나타내는 바코드를 읽고 나 서, 그곳에 둔 차량이나 자재에 붙인 RFID를 읽어서 두 가지 정보를 연동해서 관 리한다. 또한 출하 지시를 받고 나서 RFID를 읽으면 출하지나 출고지를 태블릿 등 의 단말에 표시시켜 그대로 출하·출고시키는 것도 가능하다. 이와 같이 특정 분야 에서는 RFID를 활용해 나갈 것으로 기대할 수 있다.

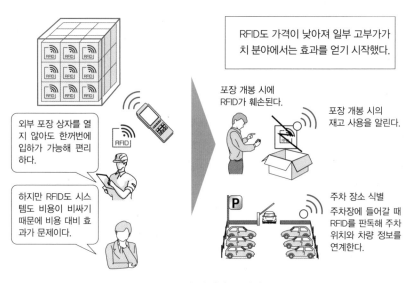

외부 포장 상자를 열지 않아도 한꺼번에 입하가 가능해 편리하다.

하지만 RFID도 시스템도 비용이 비싸기 때문에 비용 대비 효과가 문제이다.

RFID도 가격이 낮아져 일부 고부가가치 분야에서는 효과를 얻기 시작했다.

포장 개봉 시에 RFID가 훼손된다.

포장 개봉 시의 재고 사용을 알린다.

주차 장소 식별 주차장에 들어갈 때 RFID를 판독해 주차 위치와 차량 정보를 연계한다.

◆RFID가 발전하고 있다

제 **5** 장

수배송과
수배송 관리 시스템

수배송 업무는 수배송 계획과 가시화, 컨트롤

수송과 배송, 트럭, 철도, 선박, 항공기

▎물류비의 절반을 차지하는 수배송을 계획하고 컨트롤한다

물류비 중에서 수배송비가 차지하는 비율은 절반을 넘는다. 수배송을 원활하게 계획해서 수배하고 효율적으로 물건을 운반하면 비용을 낮출 수 있다.

그러나 수배송은 비용만 낮다고 해서 좋은 건 아니며, 수배송 품질이 중요하다. 납기 준수와 납품 시의 매너 등을 충족시키기 위해 일정 수준의 서비스도 필요하다. 안전성도 중요하다. QCD+S:Safety(안전)의 모든 요소를 적정화해서 이익을 창출하는 수배송을 실현해야 한다. 이를 위해서는 수배송을 계획하고 가시화해서 컨트롤하고 실적을 수집해서 개선해 나가야 한다.

▎수송과 배송의 차이, 노선편과 전세편

용어를 짚고 넘어가자. 수배송이라고 해도 수송과 배송은 다른 개념이다. 수송은 **두 거점 간을 연결해서 화물을 운반하는 것**이다. 배송은 **화물을 실어 복수 거점에 배달하는 것**이다. 수송은 주로 기업 간 거래이고 배송은 기업 간 거래도 있는가 하면 최종 소비자 대상의 택배도 포함된다.

트럭 수송을 할 때는 **노선편과 전세편**이 있다. 노선편이란 거점 간을 노선처럼 왔다 갔다 하는 트럭으로 여러 하주의 짐을 싣고 거점 간을 수송한다. 전세편은 1사에서 트럭을 빌려서 지정한 출발지에서 지정한 발착지로 수송하는 편이다.

노선편은 정해진 스케줄에 따라 움직이기 때문에 수송회사의 스케줄에 맞춰 배차 계획을 세운다. 한편 전세편은 한 회사에서 빌리므로 스케줄과 루트에 자유도가 높다. 요금은 노선편과 비교해서 비싸지만 융통성이 있다.

일반적으로 수송은 노선편, 급하거나 서비스가 많이 필요할 때 수송은 전세편을 이용하여 비용을 적절하게 쓴다.

▮트럭 수송과 철도 화물 수송

국내 수배송의 경우 **트럭 수송**이 톤 킬로 기준으로 전체 수송량에서 큰 비중을 차지한다. 트럭 대수의 핍박과 요금이 급등한 점도 있어 가능한 한 다른 수송 모드로 이행하려는 움직임도 있다.

육송에는 **철도 화물 수송**이 있다. 화물역까지 수송한 다음 다시 화물역에서 수송하는 수고와 비용이 들기는 하지만 장거리 수송인 경우 철도 화물 수송을 이용하면 비용이 저렴하다. 화물 스케줄에 맞춰야 하고 수송 시간도 길지만 단시간에 수송하지 않아도 되는 화물은 사용하지 않을 이유가 없다.

▮선박(내항선과 외항선), 항공기 수송

선박 수송에는 내항선과 외항선이 있다. 내항선은 국내 수송을 하는 선박이고 외항선은 무역 현장에서 활약하는 선박 수송이다. 선박에는 컨테이너를 적재하는 컨테이너선, 트럭 자체를 실어 나르는 RoRo(Roll on Roll off)선, 페리 등이 있다. 화물에 따라 탱커와 목재 칩선, LNG 전용선 등 다양한 배가 있다.

항공기 수송에서는 여객편의 화물실(belly)에 여객 화물과 함께 실어 나르는 경우와 화물 전용 비행기(freighter)로 운반하는 경우가 있다.

선박 수송도 항공기 수송도 기본적으로 선박회사와 항공회사의 스케줄에 맞춰 수송 계획을 세운다.

선박, 항공기 모두 선박회사, 항공회사와 거래를 터서 사전에 단가 교섭을 하고 개별 수송 타이밍에 스케줄을 예약해서 선박을 확보해 둘 필요가 있다.

국제 수송의 경우는 수송 사이클과 루트가 한정되면서 화물량이 변동하고 선박과 비행기 확보가 어려운 때도 있어 사전에 수송 계획을 입안하여 적절하게 수송할 수 있도록 해야 한다.

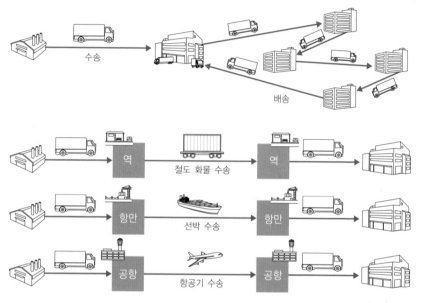

◆ 수송과 배송, 트럭, 철도, 선박, 항공기

5-2 배차 계획이 수배송 관리의 중심 업무

베테랑 배차 담당자의 능력도 한계, 업무를 정리하고 시스템화 고려해야

▌베테랑 배차 담당자에 의존한 배차 계획

매일 매일의 출하에 맞춰 트럭을 수배하는 배차 담당자가 전국에서 활약하고 있다. 수요 변동과 출하 변동에 대응하기 위해 밤낮으로 베테랑 배차 담당자가 노력하고 있다.

많은 배차 담당자가 엑셀과 서류로 **배차 계획**을 세우고 있다. 입수할 수 있는 출하 예정 정보에 기초해서 방면별로 화물량과 짐 모양 등을 토대로 필요한 트럭 대수를 산출한다. 만약 긴급하게 운반해야 할 짐이 있는 경우 요주의 화물로 간주해서 일단 피하고 차량 편성 단계에서 트럭을 할당한다.

필요한 트럭 대수가 정해지면 트럭을 할당하는 차량 편성을 한다. 트럭의 지정, 특수 사양 트럭의 요구 지정, 배차 요구(구차) 계획을 입안한다.

다음으로 배차 요구에 맞는 트럭을 수배한다. 자사 트럭과 계약 트럭으로 우선 요구 대수를 채우고 부족할 때는 용차를 추가 수배할 수 있는지 검토한다.

짐을 다 적재했는데도 트럭이 남으면 안 되므로 이미 준비된 트럭과 노선편으로 부족할 때는 전세편으로 대응할 수 없는지 검토한다. 긴급 출하 요구도 마찬가지이다. 사전에 준비한 트럭을 꽉 채울 만큼 화물이 없을 때도 있다. 트럭이 비어 있는 채 운행하지는 않지만 비용은 발생한다. 공간이 남아도는 상태로 수배송하는 것은 낭비이므로 바로 다음에 운반할 예정인 짐을 먼저 운반해서 적재효율을 높일 수 있도록 출하 지시 부문 등 관련 부서와 상담한다.

물류 상황에 따라 출하 부문에 대로트로 묶음 출하를 요구해야 하는 일도 있다.

회사에서는 수송효율을 올리라는 지시가 있기 때문에 적재효율을 높이고 운행당 수송량을 늘리기 위해 대량 수송하는 일이 있다.

영업 부문, 생산 부문, 구매 부문, 납입처, 트럭업자 등과 조정하면서 배차 담당자는 복잡한 판단을 하며 밤낮 배차 업무를 처리하고 있다. 배차 계획은 그야말로 베테랑 직원의 능력에 전적으로 맡기고 있다.

그러나 베테랑에 의존하는 것도 한계에 왔다. 시스템화를 통해 업무 규칙을 정리하고 무리, 편중, 낭비를 배제할 수 있는 배차 계획 업무를 확립하지 않으면 아무리 시간이 지나도 사람에게 의존할 수밖에 없다.

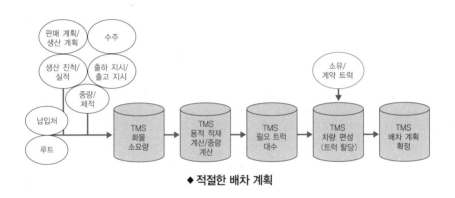

◆ 적절한 배차 계획

▌마스터 정비와 특수 물류 오더의 축소가 필요

베테랑 배차 담당자에 의존하지 않고 시스템으로 배차하는 장치가 TMS(Transport Management System; 수배송 관리 시스템)이다. TMS의 역사는 오래됐는데 배차 요구 계산(출하 방면 집약·룰 집약), 차량 편성(보유 차량 할당, 계약 차량 할당, 추가 요구 차량), 배차 지시 같은 기능이 있다. 차량 편성 시에 트럭 적재 계산을 하지만 3차원 적재 계산과 중량 계산이 가능한지 아닌지는 TMS에 따라 다르다.

TMS는 오래전부터 있었지만 거의 사용되지 않았다. 그 이유는 마스터 정비 문

제와 물류를 둘러싼 타 업무와의 연계를 포함한 업무 운영 문제 그리고 조작이 어렵기 때문이다

마스터 정비는 TMS 사용에 필요한 마스터를 항상 갱신하지 않으면 안 된다는 점이 과제였다. 새로운 차량, 차량 가동 캘린터 등의 마스터가 제대로 되어 있지 않으면 계획이 틀어진다. 마스터는 항상 최신 상태를 갱신 등록해야 한다.

또한 주변 업무의 변동으로 인한 불규칙 처리가 많아지면 배차 계획에 불규칙 처리가 늘어 시스템이 아니라 인력 입안으로 회귀한다. 예를 들면 계획을 무시한 강제적인 긴급 출하 요구, 루트 변경·추가 등이다. 가능한 한 불규칙 출하 의뢰를 줄이지 않으면 배차 시스템을 사용하지 않게 된다.

마스터 정비와 주변 업무를 포함한 업무 프로세스의 기준화와 룰화가 TMS 도입의 중요한 요소가 된다. 조작성은 시스템 선정 시에 평가해서 사용하기 쉬운 것을 선택한다.

운행 관리는 수송효율을 개선한다

운행 관리의 IT화로 가동 감시도 가능해졌다

IT의 활용으로 동태 관리도 가능

배차 계획을 마쳤다면 다음은 실행 업무인 수배송이다. 수배송이 끝나 화물이 도착했다고 해서 끝이 아니다. 실적을 측정하고 결과를 평가하고 부족한 점을 개선해야 한다. 옛날에는 타코미터로 운행 상황을 종이에 기록했으나 지금은 디지털 타코미터로 상세한 운행 상황을 파악할 수 있다. 주행 중, 정지 중, 급발진, 급브레이크 등의 운행 가동 상황도 알 수 있으며 주행 거리와 연비도 알 수 있다. 이러한 데이터를 수집해서 연비 향상 지도와 안전 운전 지원이 가능하다.

종이로 운행을 관리하던 시대에는 일지도 종이에 작성했지만 현재는 전자화된 운행 관리 결과를 사용해서 시스템으로 일지를 작성할 수도 있다. 운행 관리 시스템은 몇 개의 패키지가 있으므로 평가해서 사용하기 쉬운 구조를 선택하자.

운행효율은 가동률, 실차율, 적재효율의 곱

운행효율은 **가동률**, **실차율**, **적재효율**을 곱셈한 것이다. 아래에 각각에 대해 상세하게 살펴본다.

① 가동률

가동률은 트럭 등 차량의 가동 여부를 나타내는 지표이다. 전체 월 일수 중 트럭이 운행한 일수이다. 예를 들면 월 30일 중 21일 달렸다면 가동률은 21/30=70%이다. 가동률을 계측해서 놀고 있는 차를 줄이기 위한 행동을 취한다.

② 실차율

실차율은 실제로 짐을 실은 비율이다. 실차율은 실제로 짐을 싣고 달린 거리(실 주행 거리)를 총 주행 거리로 나누어 산출한다. 예를 들면 300킬로미터를 주행한 것 중 가는 차편 150킬로미터밖에 짐을 싣고 주행하지 않은 경우 실차율은 150/300=50%이다.

편도는 짐을 실었지만 리턴편은 짐을 싣지 않으면 실차율이 떨어지므로 리턴편에 실을 짐을 구해서 실차율을 높여야 한다.

③ 적재효율

적재효율은 최대 적재량에 대해 실제로 적재된 양의 비율이다. 적재효율은 적재량/최대 적재량으로 계산한다. 적재량이 2톤이고 최대 적재량이 4톤이면 2/4=50%로 계산한다.

가령 주행 구간 내에서 짐을 싣고 내리는 등 적재량이 변동한 경우는 (실 주행 거리×적재량)+(실 주행 거리×적재량)+ … / (실 주행 거리×최대 적재량)이 된다.

운행효율을 측정할 때 가동률은 일 기준으로 한다. 실제는 1일 풀가동이 아니라 트럭 가동 시간에는 주차 시간, 대기 시간, 정차 시간 등의 비가동 시간이 있다. 주차 시간은 야간이나 휴일에 주차된 시간이다. 트럭이 24시간 풀가동하는 것은 불가능하므로 이러한 시간은 관리 고려 대상에서 제외하는 일이 많다.

그러나 화물의 출하 대기·입하 대기, 하역 대기 시간과 정차 시간은 줄일 수 있다. 대기 시간과 정지 시간을 측정해서 원인을 분석한다.

운행효율은 효율을 높이기 위해 측정한다. 가동률이 떨어진 경우는 하주를 찾고, 실차율이 떨어진 경우는 리턴편의 구화를 하고 적재효율이 떨어진 경우는 혼재를 검토하는 등 개선책을 강구한다. 운행효율과 아울러 관리해야 할 지표는 과속 횟수, 급발진·급가감속 횟수, 과속 시간, 아이들링 시간, 연비 등이다.

디지털 타코미터

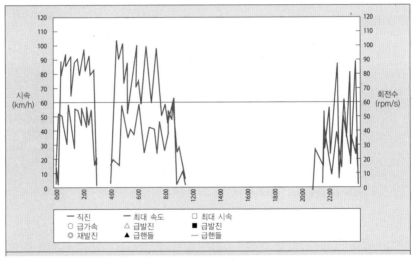

운전 평가 일지		작성일	2021년 10월 13일	작성자명	○○○
		기기 식별 번호	F5131200001	최대 운전 주행 시간	3:52:58
운행 개시 일시	2021/10/1	운행 종료 일시	2021/10/2 3:00	운전 시간	9:47:26
영업소명	소속 부서 1	운전자 이름	○○○	차량 번호	▲▲800아1234
운행 구간	운행 구역 010	주행 거리	571.56km	최고 속도	100km/h
보존 연월일	2021/10/2 18:15	고속도로 주행 시간	4:30:25	고속도로 주행 거리	351.25km
보존 작업자명	○○○	일반도로 주행 시간	5:17:00	일반도로 주행 거리	220.30km

운전 일지

◆ 운행 상황 가시화

▌GPS에 의한 차량 가동 상황 감시

또한 차량에 GPS를 설치하고 차량 가동 상황을 감시할 수 있게 됐다. GPS를 통해 주행 중, 정지 중 등의 스테이터스 감시도 가능하다. 운행효율을 개선하려면 일지를 써서 하루를 마감하는 방식으로 데이터를 수집하면 충분하며 리얼타임 감시 요건은 없다. GPS에 의한 차량 감시는 미래에 자율주행으로도 이어질 것이다.

5-4 공동 수배송을 위한 시스템과 구차구화 시스템

공동 수배송은 비용 메리트가 크다

▌공동 수배송에서 주의할 점

트럭 부족 대책과 물류비 절감을 목적으로 **공동 수배송** 대응 움직임이 가속되고 있다. 공동 수배송 형태로는 트럭이 집하해서 수배송하는 방식과 센터 창고에서 화물을 수집하고 센터 창고에서 공동으로 수배송하는 방식이 있다.

트럭이 집하해서 수배송하는 방식은 트럭의 적재효율과 운행효율을 높일 목적으로 사용되는 수단이다. 집하 요구가 있으면 트럭이 하주의 출하 창고에 집하하러 가서 짐을 수배송처에 나르는 구조여야 한다.

트럭에 대해서는 각사 각양의 전표가 건네지고 납품 수령서 인도와 운임 정산은 화주별로 이루어지므로 화주 간의 시스템 정합성을 의식하지 않고 운용이 가능하다.

한편 센터에 일단 입하한 물건을 일괄로 출고·출하, 수배송할 때는 각 하주 기업과 센터 창고 각각의 WMS와 시스템 연계가 필요하다. 동일 창고에서 출고·출하되기 때문에 센터 창고의 WMS는 통일된 구조여야 한다. 어느 경우든 공동 수배송에는 많은 과제가 있다. 짐 모양과 팰릿의 표준화·통일, 화물 피킹 시의 룰, 적재·하차 시의 대기 시간 허용, 리드타임 장시간화에 합의, 마감 시간 합의 같은 과제는 시스템이라기보다 공동 수배송을 하는 하주 간에 운용 룰에 합의해야 하는 사항이다. 짐 취급과 시간 지정, 가격 합의 등도 중요한 요인이다.

공동 수배송 룰과 정리에 합의한 후에 시스템의 정합성이 기해져야 비로소 공동 수배송이 실현된다.

공동 수배송은 수배송을 담당하는 물류업자의 업무 품질에도 의존한다. 업무, 시스템 모두 자사 물류로 수행하는 것보다 QCD 측면에서 이렇다 할 메리트가 없다면 누구도 위탁하지 않을 것이다. 또한 물류회사의 신용력도 문제가 된다.

물류회사에 공동 수배송을 위탁하는 경우는 신용력 있는 3PL(3rd Party Logistics; 제3자 물류) 회사 또는 하주의 업계 중에서 최대형 기업의 물류회사를 선정하는 일이 많다.

동일 업계에 속해 있는 경우는 같은 납입처가 많아 공동 수배송의 이점이 크다.

공동 수배송 구조는 장기 계약을 맺고 물류회사가 담당하는 것이 보통이지만 매칭형으로 공동 수배송에 대응하려는 움직임도 일어나고 있다. 이것은 5-7에서 소개하는 구차구화 매칭 시스템에 가까운 구조이다.

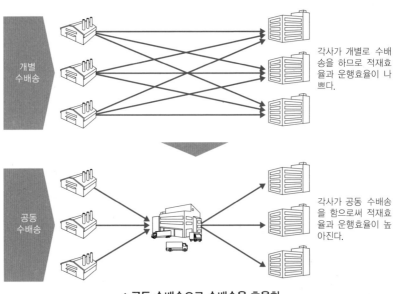

각사가 개별로 수배송을 하므로 적재효율과 운행효율이 나쁘다.

각사가 공동 수배송을 함으로써 적재효율과 운행효율이 높아진다.

◆ 공동 수배송으로 수배송을 효율화

국제 물류에서 포워더의 역할과 인코텀스

수출과 수입에서 다른 물류와 무역의 흐름

▌수출입은 물류와 무역이 연동하는 프로세스

수출입은 물건이 움직이기 때문에 당연히 수송 프로세스가 있다. 국내 수송 프로세스와 차이가 나는 점은 **무역 프로세스가 병행해서 움직인다**는 점이다. 무역에 필요한 서류와 연동돼야 하고 무역용 서류와 물류가 연동하기 때문에 프로세스를 이해하려면 쌍방을 관련지어야 한다. 더욱이 무역에 관한 업무는 다방면에 걸친다. 따라서 본서에서는 각 국가 및 지역의 무역에 관한 법률상 차이가 존재하기 때문에 상세한 기술은 생략하고 국제적으로 결정된 무역 조건인 인코텀스(Incoterms; 무역 조건, 다음 절에서 자세히 설명)에 한정해서 언급하기로 한다.

▌선박 수송에 따른 수출 물류 프로세스

선박 수송으로 수출할 때는 우선 **선박을 부킹**한다. 병행해서 수출업자가 수입업자에게 발행하는 화물의 품명, 포장, 수량, 중량 등을 기재한 **P/L**(Packing List; 포장 명세서)과 화물 명세를 나타낸 청구서 및 납품서인 **I/V**(Invoice; 송장) 등의 무역 서류를 작성한다. I/V에는 적하 품명, 수량, 단가, 금액, 선명, 선적일·선적항, 도착항 등이 기재되어 있다.

물류업자에게 화물과 무역 서류를 건네면 물류업자는 컨테이너 야드로 운반한다. 병행해서 세관에서 검사·서류 심사를 하고 수출 허가를 받는다. 혼재(consolidation) 보세 창고에서 컨테이너에 적입하는 작업(배닝, vanning)이 이루어진다. 통관업자는 선박회사가 발행하는 수출 화물 수령서인 **D/R**(Dock

Receipt; 화물 수취증), 컨테이너에 적재하는 화물의 명세 **CLP**(Container Load Plan)를 작성한다.

선박회사에 해상 운임을 지불하면 **B/L**(Bill of Lading; 선하증권)이 발행되어 인도된다. B/L은 선주가 하주와의 사이에서 운송 조건을 명시한 운송 서류이고 선주가 수송을 인수하고 지정된 항구에서 합법적인 하수인에게 화물을 건네는 것을 약속한 유가증권이다.

그 후 배에 컨테이너가 적재되어 출항된다.

Packing List			
Shipping Company Address:	SE Trading Inc. 555 FunamachiST. ×××××× Seattle Washington USA TEL 1234-××××-×××× FAX 1234-××××-××××	Ship to	SHOEISHA Co.,Ltd. SE Funamachi Building, 5 Funamachi, Shinjuku-ku Tokyo Japan TEL 03-5362-3818 FAX 03-5362-3845
		Bill To	SHOEISHA Co.,Ltd. SE Funamachi Building, 5 Shinjuku-ku Tokyo Japan TEL 03-5362-3818 FAX 03-5362-3845
Order Number:	#1234567	Customer Contact	It Dept.
Oder Date	January 5, 2021	Customer Account	×××××-×××××
Description of Goods	**Weight**	**Measurements**	**Qty.**
BOOKS	5.0KGS	70CBM	1
Special Info			

◆P/L 이미지

Dock Receipt

Shipping Company Address:	SE Trading Inc, 555 FunamachiST, ×××××× Seattle Washington USA TEL 1234−××××−×××× FAX 1234−××××−××××	Consignee:	SHOEISHA Co.,Ltd, SE Funamachi Building, 5 Funamachi, Shinjuku−ku Tokyo Japan TEL 03−5362−3818 FAX 03−5362−3845
Document Number:	#1234567	Notify Party:	SHOEISHA Co.,Ltd, SE Funamachi Building, 5 Funamachi, Shinjuku−ku Tokyo TEL 03−5362−3818 FAX 03−5362−3845
Export References:	#2345678	Forwardig Party:	××××
		Exceptions:	××××××××
Pre-carriage:	××××	Vessel/Carrier:	×××××
Point of Origin:	××××	Loading Port:	××××××
Point of Discharge:	××××	Place of Receipt:	×××××

Numbers & Marks	Description of Goods	Weight	Measurements	Qty.
0000−0000−000Y	BOOKS	5.0KGS	70CBM	1

Delivered By

Carrier:	×××××	Checked By:	
Arrived at:	Date: Jan 05, 2021	Time:	8:53 AM
Unloaded at:	Date: Jan 06, 2021	T	

Received By

Signature:		D

◆ D/R 이미지

INVOICE

인보이스 작성일(Date)	:	2021년 1월 5일
인보이스 작성지(Place)	:	JAPAN

의뢰인(Sender) Name:Shoei Taro SE Trading Inc, 주소 555 FunamachiST, ×××××× Seattle Washington Country:USA TEL 1234−××××−×××× FAX 1234−××××−××××	우편물 번호(Mail Item No.) : 0000−0000−000X
	전달 수단(Shipped Per): EMS
배송지(Addressee): Name:Shoei Ziro SHOEISHA Co.,Ltd, 주소 SE Funamachi Building, 5 Funamachi, Shinjuku−ku Shinjuku−ku Tokyo Country:Japan TEL 03−5362−3818 FAX 03−5362−3845	지불 조건(Terms of Payment): 비고(Remarks) □ 유상 (Commercial value) □ 무상 (No Commercial value) 　□ 선물(Gift) □ 상품 견본(Sample) □ 기타(Other)

□ 내용품 기재 (Description)	원산지 □ (Country of Origin)	순중량 □ (Net Weight) Kg	□ 수량 (Quantity)	단가 (Unit Price) JPY	총합 (Total Amount) JPY
BOOKS	JAPAN	5 .0Kg	1	￥××××	￥××××
총합 (Total)		5.0Kg	1		￥××××

F.O.B.JAPAN

우편물 개수 (Number of pieces) : 　1　
총중량 (Grossweight) Kg : 　5　　　　서명(Signature)

총합 (Total)

◆ I/V 이미지

▌항공기 수송의 수출 물류 프로세스

항공기 수송을 이용한 수출도 부킹을 하고 무역 서류를 작성해서 물류업자에게 건네는 것까지는 동일하다. 인도한 후 화물은 적하를 하고 일단 항공회사의 창고에 반입된다. 화물의 검량, 검척(규격 측정)을 하고 **AWB**(Air Way Bill; 항공 화물 운송장)를 발행해서 화물에 붙인다. AWB란 항공회사와 하송인이 운송 계약을 맺는 것을 증명하는 서류이다.

라벨링 후 세관의 검사·서류 심사가 끝나고 수출 허가를 받는다. 수출 허가를 받은 화물은 항공기에 실려 수송된다.

◆AWB 이미지

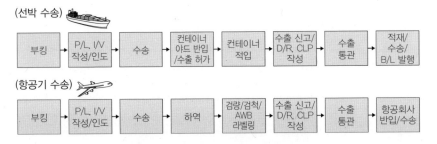

◆ 선박과 항공기 수송의 수출 물류 프로세스

선박 수송의 수입 물류 프로세스

선박 수송에 의한 수입은 우선 선박회사로부터 입선 예정인 **A/N**(Arrival Notice; 화물 도착 안내서)이 발행된다. 배가 입항하면 컨테이너 야드에 컨테이너가 반입되고 디배닝(devanning, 컨테이너에서 내리는 하역)을 한다.

하수인은 화물을 인수하기 위해 B/L 또는 **L/G**(Letter of Guarantee; 선행해서 짐을 수취하기 위해 B/L 대신 선사에 차입하는 보증서)를 선박회사에서 차입하고 짐을 인수한다.

그 후 수입 신고, 관세 검사, 서류 심사를 받은 후 관세 등을 지불하고 수입 허가를 받으면 국내 수송을 해서 화물을 수송하고 납품처에 납품한다.

항공기 수송의 수입 물류 프로세스

항공기 수송에 의한 수입은 짐 도착 후 컨테이너 야드에 반입, 적하를 하고 보세 장치장에 반입한다. 이후의 흐름은 선박 수입과 같다.

수출입에 관한 물류는 **포워더**(forwarder)라는 수출입 전문 물류업자가 수탁해서 수행하는 사례가 증가하고 있다.

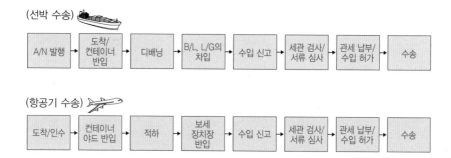

◆선박과 항공기 수송의 수입 물류 프로세스

5-6 무역의 위험 부담과 비용 부담 합의 사항이 인코텀스
나라마다 다른 무역 비용과 리스크 부담을 통일한 룰

▌무역의 비용 부담과 리스크 부담 결정은 중요

국제 물류에 관련한 규약 중 하나인 **인코텀스**(Incoterms)라는 것이 있다. 매도인과 매수인의 무역 거래에서 발생하는 운임, 보험료, 리스크(손실 책임) 부담 등의 조건 규정을 국제적으로 통일해서 정의한 룰이다. 인코텀스는 국제상업회의소(International Chamber of Commerce; ICC)가 정의하며, 'incoterms 2020'이 2020년 1월 1일부터 발효되고 있다. 이후에도 갱신될 것이라 예상되므로, 정기적으로 확인하면 좋을 것이다.

인코텀스는 비용 부담과 위험 부담 범위를 매도인과 매수인이 분담해서 어디까지가 매도인의 비용 부담·리스크 범위이고 어디부터가 매수인의 비용 부담·리스크 범위인지를 명시했다. 인코텀스는 항공기 수송도 포함한 모든 수송 형태에서 사용할 수 있는 룰과 해상 및 내륙 수로 수송을 위한 룰로 나뉘어 있다. 모든 수송 형태의 룰 분류는 다음과 같다.

• EXW(Ex Works)

공장 인도 조건이다. 매도인은 자사의 공장에서 매수인(또는 매수인이 수배한 운송인)에게 상품을 인도하고 그 이후의 운임, 보험료, 리스크는 매수인이 부담한다.

• FCA(Free Carrier)

운송인 인도 조건이다. 매도인은 지정된 장소(적지의 컨테이너 야드 등)에서 화물을 운송인에게 건네기까지 발생하는 비용과 리스크를 부담한다. 그 이후의 운임, 보험료, 리스크는 매수인이 부담한다.

- CPT(Carriage Paid To)

운송비 지급 인도 조건이다. 매도인은 지정된 장소(적지의 컨테이너 야드 등)에서 상품을 운송인에게 건네기까지 리스크와 운임을 부담한다. 보험을 체결하고 부담하는 것은 보통 매수인이 된다.

- CIP(Carriage and Insurance Paid To)

운임비·보험료 지급 인도 조건이다. 매도인인 수입국이 지정한 장소(적지의 컨테이너 야드 등)에서 상품을 운송인에게 건네기까지 리스크와 운임, 보험료를 부담한다. 매수인은 도착지 이후부터 발생하는 비용과 리스크를 부담한다.

- DAT(Delivered At Terminal)

터미널 인도 조건이다. 매도인이 지정한 수입국의 부두와 역 등 터미널까지 소요되는 비용과 리스크를 부담하고 이후의 수입 통관 절차와 관세는 매수인이 부담한다.

- DAP(Delivered At Place)

장소 인도 조건이다. DAT와 거의 같지만 인도는 터미널 외 임의의 장소에서 한다.

- DDP(Delivered Duty Paid)

목적지 관세 지급 인도 조건이다. 매도인이 수입국에서 지정한 장소까지 모든 비용과 리스크를 부담한다.

이상이 모든 수송에 적용되는 룰이다. 다음으로 해상 및 내륙 수로 수송을 위한 룰이다.

- FAS(Free Alongside Ship)

선측 인도 조건이다. 적지의 항구에서 본선 옆에 화물을 인도하기까지의 비용을 매도인이 부담하고 그 이후는 매수인이 부담한다.

- FOB(Free on Board)

본선 인도 조건이다. 적지의 항구에서 본선에 화물을 적재하기까지의 비용을 매도인이 부담하고 그 이후는 매수인이 부담한다.

- CFR(C&F Cost and Freight)

운임 포함 조건이다. 적지의 항구에서 본선에 화물을 적재하기까지의 비용과 해상 운임을 매도인이 부담하고 그 이후는 매수인이 부담한다.

- CIF(Cost Insurance and Freight)

운임 보험료 포함 인도 조건이다. 적지의 항구에서 본선에 화물을 적재하기까지의 비용, 해상 운임, 보험료를 매도인이 부담하고 그 이후는 매수인이 부담한다.

	상품 포장비	무역 보험료 ※1	수출 인허가 절차·검사 비용	국내 운송비·창고료	수출 통관제 비용	선적 비용	국제 운송비	화물 보험료 ※2	양하·양륙 비용	수입 인허가 절차·검사 비용	수입 통관제 비용	관세 등 수입지의 세금	국내 운송비·창고료
단수 또는 복수의 수송 수단에도 적합한 규칙													
EXW	■	■											
FCA	■	■	■	■	■								
CPT	■	■	■	■	■	■	■						
CIP	■	■	■	■	■	■	■	■					
DAT	■	■	■	■	■	■	■	■	■				
DAP	■	■	■	■	■	■	■	■	■	■			
DDP	■	■	■	■	■	■	■	■	■	■	■	■	■
해상 및 내륙 수로 수송을 위한 규칙													
FAS	■	■	■	■	■								
FOB	■	■	■	■	■	■							
CFR	■	■	■	■	■	■	■						
CIF	■	■	■	■	■	■	■	■					

■ =부담 의무는 없지만 통상 수출자가 스스로를 위해 지불하는 것(통상적으로 수출자는 수입자에게 제시하는 가격에 그 보험료를 포함해서 제시한다).

※1 수송 중에 일어난 사고가 아닌 거래 자체에 관련된 손해를 보전한다(예; 거래 당사자에게 책임이 없는 정치·경제 정세적인 이유에 의한 위험(정부의 수출입 제한·금지, 내란, 테러 등)이나 수입자의 도산이나 L/C 발효 은행의 파탄 등에 의한 손해).
※2 수출입자의 운송 중인 화물에 일어난 사고에 의한 손해(손해액)를 보전한다.

◆ **인코텀스의 위험 부담과 비용 부담 범위**

5-7 | 물류 DX : 운송수단과 물류를 매칭 시키는 앱은 발전할 수 있을까?

수송이 필요한 기업과 빈 차로 달리는 것을 피하고자 하는 기업을 중개한다

빈 차로 돌아오는 낭비를 없애려는 운송 업체의 니즈

트럭 운송 시에는 가능한 한 짐을 가득 채우고 주행한다는 것이 트럭 업계를 비롯한 물류 업계의 당연한 요구이다. 그러나 문제는 쉽게 해결할 수 없다.

보통 운송을 할 때는 한 지점에서 다른 지점까지 짐을 운반해야 하는데, 아무런 방법을 강구하지 않으면 빈 차로 돌아와야 한다.

빈 차로 주행하는 것만큼 쓸데없는 일은 없다. 빈 차로 달리는 이유는 왕복 운송을 제대로 활용하지 못하고 있기 때문이다. 운송의 절반을 차지하는 빈 차에 짐을 싣고 돌아올 수 있으면 운송 효율은 두 배로 높아진다.

공동 수송으로 공차 리턴편을 활용

돌아오는 길에 짐을 실을 수 있도록 여러 가지로 방법을 강구해 왔으며 물류 회사에서도 공차 리턴편의 짐을 수배하는 활동을 해 왔다. 그러나 물류 회사라는 서비스 공급자가 빈 차에 실을 짐을 찾더라도 화주의 요구에 맞지 않아 쉽게 성사되지 않았다.

또한 구차, 구하 시에도 전화나 팩스 및 메일을 이용한 아날로그식 방식으로 성과를 올리기 어려운 번잡한 업무가 돼 버렸다. 따라서 물류 회사에서 돌아오는 차편에 짐을 싣고 싶어도 쉽지 않았다.

그러나 운전자 부족으로 인한 운송비의 상승으로 상황이 바뀌었다. 화주 입장에서는 어떻게든 운송비를 절감해야 하는 상황에 놓여 여러 가지로 대책을 검토

하기 시작했다. 그중 한 방법이 돌아오는 차편을 이용하는 **공동 수송**이다.

공동 수송이라도 한 트럭에 경쟁 제조사가 짐을 싣는 게 아니라 가는 차편에 화주가 사용한 트럭을 돌아오는 편에 다른 화주가 사용하는 식이다. 이 경우는 운송 업자와 물류 회사 간에 지속적인 사업으로 계약이 체결되기 때문에 시스템상의 협력 없이도 업무가 성립된다. 정형적이고 영구적인 비즈니스인 셈이다.

▍유휴 자원을 활용하는 매칭 아이디어

인터넷의 보급으로 일시적인 상호 요구에 대한 매칭 구조가 정비되어 왔다.

일반적인 수송이나 공동 배송에서는 정해진 가격으로 수송되지만, 비정기적이거나 갑작스럽게 수송하게 되면 특별 운송으로 취급되어 가격이 상승한다. 그래서 놀고 있는 **수송 능력**(유휴 자원)을 활용해서 운송비를 낮출 수 있는 구차 서비스가 등장했다.

구차 · 구하 매칭 서비스가 바로 그것이다. 짐을 찾는 물류 회사는 자사의 트럭을 등록한다. 차를 찾는 쪽에서는 필요한 수송량, 거리, 출발지와 도착지 정보를 보고 적합한 트럭을 선택하고 요구 사항을 등록한다.

물류 회사에서는 빈 차에 시간 단위로 짐을 실을 수 있어 효율적이다. 자사의 비어 있는 수송 능력과 수송 가능한 시간대나 짐을 찾아내서 직접 화주와 짐을 선택할 수 있다.

▍매칭의 장점

하청 방식으로 일을 의뢰받아 온 물류 회사에게 매칭 가격은 하청 가격보다 높을 수 있다. 난이도가 높고 저렴한 일이 아니라 직접 일을 선택할 수 있는 것이 이점이다.

화주에게도 운송 요금을 줄일 수 있을 뿐만 아니라 작업 비용도 낮출 수 있는 이점이 있다. 매칭 서비스에 따라서는 특별 요청에 의한 전세편 수송 루트를 짜는 작업이 불필요해서 비용이 절감된다.

매칭이라는 것은 평소 거래가 없던 물류 업자에게 짐을 맡기는 것이다. 따라서 신뢰가 없으면 이용하지 않으며, 취급이나 납품처에 대한 대응 품질에 대한 불안이 해소되지 않으면 역시 이용할 수 없다. 그러나 그런 신용 불안도 실적에 의해 불식되어 왔다. 매칭 시스템은 2000년경부터 많이 등장했다. 처음에는 매칭을 사용하기보다는 짐을 운반하는 행선지가 양방향이어서 서로의 차편을 융통할 수 있는 화주끼리 장기적으로 협력 관계를 맺는 형태가 대다수였다. 예를 들어, A지역에 공장이 있는 제조 업체는 B지역으로 제품을 운반하고 돌아오는 길에 B지역에 공장이 있는 제조사가 A지역으로 운반하는 관계이다.

이렇게 함으로써 장기적으로 신용이 있는 상호 이용이 성립된다. 일본의 경우 트럭의 적재 효율은 50% 전후라고 하므로 앞으로 이러한 거래가 증가하는 것이 바람직하다. 이러한 매칭 구조는 인터넷 앱이 발전함에 따라 성장하고 있다.

인터넷 매칭은 ASP로 활용

구차·구하 매칭 서비스를 자사에서 직접 가동하려는 물류 회사도 있을 것이다. 그러나 이러한 시스템은 단독으로 만드는 것보다 개방적인 구조로 해서 많은 화주와 물류 회사가 접근하는 서비스로 만드는 것이 중요하다.

따라서 자사에서 만드는 것보다 구차·구하 매칭 서비스인 ASP(Application Service Provider)를 활용하는 것이 좋다.

이미 민간 업자가 시스템화를 추진하고 있다. 구차·구화 매칭 시스템에는 게시판 유형과 제3자가 중간에 들어가 매칭하는 조정 에이전트 유형이 있다.

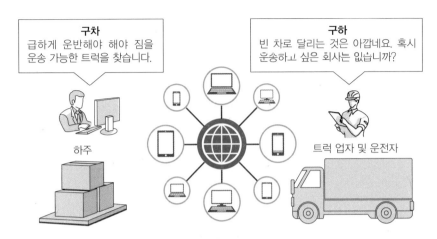

◆구차와 구하 매칭 앱

제 **6** 장

발주 관리와 ERP

발주 계산에 필요한 수요 계획과 수요 연동

재고 유지 관리와 발주 계산에도 수요 계획이 필요

▌재고의 적정 유지와 발주 계산은 본래 물류 업무가 아니다

물류에서도 재고의 적정한 유지, 발주 계산, 발주, 재고의 현품 관리는 각각 다른 부문으로 나누어야 하지만 현실은 그렇지 않다. 물류 부문은 본래 재고의 현품 관리를 하는 부문이지 재고의 적정 유지와 발주 계산, 발주 업무를 해서는 안 된다. 그러나 재고의 현품 관리를 하는 부문이 재고의 적정 유지에 발주까지 담당하고 있다.

재고 유지에 관한 업무는 생산 관리와 영업 업무 관리하에 있어야 하며 자산 관리를 책임지고 있는 부서가 그 업무를 해야 한다. 그리고 입출고와 보관은 물류 부문이 담당하는 것이 제대로 된 형태이다. 즉 물류 부문은 생산과 판매용 자산 재고를 관리하는 게 아니라 현품 관리인 보관과 입출고 하역, 수배송이라는 **실행 작업을 담당하는 부문이다**. 재고 책임은 생산 관리 부문과 영업 부문에서 처리해야 할 업무이지 물류 부문이 할 업무가 아니다.

그러나 자연발생적이고 점진적으로 업무가 구축된 기업에서는 여전히 재고관리(현품 관리가 아니라 생산에 사용하거나 파는 자산으로서의 재고)가 물류 업무가 되어 있는 것도 현실이다. 그러한 기업을 대상으로 이번 장에서는 적정하게 재고를 유지하기 위한 발주 계산과 보충 계산 업무를 설명한다.

또한 재고관리를 담당하는 시스템으로서 기간 시스템(ERP)과 서플라이 체인 매니지먼트(SCM) 시스템을 언급하고 WMS와의 연계에 대해 설명한다.

▌적정한 발주 계산·보충 계산에 수요 계획이 필요

수주 생산이나 수주 생산 사업과 같은 무재고 비즈니스를 영위하는 경우가 아닌 한 사전에 재고를 준비한다. 적정한 재고란 팔거나 사용하기 위해 필요 충분한 수량의 재고를 적시에 준비할 수 있는 것을 말한다. 필요 충분한 수량과 적시성을 결정하는 것은 언제 얼마나 팔 것인가, 얼마나 사용할 것인가 하는 점이다. 여기서 말하는 '언제 얼마나 팔고·사용하나'에 대한 정보가 **수요 계획**이다.

▌수요 계획의 종류

수요 계획이 없으면 필요한 재고를 계산할 수 없다. 수요 계획이 제대로 돼 있지 않으면 적정한 발주 계산과 보충 계산이 불가능하기 때문에 수요 계획은 적정하게 세울 필요가 있다. 수요 계획의 입안에는 다음과 같은 방법이 있다.

•통계적 수요 예측

과거 실적과 영향 인자를 토대로 통계 모델을 사용해서 수요를 예측한다. 일반적으로는 지수평활법, 이동 평균, 계절 변동, 계절 경향, 윈터스법, 홀트-윈터스법, 크로스톤법 등의 공개된 통계식을 사용한다. 한편 이 책은 통계에 관한 서적은 아니므로 통계식의 상세한 설명은 생략한다.

•사람에 의한 수요 예측

사람이 경험과 감으로 예측하는 방법이다.

•고객 내시(内示)

고객이 내시(의도)를 제시해서 발주를 사전에 알려주는 일이 있다. 이 경우는 내시를 수요 계획으로 한다.

▌통계 예측의 유의점

통계 예측에 과거 실적을 사용하는 경우 과거 실적에 돌발적인 특수 수요가 포함됐다면 예측 정도가 떨어진다. 따라서 **특수 수요를 제외**하고 '실질적' 실적으로 '실질적' 예측을 하지 않으면 안 된다. 회사의 의사가 담긴 캠페인 등 특수한 추가 수요는 예측과 내시에 **의사를 반영**한다. 기업은 예산 달성을 위해 캠페인을 통해 수요를 늘리고자 한다. 이와 같은 기업 의사에 의한 활동으로 예측과 내시를 보정하고 의사가 반영된 판매계획을 세운다.

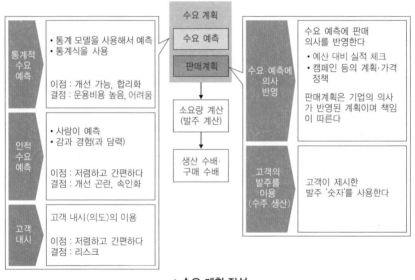

◆ 수요 계획 작성

▌수요 계획 시스템

수요 계획을 통계 예측에서 수행할 때는 통계식을 이용한 수요 예측을 하는 **통계적 수요 예측 시스템**을 사용한다. 패키지 제품도 나와 있다. 실제로는 표계산 소프트웨어로 직접 만드는 일이 많아지고 있다.

6-2 발주 계산 방법 ①
소요량과 기준 재고 계산
소요량 계산은 통계적 기준 재고나 간이 기준 재고를 계산한다

▎소요량 계산이란?

소요량 계산이란 필요한 재고 수량을 구하는 것이다. 가령 판매계획이 100이라면 사전에 재고가 100 필요하다. 이 경우 100의 판매계획에 대해 100의 재고가 소요량이 된다. 하지만 이미 재고가 50이라면 100의 판매계획에 대해 다시 50만 준비하면 되므로 소요량은 50이 된다. 재고를 고려하지 않은 소요량을 **총 소요량**, 재고를 뺀 진짜 필요량을 **순 소요량**이라고 한다. 소요량을 계산할 때는 이미 있는 재고를 빼고 순 소요량을 계산한다.

소요량 계산의 대상이 되는 판매계획은 월 단위 판매 수량인가 주 단위 판매 수량인가 일 단위 판매 수량인가에 따라 수량이 바뀐다. 소요량 계산 시에 고려하는 기간을 **버킷**이라고 한다. 월 100의 판매계획에 대해 전월 말에 재고가 50 있으면 50이 순 소요량이 된다는 예는 월 버킷으로 계산한 것이다.

이 예에서는 전월 말 재고가 50+당월 준비 재고가 50-당월 판매계획 100=0이 되어 당월 말 재고가 0이 된다. 실제로는 다음 달 판매계획을 충족하도록 계산된다. 다음 달도 마찬가지로 100의 판매계획이 있으면 당월은 당월 소요량 50+다음 달 소요량 100=150이 소요량이 된다.

▎기준 재고 계산과 통계적 재고 이론

발주 계산을 할 때는 기준 재고를 설정하고 순 소요량을 계산한다. **기준 재고=사이클 재고+안전 재고**로 계산한다.

159

사이클 재고는 입고 타이밍 기간(버킷)의 순 필요 재고량이다. 간단한 예로 말하면 월 100개 팔고자 하는 수요 계획을 세웠다면 전월 말에 100개 재고가 있으면 그 달의 수요를 조달할 수 있는 재고가 된다. 상기의 예로 말하면 다음 달 소요량인 100이 사이클 재고에 해당한다.

사이클 재고는 미래의 수요를 내다보고 준비하는 것이다. 그러나 예측은 어긋날 수 있다. 입고되는 사이에 예측과 실적의 차이를 조달할 만큼의 여유분을 안정적으로 준비해 두는 것이 필요하다. 이것이 **안전 재고**이다.

안전 재고는,

$$\text{서비스율} \times \text{표준편차} \times \sqrt{\text{조달 리드타임}}$$

으로 계산한다. 서비스율은 결품되지 않기 위해 설정되는 비율이다. 표준편차란 예측된 사이클 재고(=수요 계획·판매 계획)와 실적이 어긋날 때의 차이 정도(=편차)를 말한다. 이 편차가 발생해서 많은 출하 주문이 들어와도 대응할 수 있도록 계산하는 것이 서비스율×표준편차가 된다.

조달 리드타임의 √(평방근)을 취하는 것은 설명하면 길어지므로 통계적 계산의 일반적 논리로 생각하기 바란다. 조달 리드타임 기간=다음에 보충되는 타이밍 사이의 편차를 커버하기 위해 조달 기간분의 리드타임을 곱해야 한다고 이해하면 충분하다. 사실 실무에서 이 계산식을 사용해서 발주하는 경우는 그다지 많지 않다. 수작업으로 계산하는 기업도 많기 때문에 실제는 다음과 같은 간이 방법으로 계산한다.

┃ 간이 기준 재고 계산은 수(數) 버킷분의 재고를 갖는다

통계 이론은 이해하기 어렵기 때문에 많은 기업에서는 좀 더 간편한 기준 재고 설정 방식으로 운용하고 있다. 간단하게 수요 계획=판매 계획의 수 버킷분의 재고를 가지면 재고가 바닥나지 않는다고 생각하는 것이다.

예를 들면 '월말에 향후 2개월분 수요 계획=판매 계획을 재고로 갖는다'는 개념이다. 2개월 버킷분 재고를 가지면 다음다음달의 판매량이 뒤바뀌어도 괜찮다. 경험적으로 이처럼 '**어느 정도 재고를 가지면 결품되지 않고 최소한의 재고만 보유할 수 있는가**' 하는 개념이 간이 기준 재고이다. 표계산 등으로 소요량을 계산하는 기업에서는 이해하기 쉬우므로 채용하는 경우도 매우 많다.

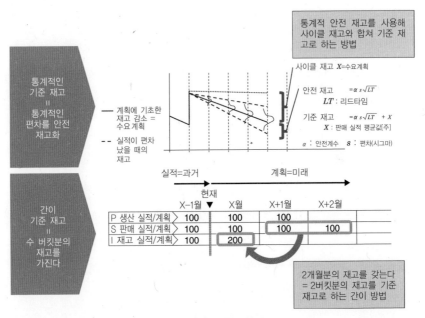

◆ 기준 재고 계산 방법

6-3

발주 계산 방법 ② 발주점 방식, Min-Max법, 더블 빈 법

소요량 계산보다 간편한 발주 계산 방법

발주점 방식을 이용한 발주 계산

소요량을 계산하지 않고 간이로 발주 계산을 하는 대표적 방법이 **발주점 방식**이다. 준비된 재고를 사용하다가 설정된 발주점을 밑돌면 정해진 정량을 보충하는 방법이다. 예를 들면 발주점을 10으로 설정했다면 10을 밑돈 시점에 설정한 발주 수량을 주문하는 방법이다.

발주점은 발주하고 나서 납입하기까지의 리드타임 기간에 해당하는 재고를 가지면 되므로 리드타임분의 기간에 소비(출하 또는 사용)되는 수량으로 설정한다. 다만 소비되는 수량이 편차가 나서 예상보다 많이 소비되면 결품되므로 안전 여유분을 추가해서 발주점을 정한다.

발주 수량은 리드타임 내에 소비하는 수량이다. 안전 여유분은 발주점에 추가하기 때문에 발주 수량에 추가해 많이 설정할 필요는 없다. 발주점 방식은 시스템에 내장되어 있는 경우와 그렇지 않은 경우가 있다.

유럽과 미국의 기간 시스템에 많이 탑재되던 Min-Max법

발주점 방식의 일종이기도 한데 **Min-Max법**이라는 간이 발주 계산 방식도 있다. Min-Max법은 설정된 Min 값을 밑돌면 Max 값까지 보충 수량을 계산하는 방법이다.

Min 값은 발주점에 가까운 개념이다. Max 값은 설정한 최댓값이 되도록 계산한다. 유럽과 미국의 오랜 기간 시스템에 주로 탑재되던 로직이다.

사용한 만큼 보충하는 방법

발주 사이클이 되면 팔린 만큼·사용한 만큼 보충하는 간단한 개념도 있다. 이 개념을 **보충 계산형**이라고 한다. 이 방법은 발주 리드타임이 짧아야 하는 것이 전제이다. 리드타임이 길면 사용한 만큼 발주하는 사이에 더 소비되어 보충한 분량으로는 부족해질 가능성이 있기 때문이다.

더블 빈 법, 트리플 빈 법

더블 빈(double bin) 법은 부가가치가 낮은 물건과 조달 리드타임이 짧아 어디에서든 바로 손에 입수할 수 있는 물건에 사용되는 가장 단순한 방법이다.

더블 빈이란 2개의 상자(빈)에 든 재고를 준비하고 한쪽 상자(빈)의 재고가 없어지면 다음 빈을 사용하는 사이에 없어진 빈이 가득 차도록 발주하는 방법이다. 발주점법을 계산이 아닌 '용기'를 사용해서 하는 방법이다. 빈은 발주 리드타임에

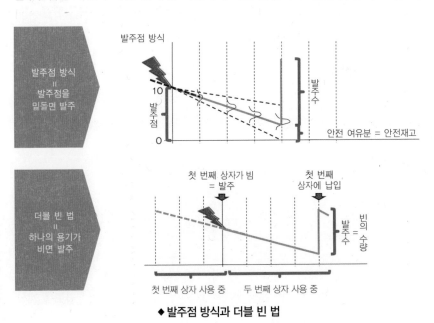

◆ **발주점 방식과 더블 빈 법**

소비하는 양을 준비한다.

빈이 2개인 경우는 하나의 빈을 다 사용해서 발주를 하고 입하를 대기하는 사이에 또 하나의 빈을 다 사용할 우려가 있으므로 하나 더 안전 여유분으로 빈을 준비해서 3개로 운용하는 것이 트리플 빈 법이다.

▌재고에 영향을 미치는 최소 발주 단위·최소 발주 금액

기준 재고와 발주점 방식으로 발주 수량을 계산해도 실제로 구매를 수배하는 단계가 되면 발주 비용을 낮추거나 상거래상 규정이 있기도 해서 계산한 수량 자체를 발주할 수 있는 것은 아니다. 대개는 원하는 수량보다 많이 발주해서 재고에 영향을 미친다.

그 하나가 **최소 발주 수량**(MOQ; Minimum Order Quantity)이다. 예를 들면 원하는 수량이 10이라도 최소 발주 단위가 100이면 100을 발주해야 한다. **최소 포장 단위**(SPQ; Standard Packing Quantity)는 최소 발주 수량의 일종이다. 또 하나는 **최소 발주 금액**(MOA; Minimum Order Amount)으로 금액 베이스의 최소 발주 단위로 주문해야 한다.

최소 발주 단위에 따라서는 재고가 늘어 추궁당하는 일이 있지만 최소 발주 단위는 제조 로트 사이즈와 수송 단위의 효율성, 상거래상의 역관계(力關係)로 결정되므로 물류만으로는 대응할 수 없는 규정이다.

6-4 발주 계산을 담당하는 조직과 시스템의 소재

자산 관리를 담당하는 재고관리와 현품 관리를 담당하는 재고관리는 구분해야

┃발주 계산은 자산 관리이고 현품 관리와는 분리해야

물류 관리를 다룬 서적을 보면 발주 계산이 물류 기능의 하나라고 해설되어 있다. 본래 발주 계산을 하는 부문과 재고의 현품 관리를 하는 부문은 나뉘어야 한다. 발주 권한이 있는 부문이 재고의 현품까지 관리하면 도난과 장부 속임, 납입업자에 편의 공여와 그 보상으로 리베이트 문제 등이 발생해서 내부 통제상 문제가 된다. 그러나 이러한 내부 통제를 의식하지 않았던 시대에 자연발생적으로 업무가 구축되어 온 기업에서는 아직 물류 부문에서 발주 관리를 하고 있는 사례가 많다. 재고를 관리하는 부문이 부족하면 발주를 하는 식이었기 때문에 자연히 물류 부문이 발주를 담당해 온 기업이 많다. 그러나 내부 통제 문제를 고려하면 발주 계산을 하는 부문에서 재고의 현품 관리를 하는 부문은 나누어야 한다는 프레임워크를 갖고 업무를 설계해야 한다. 그러나 역사가 오래된 유통 기업에서는 프레임워크를 갖고 기능을 설계한 게 아니라 자연발생적으로 창고 부문과 물류 부문이 재고관리를 하면서 보충 발주까지 담당하는 기업도 많을 것이다.

이제 제조업에서는 적어졌지만 아직 물류 부문이 재고관리를 하고 재고 수량을 책임지는 경우도 있다.

발주한다는 것은 기업의 생산과 판매에 관계되는 자산을 구입하는 업무이지 물류 업무는 아니다. 물류는 현품을 관리하지만 자산으로서의 재고를 관리하는 조직은 아니다. 자산으로서의 재고란 팔거나 사용하기 위한 재고로 영업 부문과 생산 관리 부문이 **재고 책임**을 갖고 관리하는 재고이다. 재고 책임이란 재고의 적정화에

165

책임을 지고 재고의 과다·과소에 대응하는 것이다. 영업 부문과 생산 관리 부문 같은 재고 책임을 가진 부문은 재고 체류 시에는 판매하려는 노력을 하거나 처분 비용을 지불해야 하고 재고 부족 시와 결품 시에는 비용을 부담해서 재고를 운반하거나 추가 구입을 강요당한다.

자산 관리로서의 재고관리는 재고를 통해 기업 수익과 자금 융통에 영향을 미치는 조직이 책임을 져야 한다. 재고 책임을 질 수 있는 것은 영업과 생산 관리 부문이지 물류는 아니다. 따라서 물류는 자산으로서의 재고 책임을 지는 부문이 아니라 현품을 관리하고 수배송에 책임을 지고 보관과 수배송에 관한 QCD 목표를 실현하기 위해 제대로 현품을 관리하는 일이 임무이다.

▌소요량 계산 업무와 발주 업무는 조직을 나누어야 한다

최근에서야 겨우 발주 계산을 해서 수배 지시를 하는 부문과 공급자에 대해 구매 발주를 하는 조직과 실제로 현물·현품을 취급하는 조직이 분리되기 시작했다. 이러한 기능 책임의 분리는 컴플라이언스(내부 통제)상 중요하다.

기본적으로 발주 수량을 정하는 부문이 공급자에게 직접 발주해서는 안 된다. 발주 수량을 정할 수 있는 권한자가 공급자와 가격·수량·납기를 직접 교섭할 수 있다면 유착이 일어나기 때문이다. 마찬가지로 **재고 자산을 관리하는 업무와 물류를 분리해야 한다**. 재고의 자산 관리가 가능한 조직이 현품까지 관리하면 조작과 부정이 벌어지기 때문이다. 컴플라이언스상 발주 계산을 해서 발주를 지시·의뢰하는 부문(생산 관리 부문과 영업 부문)과 공급자에게 발주하는 부문(주로 구매부), 물류 부문은 독립된 조직이 아니면 안 된다.

따라서 물류 부문에서 발주 계산을 하는 것은 본래의 업무 기능 배치를 생각하면 잘못된 배치이다. 기본으로 돌아가서 생각하면 발주 계산은 물류 부문에서는 하지 않아야 한다.

▌포장 자재 등의 보충 계산은 해도 좋다

하지만 모두 규정대로 할 수 없는 부분도 있다. 포장 자재 등은 물류 부문이 아니면 소요량을 알 수 없다. 그 경우는 물류 부문이 소요량을 계산한다. 그러나 이때에도 물류 부문이 직접 공급자에게 발주 의뢰를 하는 것이 아니라 구매 부문에 구매 의뢰를 해서 공급자에게 발주할 때는 구매 부문을 통해야 한다. 다시 말하면 접수한 포장 자재는 자재 부문이 처리하고 물류 부문의 의뢰를 받아 물류 부문에 납품하는 업무 기능 배치가 이상적이다.

그렇다고 해도 이렇게 되면 조직이 복잡해지고 효율성도 떨어진다. 애초 적은 인원으로 업무를 돌아가며 처리해야 하는 중소기업에는 맞지 않는다. 그런 때는 역할 분담이 명확하고 부정이나 조작이 일어나지 않도록 상호 승인과 감시가 가능한 업무 체계를 구축함으로써 소수의 인원으로도 업무가 원활히 돌아가도록 한다.

발주 계산 시스템도 표계산 소프트웨어가 아니라 업무 기록(로그)이 남고 조작할 수 없는 패키지가 바람직하다.

발주 계산	구매 발주	입하
생산 관리 부문 • 생산에 관련된 원재료와 부품 발주 계산을 한다. • 구입한 원재료의 재고 자산 책임을 진다. **영업 사입 부문** • 영업 사입(상품)에 관한 원재료와 부품 발주 계산을 한다. • 구입한 영업 사입(상품)의 재고 자산 책임을 진다. **물류 부문** • 물류에서 사용하는 포장 자재에 관한 원재료와 부품의 발주 계산을 한다. • 구입한 포장 자재의 재고 자산 책임을 진다.	**구매 부문** • 생산 관리 부문, 영업 사입 부문, 물류 부문의 발주 계산에 기초한 구매 의뢰를 받아 구매 발주를 한다. • 발주한 품목의 납기를 관리한다.	**물류 부문** • 구매 부문의 발주를 반영한 입고 예정을 받아 입하 수입을 한다. • 재고의 현품 관리 책임을 진다.

◆ 발주 계산 기능 유지 조직과 재고 책임

SCM, ERP, MES와 WMS의 연동

시스템 기능 배치는 프레임워크가 명확해야 한다

▌자연발생적이고 점진적으로 시스템을 도입해서는 안 된다

발주 계산을 포함한 자산 관리로서의 재고관리가 물류 업무의 일부라고도 말하지만 흐름상 그렇게 됐을 뿐이다. 본래 발주 계산 등의 자산 관리 관련 업무를 물류 업무로 인식해서는 안 된다. 앞서 말한 바와 같이 발주 계산이라는 거래와 재고의 현품 관리를 같은 조직에서 관리하면 조작 등의 부정이 일어날 가능성이 있기 때문에 발주·계산 업무를 물류 부문에 시켜서는 안 된다.

중소기업이라면 적은 인원으로 업무를 처리해야 하기 때문에 달리 방법이 없지만 적어도 패키지 시스템의 도입을 생각하고 있는 규모의 기업에서는 자연발생적인 업무에 대해 프레임워크를 준비하지 않고 패키지 시스템을 도입해서는 안 된다. 예를 들면 A씨와 B씨가 상담해서 결정하는 등 개인의 교섭으로 업무 방식을 결정하는 기업이 있다고 하자. 이때 A씨가 발주 업무까지 처리하고, B씨는 발주 계획까지 담당하고 발주 자체는 C씨가 하는 것과 같이 제각각 자연발생적으로 구축되어 온 업무는 업무의 실행과 판단, 기능과 책임이 뒤얽혀서 그 상태에서 그대로 패키지 시스템을 도입하려고 하면 대혼란을 초래하거나 말도 안 되는 규모의 시스템 개조가 필요하기 때문에 실패할 가능성이 높다.

업무는 깔끔하게 표준화해서 책임 범위를 명확히 정하고 컴플라이언스를 의식해서 구축하지 않으면 안 된다. 또한 기능의 흐름은 제대로 프레임워크를 갖고 구축해야 한다. 물류와 그것을 둘러싼 업무와의 관계를 명확히 구분하고 기능을 역할 분담해야 한다. 수주에서 자산으로서의 재고 담당, 출하 지시는 기간 시스템이다. 물류 시스템은 출하 지시를 받아 보관하고 있는 현품 재고를 할당하고 출하하는 것을 담당한다.

수요 계획과 발주 계산에서 구매 발주까지를 기간 시스템에서 담당하고 물류 시스템은 입고 예정을 건네받아 입하 수입을 하고 현품을 입고 계상하는 범위까지 담당한다. 로트 넘버와 시리얼 넘버 등의 스테이터스 관리는 물류 시스템으로 수행하지만 이때의 로트 넘버와 시리얼 넘버는 타 시스템에서 취득한다.

▌ERP 시스템, SCM 시스템을 사용하는 경우 WMS와의 관계

발주 계산을 하는 시스템은 기간 시스템이라고 적었지만 엄밀하게 말하면 2종류의 방법이 있다.

하나는 기간 시스템인 ERP로 수행하는 경우이다. 이 경우는 수요 계획을 등록하고 소요량을 계산해서 구매 발주 후와 입고 예정을 WMS에 연계한다.

또 하나는 발주 계산까지 SCM 시스템으로 수행하고 구매 수배를 ERP에 건네고 이후 마찬가지로 ERP에서 구매 발주와 입고 예정을 WMS에 건네는 방법이다. SCM 패키지로 발주 계산을 해도 결과적으로 ERP에서 입고 예정을 WMS로 연결하는 점에서는 같다. 포인트는 **발주 계산 기능을 WMS에 갖지 않고 고도의 기능을 가진 ERP와 SCM의 패키지로 수행해야 한다**는 것이다.

▌로트 관리에서 MES와 ERP의 관계와 WMS

로트 넘버와 시리얼 넘버 관리는 생산과 구매 부문에서 번호를 부여한다. WMS는 생산 부문과 구매 부문이 부여한 로트 넘버와 시리얼 넘버를 취득해서 관리한다.

생산에 관련된 로트 넘버와 시리얼 넘버는 통상 **제조 실행 시스템**(MES; Manufacturing Execution System)에서 부여한다. MES는 제조 1단위별로 제조 넘버를 부여하기 때문에 그것과 연동해서 로트와 시리얼 넘버를 매긴다. MES에서 완성 계상한 제품은 로트 넘버를 가지고 있으므로 창고 입고 시에 WMS에 넘버를 연결하여 관리한다.

ERP에 연계할지 말지는 그때그때마다 다르다. ERP는 로트와 시리얼 넘버를 신경 쓰지 않고 자산으로서 총량 할당해도 될 때는 인계하지 않고 그렇지 않으면 인계한다. 구매 수배품은 공급자가 부여한 로트 넘버를 인계하고 수입 시에 WMS에 등록해서 관리한다. 생산 시에 MES로 번호를 부여하고 창고 입고 시에는 WMS에서, 또는 구입 입고 시에 WMS에서 로트 넘버와 시리얼 넘버를 가질 수 있으면 출하 시 출하 넘버에 링크해서 어느 입하처에 어느 로트 넘버와 시리얼 넘버가 납품됐는지 알 수 있어 트레이서빌리티가 가능하다. 패키지 시스템의 기능을 잘 연계해서 적절하게 도입하자.

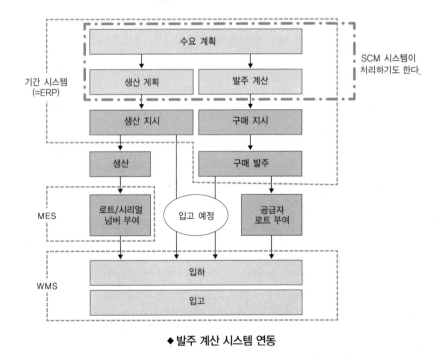

◆ 발주 계산 시스템 연동

제 **7** 장

트레이서빌리티와
트래킹

트레이서빌리티는 필수 구조

문제가 있으면 역추적하는 동시에 영향 범위를 특정한다

▌트레이스 백과 트레이스 포워드

트레이서빌리티란 추적 관리를 말한다. 트레이서빌리티는 최종 소비자에게 상품의 안전 여부를 전달하는 정보 제공이다. 또한 문제가 일어났을 때 원인을 규명해서 대응책을 생각하고 영향 범위를 특정하여 신속하게 대응하기 위한 장치이기도 하다.

트레이서빌리티는 상품의 원재료, 부품의 생산, 출하, 판매, 최종 소비까지 혹은 폐기까지의 과정을 추적 가능케 한다. 가까운 예로 말하면 슈퍼에서 판매하는 고기의 산지가 어디이고 먹이가 무엇인지, 유전자 조작한 먹이를 먹인 건 아닌지, 어떤 약물이 어느 정도 사용됐는지, 유통 경로에서 문제가 일어나지 않았는지, 슈퍼에는 언제 입하했는지 등의 정보를 추적할 수 있다.

트레이서빌리티에는 **트레이스 백**과 **트레이스 포워드**라는 2가지 기능이 있다. 트레이스 백은 거슬러 올라가서 추적하는 것이다. 상품에 문제가 있었을 때 어느 경로를 거쳐 어떤 처리를 했는지 어떤 공정으로 어떤 제조 조건에서 만들었는지 원재료는 무엇인지 역추적할 수 있다.

반대 방향으로 추적하는 것이 트레이스 포워드이다. 이 방법은 원인에서 시작해서 발생한 문제가 어느 범위까지 영향을 미쳤는지를 추적하는 것이다. 가령 원인이 사용된 원료에 있었다고 하자. 그 원료와 같은 것을 사용한 제품은 어느 것인지, 그 제품은 어떤 유통 경로를 거쳐서 어느 지역에 출하되었는지, 아니면 어느 창고에 아직 보관되고 있는지, 아니면 어느 판매점까지 배송됐는지를 추적한다. 피해를 최소화하기 위해 영향 범위에 해당하는 모든 제품을 판매 정지·회수, 출하 정지한다.

트레이서빌리티를 실현하는 WMS와 MES와 ERP 연계

트레이서빌리티의 기점은 원재료의 로트 넘버이다. 입고된 원재료에 부여된 원재료 로트 넘버를 기점으로 어느 중간 제품에 사용되어 어느 제품이 됐는지를 제조 로트 넘버에 링크해서 파악할 수 있도록 한다. 출하되면 제조 로트 넘버를 출하 전표 넘버에 링크해서 출하처까지 추적할 수 있다.

원재료 로트 넘버를 부여하는 것은 WMS이다. 자사에서 로트 넘버를 부여할 수도 있지만 공급자의 제조 로트 넘버를 그대로 사용하기도 한디. 제조에 들어가면 **MES에서 부여된 제조 로트 넘버**를 사용한다.

MES의 제조 로트 넘버를 거슬러 올라가면 어느 원재료 로트 넘버가 투입됐는지를 추적할 수 있다. 또한 MES에는 온도, 회전수, 처리 시간 같은 제조 조건과 작업자가 기록되므로 문제를 특정할 수 있다.

완성 제품을 창고에 입고할 때 제조 로트 넘버가 부여된 재고를 보관하면 제조 로트 넘버가 WMS로도 파악된다. 출하 지시가 ERP에서 흘러오면 **ERP의 출하 전표 넘버를 연계**해서 WMS의 출하 전표 넘버와 링크되어 어느 고객에게 언제 어느 로트 넘버의 제품이 출하됐는지를 알 수 있다.

이후 어느 트럭에 인도됐는지를 알 수 있어 물류상의 경로가 파악된다. 이러한 연계에 의해 트레이스 백도 트레이스 포워드도 가능해진다.

MES·ERP로 로트 관리되지 않는 경우의 트레이서빌리티

유감스럽게 실제로 제조업에는 생산 관리와 공정 관리 구조가 제대로 구축되어 있지 않다. MES에서 로트 넘버가 체계적으로 부여되지 않는 기업도 적지 않다. 제조 관리는 종이 대장으로 하는 경우도 많기 때문에 WMS에 로트 넘버가 연계되어 있지 않다.

그때는 방법이 없으므로 **WMS에서 출하 넘버별로 제품의 입고 일자 등으로 관리**한다. WMS조차 없는 기업은 대장에 출하 전표 넘버를 기록하고 제품 입하일에 매뉴얼로 관리하는 수밖에 없다.

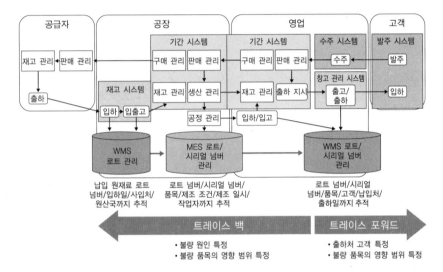

◆ 트레이서빌리티 구조

7-2 물류 트래킹이란?

수송에서의 트래킹과 배송에서의 트래킹

▌물류 트래킹이란 무엇인가?

물류 트래킹이란 출하 후 물품을 추적하여 지금 화물이 어디에 있고 어떤 상태에 있는지에 대한 정보를 제공한다. 가령 물류센터에 있는지 지역 창고에 있는지 배달 중인지 등이다. 이것은 택배 서비스에서는 당연시되는 서비스이다.

최근 고객의 요구사항이 보다 엄격해져 시간 단위로 언제 도착하는지 혹은 지금 어디에 있고 언제쯤 도착하는지의 정보를 요구하게 됐다. 또한 택배 업계에서는 익일 배송과 시간 지정 배송이 일반화됐지만 물품의 수취가 가능한 시간이 한정되므로 트래킹 정보가 도움이 되고 있다. 이러한 것이 가능해진 것은 정보기술의 발달 덕분이다. 소비자용이나 소량 배송 업계에서는 보편화된 물류 트래킹이지만 기업 간 거래에서 서비스 제공은 아직 충분하다고는 할 수 없다. 물류 트래킹 니즈는 높지만 물류회사의 사정뿐 아니라 하주 측 회사 각사의 여러 가지 사정으로 실시할 수 없는 것이 실정이다.

기업에게도 물류 트래킹이 가능해지면 다음과 같은 이점이 있다.

- 창고에서 물품 수입 준비가 가능하다.
- 지연 상황을 파악할 수 있어 대책을 취할 수 있다.
- 적송 재고(수송 중인 재고)를 파악할 수 있다.
- 고객에게 정확한 납기를 알려줄 수 있다.

특히 제품 재고가 부족할 때 등은 고객의 독촉에 대해 명확한 납기를 알려줄 수 있다. 판매 기회를 놓치지 않고 고객 제공 서비스 수준이 높아지므로 물류 트래킹 시스템은 꼭 구축하기를 권한다.

▌수주 오더와 물류 오더의 링크

하지만 물류 트래킹은 그리 간단하게 구축할 수 있는 것은 아니다. 구입 기업, 물류업자, 출하 기업의 전표 넘버와 수송에 관한 관리 넘버를 통합하지 않으면 안 되기 때문이다.

구입 기업은 자사에서 발주한 넘버의 물품이 언제 도달하는지를 알고 싶어 한다. 출하 기업은 고객의 발주 넘버와 자사의 수주 넘버, 출하 넘버를 링크하지 않으면 안 된다.

그런데다 출하 넘버를 물류회사의 트럭 넘버와 링크시킬 필요가 있다. 이때 자사 물류라면 자사에서 해결할 수 있지만 아웃소싱하고 있는 경우는 물류회사와 연계하지 않으면 안 된다.

국제 물류가 되면 더 어려워서 컨테이너 넘버와 선편 넘버, 항공기편 넘버와도 링크해야 한다. 편의상 혼재 또는 분납한 상태라면 링크는 더욱 더 곤란하다.

그러나 최근에는 정보기술의 발달로 물류 트래킹의 연동 기술도 발전하고 있다. 수송업자 중에는 **정보수집업자**(애그리게이터)라고 해서 출하부터 납입처에 도착할 때까지를 컨트롤하는 물류업자도 등장했으며, 이러한 업자 중에는 출하처에서 입하처까지 연동해서 시스템 관리를 실현하고 있는 기업도 있다. 이러한 기업이 제공하는 물류 트래킹 정보를 활용하는 것도 가능하다.

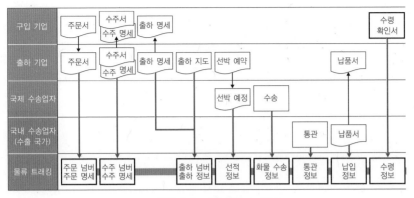

◆ 선박 수송 시의 물류 트래킹

서드파티 기업이 제공하는 트래킹 데이터 연계

물류회사와는 별도로 물류 트래킹 정보만을 관리하고 제공하는 서드파티 기업도 존재한다. 하주의 정보와 각 물류회사의 수송 스테이터스 정보를 취득하여 링크해서 관리해 주는 회사이다.

물류 트래킹 정보를 제공하는 서드파티 기업은 각사와 정보 데이터 파일로 정보를 연계하고 데이터베이스화해서 가시화한다. 트래킹 정보를 가시화하는 시스템은 시스템 이용에 맞춘 종량제 사용료 지불 방식인 ASP(Application Service Provider)형 서비스가 많고 구축비용이 들지 않는다.

제 **8** 장

SCM(Supply Chain Management)

┃SCM의 목적

서플라이 체인 매니지먼트(SCM; Supply Chain Management)는 일찍이 소매업에서 점포 재고 보충 효율화 사례로서 소개됐기 때문에 긴 세월 재고관리와 물류 작업 업무라고 착각되어 왔다. 또한 물품이 실제로 움직이는 서플라이 체인을 관리하는 것이라고 생각해서 생산과 조달을 SCM이라고 해석하는 경우도 있다. 이러한 인식에 의해서 SCM의 M(매니지먼트)에 관한 부분이 무시되고 SCM이라는 이름의 작업=오퍼레이션으로 이해되어 왔다.

그러나 SCM은 물류 작업도 생산·조달 작업도 아니다. 단순한 작업의 효율화가 아니라 기업의 수익을 책임지는 매니지먼트에 관한 업무이다.

다시 설명하면 SCM의 목적은 **연결 매출·이익의 극대화**이다. 굳이 연결이라는 단어를 붙인 것은 대개의 기업 조직은 영업과 공장 같은 개별 조직의 매출·이익 최대화를 목적으로 해서 움직이기 때문에 개별로 최적화를 지향하다 보니 기업 전체에서 이윤을 낼 기회를 잃기 때문이다. 본사의 매출이 발생해도 판매회사에서 팔리지 않아 재고가 체류한다면 연결로 보면 의미가 없다. SCM에서는 항상 연결 시점에서 생각해야 한다.

연결 매출·이익의 최대화를 위해 SCM은 연결된다. 이를 위해서는 개별 조직의 작업(오퍼레이션)에 국한하지 않고 조직을 가로질러 매출·이익의 최대화를 노릴 수 있도록 구입하고 제조하고 보관하고 출하·배송하기 위한 계획과 실행, 평가 시스템을 구축한다.

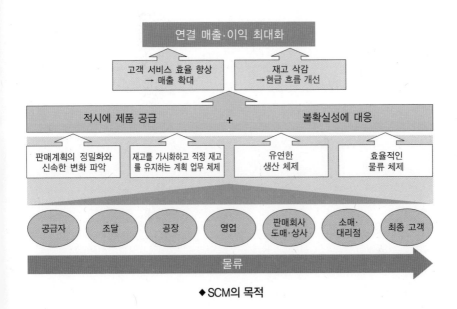

◆SCM의 목적

다시 말해 SCM이란 '필요한 물건을 필요한 때 필요한 장소에 필요한 양만큼 배달하기' 위한 구상·디자인, 계획, 통제, 실행 시스템인 것이다.

|SCM의 4가지 업무 기능 영역

SCM은 다음의 4가지 업무 기능 영역을 갖고 있다.

① 서비스와 비용 구조를 결정하는 서플라이 체인 디자인 기능

제조와 창고 거점을 어디에 두고 어떤 로지스틱스 네트워크로 할지 등 서플라이 체인을 디자인하는 기능이다. 서플라이 체인의 물류 네트워크상 수송 모드를 결정하는 것도 이 디자인 기능이다.

② 회사의 수익을 컨트롤하는 계획 기능

SCM에서 가장 중요한 기능은 계획이다. 계획에는 장기에 걸쳐 생각하는 전략인 장기 계획이 있고 3년 정도의 중기에 걸친 중기 계획 그리고 단기로는 연도 계획, 월간 계획, 주간 계획이 있다. 계획에 따라서 다양한 준비를 하는데 SCM에서는 계획의 좋고 나쁨이 회사의 수익성을 결정한다.

예를 들면 장기 계획과 예산을 고려해서 설비의 도입을 정하고 설비 생산 능력과 보관 능력을 결정한다. 부품 구입 계획이 공급자와 합의되면 구입 수량이 결정되고 제품의 생산 가능한 수량도 제약된다. 월간 계획으로 판매·생산 수량과 수송 수량이 정해지고 수송 수배와 작업자의 근무 이동, 인건비, 제조 원가가 정해진다. 계획 업무는 회사의 수익을 정하는 중요한 업무이다 물류의 수송 수배와 창고 작업의 인원 계획도 계획 업무에서 결정된다.

③ 목표인 QCDS를 실현하는 실행 업무

계획에 맞춰 사전에 준비한 범주 내에서 얼마나 신속하게 필요한 것을 필요한 장소에 필요할 때 필요한 양만큼 정확하고 저렴하게 안전하게 공급할 수 있는지가 승부를 가른다. 실행 업무는 목표하는 품질(Q; Quality), 비용(C; Cost), 납기(D; Delivery), 안전(S; Safety)을 달성하는 업무로 물류 업무는 실행 업무에 속한다.

④ SCM을 진화시키는 퍼포먼스 평가 구조

SCM 업무를 수행하는 데 있어 입안된 계획과 실행 결과가 어느 정도의 품질을 갖고 이루어졌는지를 평가하는 장치가 있으면 그 결과에 기초해서 한층 더 자사의 SCM을 개선, 진화시킬 수 있다. SCM의 퍼포먼스를 **KPI**(Key Performance Indicator; **핵심성과지표**)로 설정하고 측정·평가하여 지속적으로 개선해 간다.

계획(매니지먼트 업무)	실행(기간 업무)	퍼포먼스 평가
서플라이 체인을 매니지먼트 &컨트롤하는 계획 관리를 수행한다.	서플라이 체인상의 실행 지시와 실행 관리를 수행한다.	KPI를 정의, 가시화하고 개선을 촉진한다.
• 중기 계획/예산 • S&OP/PSI （수요 예측/판매 계획/ 구매·판매·재고 계획/생산·판매· 재고 계획/생산 계획/조달 계획） • 글로벌 구매 계약	• 판매(수주/물류/수출) • 생산 • 조달(발주/물류/수입)	• KPI 설정 • KPI 측정/평가 • 개선 지시
확실한 수익의 실현	효율화	지속적 개선

서플라이 체인 디자인

공급성을 담보하고 원가 저감을 실현하는 서플라이 체인의 업무 인프라를 검토한다.

제품 개발/설계　　디커플링 포인트　　공장 배치　　창고 배치　　수송 모드 설계

영속적인 비용 경쟁력과 공급력 확보

S&OP : Sales & Operations Plan
PSI　 : Purchase/Production Sales/Ship Inventory(구매·판매·재고 계획)
KPI　 : Key Performance Indicator

◆ SCM의 4가지 업무 기능 영역

기업 경쟁력과 비용 구조를 결정하는 서플라이 체인 모델

누가 서플라이 체인 모델을 디자인하는가?

▌물건의 흐름을 디자인하는 서플라이 체인 모델링

고객에게 어떤 서비스 레벨과 비용 구조와 리스크로 물품을 배달할지를 디자인하는 것이 **서플라이 체인 모델링**이다.

서비스 레벨이란 즉납률과 납입 리드타임으로 측정할 수 있는 서비스의 수준이다. 100% 즉납을 할 것인가 95% 즉납할 것인가에 따라 재고 리스크와 재고 유지비용이 달라진다. 납입 리드타임도 수 시간인지 1일인지 1주일인지에 따라 물류비가 달라진다.

예측 생산이라면 사전에 제품 재고를 유지하지 않으면 안 되므로 창고 간 수송이 필요하고 수주 생산이라면 고객에게 어떻게 수송할지를 생각해야 한다. 항공수송인지 해운인지 육송인지 등의 수송 모드도 선택해야 한다.

경쟁력을 시야에 넣고 서비스 레벨과 비용, 리스크 관점에서 물건의 흐름을 디자인하는 것이 서플라이 체인 모델링이다.

▌물건의 흐름을 재설계하기 위한 프레임워크

생산 부문까지 아우른 물건의 흐름을 재설계하기 위한 프레임워크가 **디커플링 포인트**(수주 분계점)이다. 디커플링 포인트는 주문을 받는 포인트이며 동시에 고객에게 출하하는 제품 사양이 최종화되는 포인트이기도 하다.

예를 들면 예측 생산에서는 제품 재고가 디커플링 포인트이다. 제품 창고가 주문을 받게 된다. 수주 생산이라면 주문을 받고 나서 조달과 생산이 시작된다.

디커플링 포인트까지는 예측과 계획에 의해서 재고 준비를 하므로 리스크가 있다. 그러나 디커플링 포인트를 아무리 상류화해도 수주 후 리드타임이 길어지므로 고객 서비스 수준이 악화할 가능성이 있다. 리스크와 서비스 수준의 균형을 취하면서 회사 입장에서 어디를 디커플링 포인트로 선택할지가 바로 자사의 물건 흐름을 결정한다.

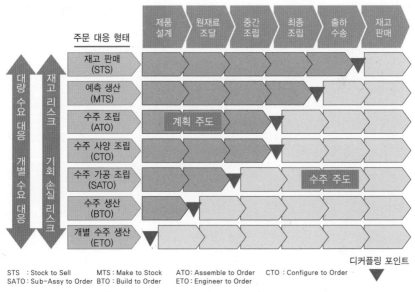

주문 대응 형태	제품 설계	원재료 조달	중간 조립	최종 조립	출하 수송	재고 판매
재고 판매 (STS)					▼	
예측 생산 (MTS)					▼	
수주 조립 (ATO)	계획 주도			▼		
수주 사양 조립 (CTO)				▼		
수주 가공 조립 (SATO)			▼		수주 주도	
수주 생산 (BTO)		▼				
개별 수주 생산 (ETO)	▼					

대량 수요 대응 ↔ 개별 수요 대응
재고 리스크 ↔ 기회 손실 리스크

디커플링 포인트 ▼

STS : Stock to Sell   MTS : Make to Stock   ATO: Assemble to Order   CTO : Configure to Order
SATO : Sub-Assy to Order   BTO : Build to Order   ETO : Engineer to Order

◆ 디커플링 포인트란?

고객 서비스와 재고 리스크를 균형잡는 판매 재고의 층별 배치

수주 생산과 예측 생산 같은 생산 방식까지 가지 않더라도 제품 재고 수주 포인트를 바꿈으로써 서플라이 체인 모델을 다시 구축할 수 있다. **창고의 층별 정의**와 **재고의 층별 배치**라는 방법이다.

우선 창고를 층별 정의한다. 예를 들어 고객의 가까이에서 즉시 납품을 수행하는 데포(depot)를 데포를 통괄해서 데포에 보충하는 **배송 센터**(DC; Distribution

Center), 배송 센터를 통괄해서 배송 센터에 보충하는 **지역 배송 센터**(RDC: Region Distribution Center), 공급의 토대가 되는 **글로벌 센터**(GC: Global Center)와 같은 식으로 계층을 정의한다.

아울러 서비스 레벨도 정의한다. 데포는 수 시간의 리드타임, DC에서 데포는 매일 보충, RDC에서 DC도 매일 보충, GC에서 RDC는 월 2회 보충하는 식이다.

창고가 층별·계층화됐다면 재고도 층별로 배치한다. 통상은 몇 가지 조건을 조합해서 층별 요건을 결정한다. 예를 들어 고객 허용 리드타임과 출하 수량, 출하 빈도 등의 조합이다. 즉납 요건이 강하고 출하 빈도가 높으면 데포, 반대인 경우는 글로벌 센터에 배치하는 식이다. 재고의 층별 배치에 의해서 총재고가 불어나는 것을 방지하고 아울러 필요한 품목의 서비스 수준을 높일 수 있다.

창고 배치 검토 시의 항목

- **출하 빈도(유속)**
- 납기(조달 리드타임)
- 가격
- 필수 품목
- 보수 계약
- 제품 연령
- 제품 카테고리
- 출하량(유량)
- 수익성
- 크기, 중량, 수송비용, 보관비용
- 선도(사용기한)
- 부품 수정(개정)
- **납입 허용 리드타임**
- **비재고품**

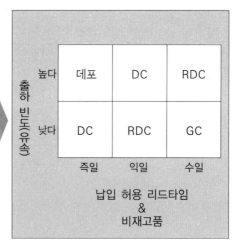

◆ 창고와 판매 재고의 층별 배치

서비스 레벨과 비용 구조를 결정한다

이처럼 서플라이 체인 모델에 의해서 **서비스 레벨**과 **재고 배치**가 결정된다. 또한 서플라이 체인 모델은 물건의 수송 루트, 수송 모드, 공급처를 결정하므로 고객에게 도착하기까지의 **비용 구조**가 정해진다.

때문에 서플라이 체인 모델을 검토할 때는 빠른 단계부터 물류 부문도 추가해서 물류 네트워크 디자인을 책임져야 한다.

SCM의 진수는 계획 매니지먼트

세일스&오퍼레이션 플랜(S&OP)과 PSI

▌계획 업무에는 장기 계획과 예산이 있다

계획 업무는 3개년 계획 등의 장기 계획과 최근 1년분의 예산을 정하는 것에서 시작된다. 장기 계획과 예산에 기초해서 제조 거점과 창고 등의 건설, 설비 투자가 진행된다. 또한 판매 예산, 제조 예산, 구매 예산, 물류 예산이 결정된다. 연도의 예산이 결정되고 판매, 생산, 조달, 물류의 각 예산이 월차 계획·실적 대비(예산 실적 대비)의 틀이 된다.

▌S&OP/PSI 계획이란 무엇인가?

S&OP는 Sales & Operations Plan의 약자이다. 굳이 번역하면 판매·운영 계획이다. S&OP는 판매계획을 기점으로 생산 계획, 조달 계획, 상품 사입 계획, 인원 계획, 능력 계획을 입안하는 업무이다.

이 경우의 인원 계획은 공장의 인원 계획, 창고의 인원 계획 등 필요한 사람을 계획하는 것이다. 능력 계획은 공장의 생산 능력과 수송 배송 능력을 계획하는 것이다. 계획 결과에 따라 매출과 비용 계획이 결정되고 이익 계획이 완성된다. S&OP는 수익을 고려해서 계획을 결정하는 프로세스를 개념화한 것이다.

S&OP와 마찬가지 업무가 오래전부터 있었는데 **PSI 계획**이라고 한다. PSI 계획은 P; Purchase, S; Sales, I; Inventory의 약자 또는 P; Productions, S; Sales, I; Inventory의 약자로 전자를 **구매·판매·재고 계획**, 후자를 **생산·판매·재고 계획**이라고 한다.

구매·판매·재고 계획은 판매계획을 기점으로 재고 계획을 세우고 구매 계획(=발주 계산)을 하는 업무이다. 구매 계획은 타사의 상품을 구입하는 계획도 있는가 하면 자사의 제품을 자사 공장에서 구입하는 계획도 있다. 구매·판매·재고 계획 입안 과정에서는 창고 인원, 수배송 능력을 계획하는 경우도 있다.

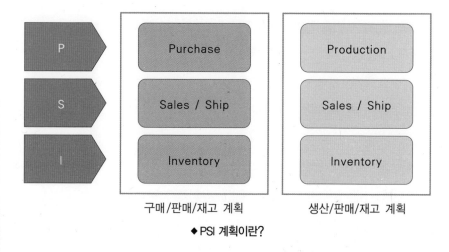

구매/판매/재고 계획　　생산/판매/재고 계획

◆ PSI 계획이란?

구매·판매·재고 계획에서는 구입하는 상품의 구입 원가를 알 수 있으므로 경비 계획과 아우르면 이익 계획을 입안할 수 있다. 많은 경우 월 단위 업무이므로 예산을 재검토할(롤링이라고 한다) 수 있다.

생산·판매·재고 계획은 판매계획을 기점으로 재고 계획을 수립하고 생산 소요량 계획을 입안하는 업무로, 다시 원재료와 부품 조달 계획에 반영해서 능력 계획까지 입안하는 경우도 있다. 가전 제조사와 하이테크 제조사에서 오래전부터 하던 업무이다.

대기업에서는 영업 조직과 판매사가 구매·판매·재고 계획을 입안하고 구매 계획을 토대로 공장의 판매계획과 대체해서 생산·판매·재고 계획을 입안시킨다. PSI 계획이 서플라이 체인의 하류에서 상류로 향해서 계획을 연결하는 식이다.

생산·판매·재고 계획에서 조달 원재료·부품의 구입 가격과 제조 원가, 경비가 계획된다. 월 단위 계획이 기본이기 때문에 예산의 롤링이 된다.

▌S&OP 프로세스가 기업 수익을 결정하고 기업 전략을 실현한다

S&OP 프로세스는 크게 5단계로 나뉜다.

첫 프로세스가 **기획·개발 신제품 계획, 최종 계획의 공유**이다. 신제품 기획·개발 계획을 공유하고 계획에 반영하도록 지시하거나 또는 판매와 생산 종료를 지시하거나 기업 차원의 신제품 계획과 제품 종료를 계획에 반영하는 것이다. 개발이 늦어질 것 같으면 기존 제품의 판매 지속을 지시할 필요도 있다. 아울러 계획의 입안 방침 등도 공유하는 프로세스가 된다.

그 다음 프로세스가 **수요 계획**이다. 수요 예측에 캠페인 계획에서 의사를 반영하고 판매계획을 입안한다. 신제품 계획과 판매 종료 계획도 반영해 계획한다. 또한 수량과 금액을 통합해서 계획한다. 수량이 예산을 달성해도 금액으로 예산을 달성하지 않으면 불충분한 계획이 되기 때문이다. 가격 설정, 총이익, 판매비용을 확인하고 매출·이익 계획과 경비 계획을 입안하고 예산 달성 정도를 확인한다. 판매계획을 반영해 수배송 계획과 구매·판매·재고 계획을 입안한다. 판매계획도 구매/판매/재고 계획도 영업과 판매회사가 판매하는 책임과 제품 재고 책임을 명시하고 이후의 공급 계획=생산·판매계획에 인풋한다.

세 번째 프로세스가 **공급 계획**이다. 생산·조달 측에 책임이 있는 생산·판매·재고 계획과 생산 계획·조달 계획을 입안한다. 공급 계획은 생산 능력과 조달 제약이 있기 때문에 제약 사항을 고려해서 계획을 입안한다. 물류의 능력도 계획한다. 수량 계획뿐 아니라 공장 가동률 유지 가부, 공장 이익 계획까지 입안한다. 또한 물류 인원 능력, 수배송 능력도 계획하여 트럭의 확보와 선복 예약 조정 등에 반영한다.

만약 생산·조달상 제약과 물류상 제약이 있어 재고 계획과 판매계획을 충족하는 공급이 불가능한 경우 네 번째 프로세스인 **생산·판매 조정 업무**에서 조정한다. 공급에 제약이 있으면 공급 배분이 일어난다. 영업 매출과 기업 수익에 영향을 주므로 수량과 금액으로 확인하고 가장 수익성이 높고 자사 전략에 합치하는 방향으로 조정한다. 능력 부족 시의 선행 생산, 능력 과잉 시의 감산·휴업 등의 결정도 수익에 미치는 영향을 고려하면서 조정한다. 조정 결과가 재고에 미치는 영향 및 재무에 미치는 임팩트에 대해 정리한다.

다섯 번째 프로세스로 조정 결과와 재무에 미칠 영향을 명확히 조사하고 대표자나 경영층의 확인을 받고 승인을 결정한다.

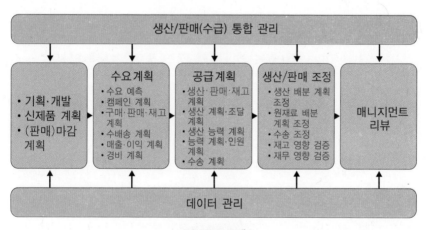

◆ S&OP 프로세스

▌물류에 영향을 미치는 세일스&오퍼레이션 플랜/PSI

수배송 능력이 부족한 경우는 일시적으로 재고 과다 상황이 되기는 하지만 앞당겨서 출하 계획을 결정하거나 긴급 수송으로 항공 수송 등의 수단을 병용하거나 혹은 물류비가 상승했다고 해도 어떤 식으로든 수송 능력을 확보하는 등의 조정을 한다.

창고의 용량을 초과하는 경우는 창고 임대 결정, 부동품·저유동품의 이고(移庫)

를 결정한다. 수급 조정은 수익에 영향을 미치는 의사 결정이 수반하므로 관련 부문이 한자리에서 만나 조정한다.

마지막으로 기업과 사업 결정권자에게 계획을 승인받는다. 기업 수익으로 직결되는 계획인 이상 수급 조정 결과에 따라서는 불이익을 받는 부문이 나오므로 최고 결정권자의 승인과 지시가 없으면 혼란이 발생하기 때문이다.

▎SCM 조직이란 무엇인가?

이상의 프로세스를 원활히 회전시키기 위해 SCM 전체를 통괄하고 수급과 통합해서 계획을 추진하는 조직이 필요하다. 일찍이 이들 업무가 정리되지 않은 채 조직 선행으로 SCM 조직을 설정해서 실패한 기업이 많이 있지만 제대로 프로세스를 정의하면 필요한 기능이 확연히 드러나 SCM 조직의 필요성이 명확해진다.

▎생산·판매 통합 체제를 재구축해야

S&OP 프로세스는 PSI 계획과 같은 말이다. 굳이 S&OP라는 이름으로 역수입되는 사태가 생긴 원인은 조직 상호 간의 계획 입안 기능을 잃었기 때문이다. SCM은 조직 간의 계획을 통합하고 기업 전략을 실행하고 사업 수익을 결정하는 계획이다. 새삼 PSI 계획과 S&OP를 재구축할 필요성에 직면하게 된 것이다.

8-4 SCM 시스템 도입 시 유의사항

수요 예측, 서플라이 체인 플래너와 ERP의 관계

|SCM 시스템의 전체상과 연계

SCM을 실현하기 위해서는 수요 예측-판매계획-구매·판매·재고 계획-생산·판매·재고 계획-생산 계획-조달 계획-수배송 계획(배차 계획)을 연계시켜야 한다. 수요 예측은 통계 예측 시스템을 사용하는 경우가 많지만 간이 시스템을 직접 제작하는 경우도 있다.

수요 예측 결과를 바탕으로 **판매 계획**을 입안한다. 판매계획은 캠페인 등의 특수 수요를 반영해서 계획한다. 판매계획 전용 시스템도 있지만 보통은 다음의 구매/판매·재고 계획/생산·판매·재고 계획을 지원하는 시스템에 내장되어 있는 경우도 있다. 구매·판매·재고 계획/생산·판매·재고 계획을 지원하는 시스템을 **서플라이 체인 플래너**(SCP; Supply Chain Planner)라고 한다. PSI 시스템이라고 불리기도 한다.

구입 상품밖에 취급하지 않는 경우는 구매·판매·재고 계획이 소요량을 계산(=발주 계산)해서 조달 수배로서 구매 발주에 인풋된다. 제품을 구입하는 경우는 생산·판매·재고 계획 결과에 따라 제품 구입 계획=보충 계획을 세우고 제품 생산 요구가 생산 계획으로서 소일정 계획에 인풋된다.

또한 판매계획이나 수주, 출하 지시를 받아 배차 계획을 하는 것이 TMS가 된다. 여기까지를 **계획계 시스템**이라고 한다.

소일정 계획에 따라 소요량을 계산하고 구매 지시와 제조 지시를 내리는 것이 ERP이다. 구매 지시와 생산 지시를 받아 입고 예정이 확정된 후 계속해서 입고와 보관을 하는 것이 WMS이다. 생산 실적 입고는 MES에서 연계된다. ERP와 MES, WMS는 업무를 실행하므로 실행계 시스템이라고 한다.

▎통계 예측을 담당하는 수요 예측 시스템

수요 예측 시스템은 158쪽에서 설명한 바와 같이 통계적 수요 예측 시스템을 사용한다. 통계적 수요 예측 시스템은 패키지로 판매하는 것도 많다. 또한 통계 해석 소프트웨어와 표계산 소프트웨어를 개조해서 사용하는 기업도 있다.

패키지가 좋은지 개조한 것이 좋은지는 한 마디로 말할 수 없지만 자사에 맞는 시스템을 구축하지 않으면 사용할 기회조차 없으므로 주의가 필요하다.

▎구매·판매·재고 계획, 생산·판매·재고 계획을 담당하는 SCP

SCP에는 단순히 구매·판매·재고 계획, 생산·판매·재고 계획의 PSI를 연쇄적으로 계획하기만 하면 되는 것과 수송 제약과 창고 커패시티, 생산 능력 제약, 원재료·부품 조달 제약을 반영해서 계획하는 제약 고려형 시스템도 있다. 제약 고려형 SCP는 고가이다.

계획 결과에 기초해서 매출·이익을 계산하는 것도 가능한 SCP도 있다. 또 공급이 복잡할 때 가장 이익률이 높은 고객과 제품 계획을 우선하는 것을 판단할 수 있는 정보를 제공할 수 있는 시스템도 있다.

SCP는 단순한 숫자의 연쇄로 보이지만 복잡한 데이터베이스가 필요하기 때문에 시스템이 고가이다. 한편 너무 고가인 탓에 자사에서 만들거나 표계산 소프트웨어를 개조해서 사용하는 기업도 많다.

SCM 실행계를 지탱하는 ERP, WMS, TMS

실행계 시스템에는 ERP와 WMS, 수배송을 관리하는 TMS가 있다. ERP와 WMS는 일반화됐지만 TMS는 좀처럼 일반화되지 않고 있다. 여전히 표계산 소프트웨어를 사용하여 숙달자가 업무를 처리하고 있다. 업무의 표준화도 더뎌 패키지 도입은 어려운 면이 있다.

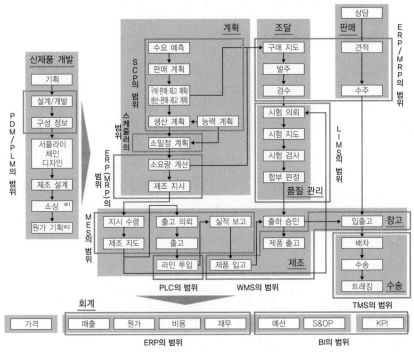

PDM : Product Data Management
PLC : Programmable Logic Controller
BI : Business Intelligence
PLM : Product Life Cycle Management
LIMS : Laboratory Info. Management System

※1: 원재료와 부품, 공급자를 선정하는 것
※2: 설계를 재검토하거나 원재료와 부품을 재검토하여 비용을 절감하는 것

◆ SCM을 지원하는 시스템군

물류 DX : 빅데이터, 수요 예측, AI의 활용 방법과 한계

모델 문제와 샘플 수 제약은 있지만, AI가 물류를 혁신한다

▌물류 영역에 빅데이터 분석을 사용한다면 모델화가 필수

IoT 센서의 보급으로 물류 영역에서도 데이터가 축적되어 **빅데이터 분석**이 가능할 거라고 생각하는 사람도 많을 것이다.

빅데이터 분석은 데이터를 축적하고 수집된 샘플 데이터로 분석 정밀도를 높이고 사람이 알지 못하는 데이터의 상관관계와 인과관계 등을 분석한다는 개념이다.

하지만 실상은 그렇게 간단하지 않다. 데이터를 수집하려면 분석에 필요한 데이터를 가설적으로 정의해야 한다.

의미가 있는 데이터와 의미가 없는 데이터를 사전에 구별해야 한다. 수집해야 할 데이터를 정의하지 않으면 의미가 없는 데이터를 수집하게 된다. 불필요한 데이터를 아무리 모아 봐야 분석 결과는 무용지물이 될 뿐이다.

또한, 데이터 간의 상관관계나 인과관계의 가설도 필요하다. 특히, 빅데이터 분석에서는 인과관계의 모델화가 필요하다. 즉, '어떤 데이터가 발생하면 특정 이벤트 또는 데이터가 발생한다'는 상황을 유도할 필요가 있다. 상관관계만을 유추해내도 단순히 관계가 있을 뿐 인과관계까지는 언급할 수 없다.

데이터 간의 인과관계를 모델링할 수 없다면 근거 있는 논리에 다가갈 수 있다. 빅데이터 분석이나 IoT의 발전에 의한 데이터 수집의 혁신이 빅데이터 해석에 공헌한 바는 별로 없는 것이 실태이다.

시스템 담당자로서는 검증된 모델이 없는 빅데이터 분석이나 IoT 데이터 수집은 무조건 받아들이지 말고 논리적이지 않은 데이터 수집과 분석에는 의문을 가져야 한다.

샘플 데이터의 제약이 분석 결과에 영향을 미친다

샘플 수가 적으면 분석 결과에 영향을 미친다. IoT 센서로 수만, 수십만 건의 데이터 샘플을 얻을 수 있으면 샘플 데이터가 모집단을 대표한다고 할 수 있다. 그러나 비즈니스상 수집할 수 있는 데이터는 기껏해야 수십, 수백 정도여서 통계적으로 의미가 있는 분석을 할 수 없다.

적어도 수천 개의 데이터 샘플을 얻을 수 없다면 크게 의미 있는 분석이 불가능하기 때문에 그러한 작업을 중단할 용기가 필요하다. 낭비되는 작업을 피하기 위해서라도 과도한 기대를 하지 않는 것도 중요하다.

물류 영역에 통계적 수요 예측을 사용할 수 있는가?

데이터 샘플이 적다는 점에서 **통계적 수요 예측**도 문제가 있다. 샘플 데이터 수가 적은 수요 예측이라는 업무는 그다지 정밀도가 높지 않기 때문이다.

정확한 예측치가 아니라 참고치나 낮은 정확도여도 사용하는 의미가 있는 경우에만 통계적 수요 예측을 활용하는 정도로 하자.

예를 들어, N사에서는 수화물 수요 예측으로 창고 작업자의 인력 계획 및 창고 대여, 짐의 이동을 계획하려고 하는 안건이 제기되었다고 한다. 이 경우, 검증 결과 예측은 맞지 않고 오히려 화주나 영업자의 예정이나 사람에 의해 사전 계획을 사용하는 것이 싸게 먹혀 손해를 겨우 면하는 정도는 효과를 얻는 일이 있다.

물론 통계적 수요 예측을 사용할 수 있는 상황도 있기 때문에 정확도와 효과를 고려하여 활용할지 말지를 판단한다. 다만 맹목적으로 통계 예측이 반드시 맞을 것이라고 단언해서는 안 된다.

▌물류 영역에 AI를 사용할 수 있을까?

인공지능(AI : Artificial Intelligence)은 소프트웨어의 자기 학습에 의한 인과 관계 및 처리 로직을 경험적이고 학습적으로 소프트웨어 스스로가 구축해 간다. AI도 데이터의 샘플 수에 따라 다르며 학습의 케이스(데이터 수)가 적으면 로직이 성립하지 않는다. 그래도 간단한 로직이라면 구축할 가능성도 있다.

예를 들면, 화상 처리로 '인간'을 식별하는 것을 배우게 하고 차량 등을 자동 정지시켜 사고를 예방하는 식이다. 길바닥에서 자고 있어도 둥글게 말려 있어도 식별 가능해서 공사 차량 등에서는 실용 단계에 있다. 앞으로 더 발전할 것으로 예상되므로 물류시스템에 AI를 적용할 여지는 크다.

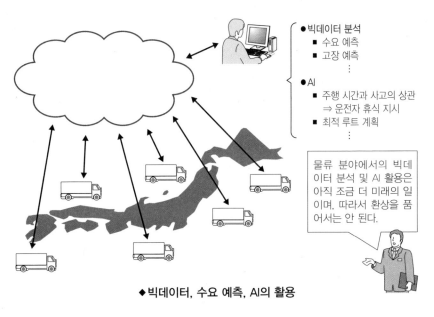

◆빅데이터, 수요 예측, AI의 활용

제 **9** 장

WMS의 기능과
도입 시 유의사항

WMS의 기능 ①
전체상과 입하·입고 기능
WMS의 기본 기능과 부대 기능

▌WMS의 기본은 입출고·하역 기능과 보관 기능

WMS(Warehouse Management System)는 창고 업무를 담당하는 시스템이다. WMS는 각사에서 패키지 시스템이 출시되어 있다. 기본 기능은 창고 업무 관리상 필요한 **입출고·하역 기능과 보관 기능**이다.

다만 패키지에 따라서는 발주 계산과 수배송 요금 계산, 매출 청구 관리 기능이 있는 것도 있다. 그 이유는 현재의 업무를 베이스로 추가된 기능을 도입해서 패키지화했기 때문이다. 발주 계산과 요금 계산, 매출 청구 관리는 원래 WMS의 기능은 아니다.

본서에서는 발주 계산은 언급했지만 요금 계산, 매출 청구 관리는 본래의 물류 기능이 아니므로 생략한다. 만약 ERP에 물류 업무의 요금 계산이 실장되어 있지 않은 경우는 다른 것으로 대체할 필요가 있기 때문에 드물게 WMS에 실장되어 있는 일도 있으므로 주의하기 바란다.

또한 유통가공과 같은 부대 작업은 본래의 WMS 기능과는 다르지만 창고 하역 업무의 일환으로 발달해 왔기 때문에 제조 행위라고는 의식하지 않으므로 본서에서는 WMS 기능의 일종이라고 인식하고 해설한다.

기본 기능
- ●입출고 기능
  - ■입하·입고 기능
  - ■출고·출하 기능
- ●하역 기능
  - ■이고
  - ■유통가공
- ●보관 기능
  - ■현품 관리 기능
  - ■스테이터스 관리 기능

WMS에 의해서 상기 이외의 기능(발주 계산과 요금 계산 등)이 갖춰져 있는 경우가 있지만 창고 관리의 본래 기능은 아니므로 WMS에 지니게 할지 말지 검토해야 한다.

◆ WMS의 기능

입하·입고 기능 일람

WMS에는 다음과 같은 입하·입고 기능이 있다.

① 입고 예정 데이터 입력

발주와 전송 지시 결과, 창고에 입고되는 품목과 입고일, 수량을 사전에 취득한다. 이것을 **입고 예정**이라고 한다.

본서에서는 입고와 입하를 명확하게 구분해서 사용한다.

입고는 검품에 합격한 짐을 창고에 넣어 계상하는 것이다. 따라서 입고 예정이 있으면 창고 업무로 처리할 수 있다.

한편 입하는 물품의 납품까지로 검품 전 혹은 수입 전 창고에 입고되기 전의 상태이다. 더욱이 입하 시점에서는 수입 합격도 하지 않은 상태이고 입고가 확정되어 있지 않으므로 단순한 예치 재고로 자리매김한다. 자산 이동도 일어나지 않고 외상 채무도 발생하지 않는 상황이다.

만약 WMS에 입하와 입고의 명확한 기능이 구분되어 있다는 가정하에 물품은 수취했지만 아직 검품 대기 등으로 수입 전 예치 상태이면 입하, 검품·수입 후 창고 입고되어 자사의 이용 가능 재고로 계상하는 것을 입고라고 정의한다.

업무 프로세스에 따라서는 입고 후에 검품을 해서 반품 처리하는 경우도 있다. 이때는 입하 즉시 간단한 외관 검사를 해서 입고하고 검사 대기(비이용 가능 재고) 스테이터스를 할당한다. 검품 후에 양품은 이용 가능 재고로 전환하고 불합격품은 출고 반품과 출고 후 폐기 등의 결정 처리를 한다.

입고 예정 데이터의 취득은 입고 예정을 기간 시스템에서 취득하고 체크, 검품, 입고 예정 취소가 가능하도록 하는 준비이다.

② 입고 예정 등록

입고 예정 데이터를 WMS에 등록한다. 핸디터미널(HT)이 있는 경우는 입고 예정 데이터를 HT로 송신한다.

③ 입고 예정표

입고 예정표를 일람 표시하는 기능이다. 입고 예정표를 종이로 인쇄해서 입고에 이용하는 경우는 인쇄 기능이 필요하다.

④ 검품

입하·입고된 짐의 수입 가능·불가능을 판단하는 기능이다. 우선 입고 예정 데이터와 품목, 수량이 맞는지 체크한다. 종이를 출력해서 종이에 체크한 결과를 '수입 가능'이라고 WMS에 입력하거나 또는 HT로 바코드를 읽어 해당 제품 가부를 체크한다. HT로 체크한 수입 가부 데이터는 WMS에 전송된다. 수량은 WMS 단말기와 HT에 수작업으로 입력하는 것이 원칙이다.

⑤ 입고 등록

입고했다면 입고 실적을 등록한다. 입고 실적 데이터로서 보관 기능으로 건네진다. 이때 입고 스테이터스 관리에 필요한 입고일, 로트 넘버, 공급자, 원산지 등도 등록한다.

⑥ 입고 일람표

입고 실적의 일람을 표시 또는 인쇄하는 기능이다.

⑦ 입고 예정·실적 차이 리스트

입고 예정과 입고 실적의 차이 리스트를 표시 또는 인쇄하는 기능이다.

- ●입고 예정 데이터 입력
- ●입고 예정 등록
- ●입고 예정표
- ●검품
- ●입고 등록
- ●입고 일람표
- ●입고 예정·실적 차이 리스트

입하와 입고는 업무적으로 다르다. 창고 관리로 보면 입고가 WMS 관리 대상 업무인 반면 입하는 자산상의 물품 수취로 WMS상에서 처리되지 않는다. 그러나 WMS에 따라서는 입하 처리에서 일단 짐을 받고 입고와 분리하는 것도 있다. 혹은 입하와 입고를 제대로 정의하지 않고 애매하게 사용하는 경우도 있으니 확인이 필요하다.

◆WMS의 기능 : 입하·입고 기능

WMS의 기능 ②
출고·출하
상황에 따라서 다양한 처리에 대응하는 출고 기능

▌출고·출하 기능은 의의로 많은 기능이 있다

출고·출하 기능은 입하·입고에 비해 다채롭다. 재고 스테이터스를 참조하면서 출하 가부를 판단하는 할당이 관계하고 있기 때문이다. 또한 입하·입고와 마찬가지로 출고와 출하 기능의 정의와 분리가 필요하다. 출고는 창고에서 물품을 꺼내는 것이고, 출하는 기업에서 물품을 내보내는 것으로 매출 청구로 이어지는 기능이다. 출고했지만 출하하지 않은 경우도 있기 때문에 엄밀하게 구분해 사용하자.

▌출고·출하 기능의 일람

출고·출하에는 다음과 같은 기능이 있다.

① 출하 지시 데이터 입력

기간 시스템에서 출하 지시 데이터를 취득한다.

② 출하 지시 등록

취득한 출하 지시를 등록한다. 기간 시스템의 출하 지시 데이터에 로트 지정, 시리얼 넘버를 지정하라는 지시가 있으면 WMS에 인계한다.

③ 출하 지시 일람

출하 지시 일람을 표시 또는 인쇄하는 기능이다.

④ 출고 지시

출하 지시를 출고 지시로 전환한다.

⑤ 할당 지시

출고 지시를 할당 지시로 바꾼다. 출고 지시에 있는 로트 지정과 시리얼 넘버 지정 등에 따라서 보관되어 있는 재고를 할당하는 지시를 내린다.

⑥ 할당

WMS상의 이론 재고를 할당한다. 선입선출 등의 룰이 있으면 룰에 따라서 할당한다. 출고 보류품과 유효기간 초과품 등 이용 불가능 재고는 할당할 수 없다. 할당이 됐다면 재고 스테이터스를 할당 완료라고 표시한다.

⑦ 할당 불가 일람

출고 지시에 대해 할당 불가였던 출고 지시 일람을 표시 또는 인쇄한다.

기간 시스템상에서는 자산 관리밖에 하지 않고 총량 할당을 하는 경우 기간 시스템에서 할당 가능해도 WMS에서 유효기간과 로트 역전 방지 등으로 현품 재고가 할당되지 않는 경우가 있다. 이때 WMS에서 할당 불가가 발생하기 때문에 할당불가 출고 지시를 추출하고 할당 불가 일람을 출력해서 입하 독촉과 납기 조정 등의 대응이 가능하도록 한다.

⑧ 할당 일람

할당된 출고 지시 일람을 출력 또는 인쇄하는 기능이다.

⑨ 피킹 지시와 피킹 리스트

할당했으면 피킹 지시를 내린다. 피킹 리스트에 표시, 인쇄하고 HT로 전송한다.

출고 지시별로 피킹하는 출하 지시별(오더별) 피킹 리스트, 토털 피킹을 하는 품목별 피킹 리스트 등이 있다. 또한 피킹 리스트는 피킹 방법에 따라 다양한 리스트를 작성·출력한다. 출하처별 피킹 리스트, 운송회사별로 집약한 피킹 리스트, 로케이션별로 효율적으로 피킹할 수 있는 로케이션별 피킹 리스트, 피킹과 분배를 동시에 수행하는 멀티 피킹 리스트 등이다. 피킹을 정확하게 수행하기 위해서는 피킹 리스트를 체크 리스트화해서 피킹 시에 작업자가 피킹이 종료된 것을 체크할 수 있도록 한다. HT를 사용하는 경우는 피킹 시에 리스트의 바코드와 선반 바코드를 대조 판독하여 미스를 없앨 수도 있다.

디지털 피킹과 같은 전자적으로 피킹해야 할 선반과 품목을 표시하는 경우는 피킹 지시에 기초해서 선반에 라이트를 점등시킨다.

⑩ 출하 검품 작업 지시서

피킹한 물품의 검품을 지시하는 기능이다.

⑪ 출하 검품

토털 피킹으로 품목 단위로 피킹한 경우 출하처별로 짐을 분배하지 않으면 안된다. 적정하게 출하처별로 분배할 수 있는지를 체크한다. HT가 있으면 HT로 체크한다.

⑫ 출고 실적 등록

출고 실적을 등록한다. 할당을 마친 재고 스테이터스는 출고 완료로 전환된다. HT를 이용해서 피킹하는 경우는 피킹한 시점에서 출고 처리된다.

⑬ 출하 등록

출고하고 출하처 단위로 통합된 물품의 출하 등록을 한다.

⑭ 출하 일람

출하처별로 출하 일람을 작성한다.

⑮ 출하 라벨 출력

출하품에 첨부하는 라벨을 인쇄한다.

⑯ 출하처별·방면별 장부 대조

적재를 위해 출하처별과 출하처 방면별로 집약하는 기능이다.

⑰ 납품서, 납품 수령서, 송장 출력

짐과 함께 출하처=납입처에 건네는 납품서, 납품한 것을 증명하는 납품 수령서, 트럭 운전사가 수배송한 것을 증명하는 송장을 인쇄한다.

이들 일련의 서류(전표)가 고객 지정인 경우 고객 지정 전표에 인쇄한다.

⑱ 출하 등록

짐이 트럭에 인도되면 출하 등록을 한다. 출하 실적은 기간 시스템에 전송한다. 매출 계상이 출하 기준인 기업은 이 데이터를 갖고 매출을 계상하고 청구 처리할 준비를 한다. 매출 계상이 도착 기준인 기업은 납품 수령서를 회수해서 매출을 계상한다. 가상 도착 기준인 기업은 출하 후의 리드타임으로 도착이 없다고 보고 매출을 계상한다.

출고·출하 기능	●출하 지시 데이터 입력	●출하 검품 작업 지시서
	●출하 지시 등록	●출하 검품
	●출하 지시 일람	●출고 실적 등록
	●출고 지시	●출하 등록
	●할당 지시	●출하 일람
	●할당	●출하 라벨 출력
	●할당 불가 일람	●출하처별·방면별 장부 대조
	●할당 일람	●납품서·납품 수령서·송장 출력
	●피킹 지시와 피킹 리스트	●출하 등록

◆WMS의 기능 : 출고·출하 기능

WMS의 기능 ③
하역 작업과 유통가공
창고 관리상의 부대 작업과 유통가공이라는 부가가치 작업

▌입하·입고, 출고·출하 이외의 하역 작업과 유통가공이 있다

창고 작업에는 다양한 부대 작업이 있다. 주로 이고(移庫)와 로케이션 이동에 관한 업무와 유통가공이다.

이고에는 **창고 이동**과 **로케이션 이동**이 있다. 창고 이동은 기간 시스템에서 전송하라는 지시를 받은 경우와 단순히 인접 창고 간을 이동하는 WMS상의 창고 이동인 경우가 있다. 로케이션 이동은 창고 내에서 보관 장소를 이동하는 것이다. WMS상의 창고 이동은 대규모의 로케이션 이동이라고 생각해도 좋다.

기간 시스템에서 전송 지시가 오는 것은 창고가 떨어져 있는 경우와 창고의 재고 자산 관리 조직이 바뀌는 등의 자산 관리상 변경이 일어나는 경우가 대부분이다. 예를 들면 센터 창고에서 지역 창고로의 전송 지시와 지역 창고에서 데포 창고로의 이동 등이다. WMS상에서 일어나는 창고 이동은 주로 창고 사정에 의한 것이다. 창고가 가득 차서 외부에 창고를 빌려서 이동하거나 대량의 입고가 예정되어 있어 공간을 비워두기 위해 로케이션을 이동하는 경우이다.

▌하역 작업의 기능 일람

하역 작업에는 다음과 같은 기능이 있다.

또한 전송 지시를 받은 후의 할당, 피킹, 창고 이동과 로케이션 이동을 등록한 후의 할당, 피킹은 출고·출하와 같은 기능이므로 생략한다.

① 전송 지시 데이터 입력

기간 시스템의 전송 지시 데이터를 입력한다. 한편 기간 시스템의 지시에 해당하기 때문에 입고지 창고에 입고 예정인 것은 기간 시스템에서 송신된다.

② 전송 지시 등록

전송 지시를 등록한다. 이후 출고가 지시되고 출고·출하와 흐름이 같다.

③ 창고 이동 지시 등록

창고 이동 지시를 등록한다. 이후 출고 지시를 내리고 출고·출하와 같은 흐름이 된다.

④ 이동지 창고 입고 예정 송신

이동지 창고에 입고 예정을 송신한다. 이동지 창고에서는 입고 예정을 토대로 입고 작업을 한다.

⑤ 로케이션 이동 지시 등록

로케이션 이동 지시를 등록한다. 이후의 할당, 피킹은 출고와 같다.

⑥ 로케이션 이동 지시서 출력

로케이션 이동 지시서를 출력한다. 피킹 리스트도 포함되지만 차이는 입고지 로케이션이 지시되는 점이다.

⑦ 로케이션 변경 완료 등록

로케이션을 이동해서 입고하면 완료된다. 입고 처리와 같다.

- 전송 지시 데이터 입력
- 전송 지시 등록
- 창고 이동 지시 등록
- 이동지 창고에 입고 예정
- 로케이션 이동 지시 등록
- 로케이션 이동 지시서 출력
- 로케이션 변경 완료 등록

입출고도 하역의 일종이지만 중요한 기능으로서 개별적으로 기능을 정의하는 것이 보통이기 때문에 본서에서는 하역과 구분해서 설명한다.

◆ WMS의 기능 : 하역 작업 기능

┃유통가공 기능 일람

유통가공은 제조 작업에 해당한다. 창고 하역이라기보다 제조 행위이므로 본래는 WMS가 아니라 생산 관리 시스템을 사용해야 하지만 대규모 물건이 아닌 경우 WMS에서 기능을 구축하는 경우도 있다. 아래의 사항이 유통가공의 기능에 해당한다.

① 가공 지시 등록

유통가공 지시서를 등록한다.

② 가공 지시서 출력

가공 지시서를 출력한다.

③ 자재 출고 지시 등록

포장 재료 등의 출고 지시를 등록한다.

④ 포장재 출고 지시서 출력

포장재 출고 지시서를 출력한다.

⑤ 가공 실적 등록

가공 실적을 등록한다.

유통가공
기능

- ●가공 지시 등록
- ●가공 지시서 출력
- ●자재 출고 지시 등록
- ●포장재 출고 지시서 출력
- ●가공 실적 등록

유통가공은 제조 행위이므로 본래는 생산 관리로서
의 기능을 가진 시스템을 이용해야 하지만 특수 포
장에의 '재감기'와 가격 붙이기 정도의 간단한 작업
이라면 유통가공으로서 WMS에서 기능을 갖고 있
는 경우도 있다.

◆WMS의 기능 : 유통가공 기능

WMS의 기능 ④

보관

다양한 보관 스테이터스 관리와 재고조사 작업

현품 관리와 스테이터스 관리

보관 기능의 기본은 현품 관리이다. 수량이 맞는지 정확한 로케이션에 바르게 보관되어 있는지를 시스템으로 조회할 수 있도록 한다. 또한 보관에 관련된 다양한 재고 **스테이터스를 관리**한다. 고도의 보관을 수행하려면 필수 기능이다.

보관 기능 일람

보관에는 다음과 같은 기능이 있다.

① 재고 조회

특정 품목의 재고 유무를 조회하는 기능이다.

② 하주별 재고 조회

하주별 재고를 조회한다. 이 기능은 하주에 한하지 않고 영업 부문별로 재고를 확보하고 있는 경우의 확보 조직별 재고 조회도 포함한다.

③ 로케이션 재고 조회

로케이션별 재고를 조회한다.

④ 스테이터스 관리

재고 스테이터스를 관리한다. 재고 스테이터스에는 4-3에서 설명한 대로 다양한 것이 있다. 로트 넘버, 시리얼 넘버, 입고일, 사용 기한, 원산지 등의 데이터를 보관 재고에 포함되도록 한다. 스테이터스를 지시한 품목을 할당·출고하거나 스테이터스별 재고를 추출·조회하거나 알람을 울리기 위한 데이터 관리가 된다.

⑤ 스테이터스별 재고 조회

스테이터스별 재고를 조회한다. 예를 들면 동일 원산지의 원료 재고를 일괄 조회할 때 사용한다.

⑥ 재고 수량 경보

재고가 과소 또는 과잉인 수량에 관한 경보를 울리는 기능이다.

⑦ 결품 경보

결품된 재고를 알리는 경보를 울린다.

⑧ 재고 스테이터스 경보

스테이터스를 관리하고 있는 재고로 스테이터스에 문제가 있는 경우 경보를 울리는 기능이다. 예를 들면 입고된 지 6개월 이상 체류하고 있는 재고의 체류 경보, 사용 기한이 임박한 기한 리스크 경보, 혹은 사용 기한이 끝난 재고의 기한 마감 경보 등을 표시하는 기능이다.

⑨ 각종 재고 일람

각종 재고 일람을 표시, 리스트를 인쇄하는 기능이다. 하주별 재고, 로케이션별 재고, 재고 수량 경보 재고, 재고 스테이터스 경보 재고 일람을 출력한다.

⑩ 결품 일람

결품되어 있는 품목 일람을 출력한다.

⑪ 로케이션 일람

창고 로케이션 일람을 출력한다.

⑫ **빈 로케이션 조회**

비어 있는 로케이션을 조회하고 출력한다.

⑬ **재고 수불표**

입출고 이력과 재고 변동을 재고 수불표로 출력한다.

⑭ **재고조사표(재고조사 체크표·현품표)**

재고조사를 하기 위한 장표를 출력한다

⑮ **재고조사 처리**

HT로 재고조사할 때는 재고조사표 데이터를 HT로 전송하고 HT 내 정보를 사용해서 재고조사를 하는 기능이다.

⑯ **재고 조정**

재고조사 결과 재고에 차이가 발생했을 때 WMS에서 재고를 조정하는 기능이다. 기본적으로 현품 재고를 기준으로 재고수를 조정한다.

⑰ **재고 증명서**

재고 수량을 증명하는 서류를 출력한다.

⑱ **출고 정지 등록**

재고의 출고를 제한하는 기능이다. 예를 들면 검사 대기 중으로 양품으로 판정 나지 않은 재고 및 기한 마감품의 출고를 중지하는 기능이다. 기간 시스템에서 스테이터스 지정 할당을 하지 않고 총량 할당만 하는 경우 출고 정지를 WMS에서 제대로 하지 않으면 출하해서는 안 되는 재고가 출하될 가능성이 있다. 때문에 출고 정지 기능은 중요하다.

보관 기능

- ●재고 조회
- ●하주별 재고 조회
- ●로케이션 재고 조회
- ●스테이터스 관리
- ●스테이터스별 재고 조회
- ●재고 수량 경보
- ●결품 경보
- ●재고 스테이터스 경보
- ●각종 재고 일람
- ●결품 일람

- ●로케이션 일람
- ●빈 로케이션 조회
- ●재고 수불표
- ●재고조사표
  (재고조사 체크표·현품표)
- ●재고조사 처리
- ●재고 조정
- ●재고 증명서
- ●출고 정지 등록
- ●재고 교체 처리
- ●재고 명의 교체 처리

◆WMS의 기능 : 보관 기능

⑲ 재고 교체 처리

보관되어 있는 재고의 보관 형태를 바꾸어서 재보관하는 작업이 재고 교체이다. 예를 들면 통합품을 낱개품으로 분류해서 재입고하는 경우나 품질 관리 부문에서 사용 기한을 연장하라는 지시에 따른 재고의 사용 기한 연장 교체 작업과 같은 스테이터스 변경이 있다.

⑳ 재고 명의 교체 처리

하주가 특정되어 있는 재고를 다른 하주의 소유로 교체하거나 혹은 영업 담당자가 확보하고 있는 재고를 다른 영업 담당자의 확보로 교체해서 재고 명의자를 변경하는 기능이다.

재고 스테이터스 등의 데이터 취득 시 유의사항

WMS에서 재고 스테이터스를 관리할 때 스테이터스에 관한 데이터를 어디부터 취득하느냐에 따라서 데이터만 전송하면 되는지 아니면 입력이 필요한지가 달라진다.

예를 들면 생산 관리에서 로트 넘버가 할당되어 있지 않으면 트레이서빌리티가 불가능하기 때문에 창고의 자구책으로 출하 넘버 관리에 대한 출하 품목의 입고지와 입고 일자로 관리하는 대장을 만들 필요가 있다. 이러한 데이터를 WMS에 수작업으로 입력할지 외부에서 대장 관리할지 판단해야 한다.

또한 원산지 등을 데이터로 취득할 수 없는 경우 공급자에게 신청을 해서 입고·보관된 재고에 원산지를 수입력해야 하는 경우도 있다. 만약 입력 데이터가 방대한 경우는 표계산 소프트웨어와 CSV 데이터 등의 파일 업로드 기능도 필요하다. 반대로 리스트 출력 시에도 파일을 출력해야 하는 경우도 있다.

9-5

WMS 도입 시 유의사항

업무 설계와 타 시스템과 연계 등에 주의가 필요

┃WMS 도입에는 실패가 많다

어렵게 큰돈을 들여 WMS를 도입했음에도 불구하고 기능이 충분하지 않아 방대한 간접 공수가 필요하거나 도입까지 장시간이 걸려 그 사이에 비용이 상승하는 등 WMS 도입에는 의외로 실패가 많이 따른다.

WMS 도입이 원만하지 않은 원인에는 창고 업무의 표준화 지연과 업무 설계의 불완비, 남은 인재를 할당하는 임시방편식 도입, 타 시스템과의 연동을 이해하지 못한 WMS에 닫힌 편향된 도입, 패키지와 벤더 선정 미스, 낮은 수준의 프로젝트 매니지먼트 등이 있다.

■WMS 도입 시 자주 있는 실패
- 사용할 수 없는 WMS의 도입
- 막대한 추가 개발

■WMS 도입의 주요 실패 원인
- 창고 업무의 표준화 지연과 업무 설계의 불완비
- 남은 인재를 활용한 임시 도입
- 타 시스템과 연동을 이해하지 않은 WMS 단독의 편향적인 도입
- 패키지와 벤더의 선정 미스
- 모든 기능을 도입하여 고비용화
- 낮은 수준의 프로젝트 매니지먼트

■WMS 도입 시 유의 사항
- 창고 업무를 제대로 설계할 것
- 창고 업무 전문가와 개선 의욕이 있는 전문 인력을 투입할 것
- 타 시스템과 연계를 명확히 할 것
- 적절한 패키지와 숙련된 벤더를 선정 구분할 것
- 모든 기능을 도입하지 말고 추가 개발 요구에 적절히 대응할 것
- 숙련된 프로젝트 매니저를 참가시킬 것

◆WMS 도입 시 유의사항

원인은 하나가 아니라 복합적인 경우도 있다. 제대로 대응하지 않으면 번번이 실패할 수도 있다. 각 문제별 대응책을 생각하자.

▎창고 업무를 제대로 설계할 것

WMS를 도입할 때는 **창고 업무가 제대로 표준화되어 있어야 한다**. 업무가 제대로 정의되고 업무 흐름이 작성되어 있고 작업 표준서가 정비되어 있지 않으면 요건을 정의하는 것만으로도 혼란스러워 제대로 된 시스템 기능 요건이 통합되지 않는다.

그러나 많은 기업에서 그렇지 않다. 업무 흐름이 존재하지 않고 과거에 만들어진 작업 표준서라는 것을 다들 외면하는 경우를 많이 볼 수 있다. 사람이 중심이다 보니 전문 직원이 없으면 작업이 돌아가지 않는 것이 작금의 물류 현장이다.

이런 상황이 WMS 도입을 한층 더 곤란하게 한다. 업무가 어떻게 돌아가는지를 제대로 파악하지 못한 상황에서 WMS를 도입하려고 하면 복잡 기이한 현상을 반복하게 되어 막대한 비용이 든다. 혹은 패키지 표준에 업무를 억지로 끼워맞추는 형태로 도입한 결과 결국 사용하지 못하고 생각하지 않았던 수작업이 늘어 곤란한 상황을 초래한다. 그 결과 작업자는 추가적인 작업을 강요당한다.

이렇게 되면 무엇을 위해 WMS를 도입했는지 알 수 없다. 어렵게 시스템을 도입한 것이니 만큼 자사의 창고 업무를 가시화해 문제점을 해결하고 제대로 된 표준 업무를 제대로 정의해야 한다.

정의된 표준 업무는 업무 플로와 작업 표준서에 반영한다. 시스템화를 검토하는 것은 이후의 일로, 어느 업무를 WMS로 하고 어느 업무를 시스템을 사용하지 않고 사람이 할지, 어느 업무를 WMS 이외의 시스템이 할지를 명확히 구분한다. 그런 다음 WMS를 선택하고 표준 기능에 없는 경우에 어떻게 해야 할지를 검토하고 규모가 방대해지지 않게 주의하면서 필요 충분한 구조로 설계한다.

자사의 업무가 표준화되어 있지 않은 상황에서 WMS를 도입하는 것은 곤란하다. WMS를 도입하기만 하면 관리 수준이나 업무 수준이 향상될 것이라는 생각은 환상에 지나지 않는다. 우선 자사의 업무를 표준화하고 제대로 업무 설계를 하는 것이 선행되어야 한다.

▌창고 업무에 정통한 개선 의욕 넘치는 에이스

WMS를 도입하면서 당장 업무에 쫓기지 않는 사람을 멤버로 구성하는 기업도 많다. 이것 역시 실패의 원인이다.

본래 업무를 결정하고 시스템을 도입하는 것은 고도의 업무 지식과 시스템화에 대한 판단력이 필요한 일이다. 업무를 제대로 이해한 후에 업무를 개선하고자 하는 의욕이 없는 사람이 프로젝트에 참가해 봐야 걸림돌이 될 뿐 좋은 결과를 기대할 수 없다. 따라서 WMS 프로젝트에는 **사내의 에이스를 투입**해서 제대로 된 시스템을 구축해야 한다.

또한 많은 경우 업무 방식과 시스템이 바뀌는 것에 저항감을 갖는다. 따라서 에이스격에 해당하는 사람이 정한 업무와 시스템 처리라면 괜찮다는 안심감을 주는 동시에 약간의 강제성을 갖고 추진해야 한다. 반드시 창고 업무를 잘 아는 에이스를 참가시키도록 하자.

▌타 시스템과 연계를 명확히 규정할 것

실패 원인 중에서도 가장 큰 것이 타 시스템과 연계가 명확치 않은 상태에서 도입을 추진하는 것이다. 창고 단독으로 WMS를 도입할 때 창고에 한정해서 기능이 정의되고 타 업무와 시스템의 연계가 추측이나 착각으로 진행하는 사례도 보인다.

예를 들면 대규모 프로젝트를 추진하는 과정에서 WMS 도입 팀과 미팅을 하면서 '그쪽에서 이런 업무를 해준다고 생각했다', '전달되지 않았지만 이쪽은 이런 업무를 그쪽에서 해주지 않으면 곤란하다', '이런 데이터가 올 거라고 생각했다' 등의 대화가 이어지는 일이 많다.

창고 단독으로는 당연히 업무가 불가능한데 타 조직 내지 시스템과의 연계를 외면하고 WMS 도입 팀 단독으로 WMS를 도입하려고 한다. 앞서 말한 바와 같이 기간 시스템에서 수행하는 할당 레벨은 어디까지인지, WMS에서 담당해야 할 할당은 어느 정도까지 상세 역할 분담이 필요한지, 기간 시스템과 정합성을 확인하는 것 등은 필수 확인 사항이다. 또한 공장에서 로트 넘버가 넘어오지 않는 경우 트레이서빌리티와 로트 역전 방지를 어떤 식으로 MES에서 실현할지 등도 생각하지 않으면 제대로 된 시스템 구축은 불가능하다.

창고 업무에 국한하지 않고 주변 업무와 시스템과의 역할 분담과 데이터 연계를 제대로 확인하고 업무 분담을 해야 한다.

▎적절한 패키지와 숙련된 벤더를 선정해야

업무 설계가 제대로 돼 있으면 기능에 합치하는 WMS 패키지 시스템을 선택할 수 있다. 그러한 의미에서도 업무 설계는 중요하다. 업무 설계가 제대로 되어 있지 않으면 적절한 WMS를 선택할 수 없기 때문에 시스템 벤더가 말하는 대로 되거나 부족한 기능의 추가 개발이 필요해져 원만한 시스템 구축이 어렵다. 자사에서 하려는 업무에 합치하는 WMS를 엄선해서 선택할 필요가 있다.

또한 벤더를 엄격하게 선정하는 것도 중요하다. 의외라고 생각하겠지만 대다수의 시스템 벤더는 업무를 모른다. 문제가 일어났을 때 고객에게 결정하라거나 고객이 정하지 않기 때문에 불가능하다는 회피성 대답밖에 하지 못하는 벤더도 많이 있다. 업무 하나하나에 대한 의미와 단어의 의미까지 가르쳐주지 않으면 이해하지 못하는 벤더도 많다.

사실 WMS의 도입을 지원하는 담당자이니 만큼 업무에 정통하고 고객을 리드할 수 있을 정도의 역량이 필요하다. 이 점은 매우 중요하며 벤더의 역량이 WMS 도입의 성패를 쥐고 있는 만큼 벤더의 자질과 경험을 엄격하게 평가하고 선정해야 한다. 특히 벤더 측 리더는 엄선해야 한다. 창고 업무뿐 아니라 제공하는 패키지에도 정통하고 수많은 프로젝트 경험이 있어야 한다. 또한 제안 시에 내세웠던 리더를 프로젝트 시에 바꾸는 벤더도 있다. 유능한 사람에게 프레젠테이션을 하게 해서 일을 따고 수주한 후에는 자질이 낮은 리더에게 일을 시키는 나쁜 패턴이다.

프레젠테이션한 리더가 그대로 프로젝트에 투입되도록 제안 시에 엄중하게 다짐을 받아야 한다. 제안에 나섰던 리더를 나중에 바꾸는 것은 고객은 안중에 없고 자사 사정에 따라 업무를 하는 벤더이다. 그러한 벤더와는 거래하지 않는 것이 좋다.

▍추가 개발 요구에 적절하게 대응해야

패키지를 선정해도 반드시 자사의 요구를 모두 충족시킨다고는 단정할 수 없다. 그럴 때 무리해서라도 추가 개발할지 사람이 처리할지 외부의 다른 시스템(가령 표계산 소프트웨어로 만들어 넣는 등)으로 대처할지 판단해야 한다. 비용과 효과를 측정해서 무턱대고 개발할 것이 아니라 수작업을 결단하는 일도 중요하다. 세부적인 기능을 모두 실장한다면 방대한 비용이 들 뿐 아니라 시스템 보수도 만만치 않다.

작업자의 부담을 덜어주기 위해 시스템을 도입한다고 생각하지만 그것은 잘못된 판단이다. 작업을 표준화해서 효율적이고 누구나 할 수 있는 업무로 하는 것이 중요하며 작업자가 걸림돌이 되는 것은 부차적 결과이다. QCDS 개선과는 관계없이 작업자에게만 편리한 기능은 수작업으로 하면 된다.

물론 QCDS에 관한 중요한 기능이라면 추가 개발도 수용한다. 중요한 것은 창고 업무의 에이스와 리더, 전문 벤더가 적절하게 리드해서 판단할 수 있는 토대를 만들어야 한다는 점이다.

▮숙련된 프로젝트 매니저를 참가시켜야 한다

시스템 도입에서는 프로젝트 매니저의 역량에 따라 성공·실패가 결정되기도 한다. WMS에 도입하는 기능의 취사 선택, 설계 품질, 엔지니어의 관리 우열, 스케줄 관리의 양부가 프로젝트의 성공에 영향을 미친다. 따라서 프로젝트 매니저는 우수한 인재를 선정해야 한다. 또한 프로젝트 매니지먼트의 형태·방법론을 갖고 있고 몇 번이고 성공으로 이끈 경험은 무엇과도 바꿀 수 없는 소중한 자산이다. 실증된 방법론을 갖고 있고 그 방법론을 몇 번이고 이용해서 프로젝트를 성공시킨 프로젝트 매니저를 시스템 도입에 참가시키도록 하자.

9-6 물류 DX : 피킹의 진화, 디지털 피킹에서 AR, AGV, AMR
인력에 의한 피킹의 DX화와 반송의 자동화

▌피킹 리스트에서 디지털 피킹으로

창고의 피킹 작업에서는 과거에 종이로 인쇄된 피킹 리스트를 들고 피킹 작업자가 짐을 피킹하는 것이 일반적이었다.

피킹 리스트는 창고의 구조에 맞추어 동선을 고려해서 효율적인 이동과 작업을 할 수 있도록 피킹을 지시한다. 종이 피킹 리스트에서도 피킹 리스트와 선반, 그리고 피킹할 품목에 바코드가 있으면 피킹 실수가 일어나지 않도록 체크할 수 있다.

출고 지시에서 건네지는 품목 코드를 바코드화해 피킹 리스트에 데이터를 전달하고 피킹 시에 리스트에 인쇄한다. 피킹하는 품목 또는 그 품목이 있는 선반에 마찬가지로 바코드를 붙여서 대조한다.

이러한 종이 피킹을 대신해서 선반에 LED 라이트를 달아 피킹 리스트를 읽을 때 피킹해야 할 품목이 들어 있는 선반에 라이트를 켜서 피킹을 안내하는 **디지털 피킹화**를 함으로써 효율적인 작업을 실현한다.

디지털 피킹은 품목 선택의 피킹 실수를 방지하는 의미에서 효율적이지만, 출하 포장 시에 피킹해 상자에 포장하는 등의 정형적인 흐름 작업에서의 피킹과 투입에 적합한 업무이다. 실제 창고에서의 작업이라기보다 출하 시 라인 작업의 이미지이다.

223

피킹의 음성 피킹 지시, AR화

피킹의 효율화를 더 높이기 위해 DX화가 진행되고 있다. 피킹을 종이가 아닌 음성으로 지시하는 음성 피킹, 고글을 쓰고 피킹하는 품목을 육안으로 지시하는 **증강현실(AR:**Augmented Reality)을 이용하는 피킹 등이다.

기존의 손으로 하던 피킹에서는 피킹 리스트를 들고 다니거나 핸디 터미널로 바코드를 판독하기 때문에 손에 여유가 없었지만 음성 피킹을 하면 양손이 비어 있기 때문에 보다 효율적으로 피킹을 할 수 있다. 고글 등을 사용한 AR화된 피킹이라면 지시 내용이 고글 안에 표시되고 선반과 품목도 카메라로 대조할 수 있어 한층 더 효율적이다.

종이 피킹 리스트는 인쇄 프로그램에 피킹 데이터를 건네서 처리하지만 음성 피킹에서는 데이터를 음성으로 변환할 필요가 있다. 품목 데이터와 품목 코드를 품목 이름과 코드 번호, 수량을 음성으로 변환해야 한다. AR이라면 피킹해야 할 선반의 특정을 고글 안에 표시하기 위해 선반의 위치 데이터와 선반을 대조하는 기능과, 고글 안에서 품목을 대조해서 피킹해야 하는 수량을 표시하는 기능이 필요하다.

이러한 기능을 처음부터 만드는 것은 어렵기 때문에 제품으로 판매하는 앱이나 고글과 같은 장치를 구입하고 데이터 연동 부분을 구축한다.

AGV에서 AMR로

반송 시스템의 자동화에서는 **자동 반송차(AGV** : Automatic Guides Vehicle)가 사용된다. 공장이나 창고에서 짐을 AGV에 실어 운반함으로써 사람 손에 의한 반송 업무를 없애 효율을 높인다. AGV의 주행에서는 특정 장소에서 특정 장소로 짐을 반송하기 위해 바닥에 테이프를 붙여 주행 경로를 식별시킨다. AGV를 제어하는 기능으로서 주행 경로 지시, 합류 제어, 정지 제어, 속도 제어, 충전이 필요할 때 충전 스테이션 진입 제어가 필요하다. AGV는 AGV 제어용 PLC(Programmable Logic Controller)를 사용해서 제어 프로그램을 설정한다.

정해진 루트로 반송하는 것이 아니라 매번 코스가 바뀌는 반송 기기로서 **자율 주행 반송 로봇**(**AMR** : Autonomous Mobile Robot)이 등장했다. AMR은 아마존에서 일약 유명해진 자동 선반의 반송 등에 사용된다. 센서가 장착되어 있어 지시된 피킹 스테이션에 선반별로 운반하는 자동 판단·제어를 통합한 로봇적인 반송 시스템이다.

AMR에서는 주행하는 층(floor)의 지도 정보, 자차의 위치를 파악하는 센서, 호출을 받아 자동 주행하고, 코스를 판단하는 기능, 장애물을 피하기 위한 센서와 기능 등이 필요하다. AGV도 AMR도 처음부터 구축하는 것은 곤란하고, 반송 기기를 취급하는 운반 관리 기기 기업이나 물류 기업과 협업해서 도입한다.

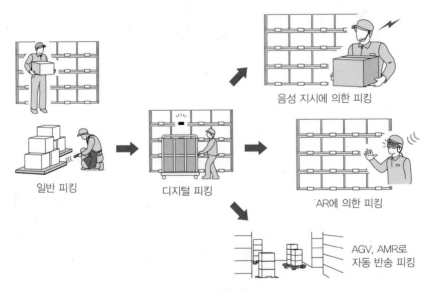

◆피킹의 진화, 디지털 피킹에서 AR, AGV, AMR

제 **10** 장

TMS의 기능과
도입 시 유의사항

TMS 기능의 전체상

베테랑 배차 담당자에게 의존해서 블랙박스화한 수배송 관리

▌TMS의 기본 기능은 배차와 운행 관리

수배송 관리는 배차 계획 시에 고려해야 할 사항이 다양하고 복잡하다는 것은 이미 5장에서 설명했다. 이 점에서 수배송 관리에는 경험과 숙련이 필요하기 때문에 기본적으로 베테랑 사원이 주도해서 작업이 진행되고 있다. 상당히 오래전부터 시스템화에 대응했지만 여전히 사람에게 의존하고 진전이 없는 것이 실정이다.

수요 변동이 엄격한 작금에는 수요와 재고 상황의 변동에 수반하여 생산 계획의 변동도 심해졌기 때문에 물류, 특히 수배송의 유연성 확보는 중요한 과제이다.

이처럼 중요한 업무임에도 불구하고 언제까지고 사람이 작업해서는 효율화를 달성할 수 없다. 배차 계획을 TMS(Transport Management System：수배송 관리 시스템)에 의해서 시스템화하고 베테랑이 아니어도 효율적으로 유연하고 확실하게 신속한 수배송을 실현해야 한다. 이를 위해 이번 장에서는 TMS의 기능과 도입 시의 유의사항을 설명한다.

유연한 물류를 수행하기 위해 가장 중시되는 것이 **배차 계획**이다. 배차가 효율화되어 유연하고 확실하게 신속한 수배송이 가능하면 매출·이익에 직결되기 때문이다. 다시 말해 적정한 배차가 가능하면 비용 삭감과 서비스 품질의 향상이 가능하다.

수배송 화물량을 토대로 필요한 배차 소요량을 계산한다. TMS는 배차 기능이 가장 중요하다.

배차와 동시에 진행되는 것이 적재효율을 최대화하기 위한 최적의 적재를 산출

하는 **적재 계산**과 루트별 트럭에 할당을 수행하는 **차량 편성**이다. 이들은 배차 기능의 일부라고 생각해도 좋다.

다음으로 수행하는 것이 **운행 관리**이다. 운행 관리는 수배송의 QCDS를 특정하고 QCDS를 개선하기 위한 것이다. 트럭에 탑재한 디지털 타코미터에서 데이터를 수집하고 부가적인 데이터는 운전 일지와 배차 실적에서 수집해서 관리한다.

운행 관리는 수배송 후의 결과를 수집하지만 리얼타임으로 트럭의 운행 상황을 파악하는 동태 관리도 가능해졌다. 동태 관리가 가능하면 긴급한 수배송에 대한 배차도 가능하기 때문에 향후 중요한 기능으로 자리 잡을 것으로 예상된다.

●배차 계획
　■배차 소요량 계산
　■적재 계산
　■차량 편성

●운행관리
　■운행 실적 관리

TMS에 의해서 상기 이외의 기능(운임 계산과 동태 관리 등)이 갖춰진 것도 있지만 수배송 관리의 본래 기능은 아니기 때문에 TMS에 포함시킬지 말지 검토가 필요하다.

◆ **TMS의 기본 기능**

┃TMS의 부대 기능

배차와 운행 관리에 대해서는 다음 절 이후에 설명하겠지만 이외에도 TMS에는 다양한 기능이 있다. TMS에 따라서 기능의 유무는 다르지만 TMS의 기본 기능은 10-2, 10-3에서 자세히 설명하기로 하고, 여기서는 먼저 TMS의 부대 기능에 대해 살펴본다.

① 수배송 운임 계산

배차 단계에서 운임을 계산하는 기능이다. 필요한 트럭 형태와 대수, 각 운행당 수송 톤킬로로 환산했을 때 물류 요금이 얼마인지를 계산하는 기능이다.

운임을 계산하려면 트럭의 요금 정보가 필수다. 또한 짐의 톤킬로와 트럭이 갖춰야 할 특수 장비를 파악할 수 있어야 한다. 또한 운임 계산 방법도 표준 운임 계산과 특수 상황의 운임 계산 등 다양한 계산 방법에 대응해야 한다.

또한 요금 등록과 계절 할인 등의 특수 요금, 짐의 중량 같은 마스터 정보를 정비하는 것도 어렵기 때문에 마스터는 상시 최신 상태로 갱신해 둬야 한다는 점을 염두에 둬야 한다.

자사가 물류 자회사 등의 물류 사업자여서 수배송 청구를 할 때도 운임 계산 기능이 사용된다. 청구서를 발행하는 등의 서류 인쇄 기능이 있는 TMS도 있다.

② 운임 시뮬레이션

운임 계산이 가능하다는 점에서 운임 시뮬레이션을 강조하는 TMS도 있다.

③ 전표와 장표 작성

트럭 운전자에게 건네는 납품서와 납품 수령서 같은 서류를 인쇄하는 기능을 가진 TMS도 있다. 이러한 기능은 WMS와 기간 시스템과도 겹치기 때문에 어느 쪽에 포함시킬지를 분명히 결정하고 나서 도입한다.

④ 차량 관리

차량을 보유하고 있는 경우는 차량을 관리하는 기능도 유효하다. 차 검증 정보, 리스 정보, 정비 이력, 사고 이력 등을 차량별로 관리한다.

10-2 TMS의 기능 ①
배차 계획과 적재, 차량 편성
수배송 QCDS를 정하는 배차 계획

▌배차 계획은 담당자의 감과 경험으로 대충 입안하고 있다

배차 계획은 대부분의 경우 사람이 계획을 세우고 있다. 판매계획을 베이스로 대략적으로 필요한 트럭 대수를 예측하고, 여기에 수주와 출하 지시 정보를 추가해서 대략적인 출하 소요량을 파악하여 필요한 트럭 종류와 대수를 계산한다. 판매계획과 수주, 출하 지시를 입력할 수 있는 간단한 표계산으로 트럭 대수를 산출할 수 있는 간이 시스템을 운영하는 기업도 많다.

출하 규모(금액인 경우도 있다)에 따라 대략적으로 대수를 산출하므로 정확도가 높지 않다. 적재 가능 여부를 최종 확인할 때까지 계산하지 않고 안전하게 여유 대수를 계산한다. 적재효율과 운행효율을 크게 신경 쓰지 않는다.

과거의 경험과 시행착오로 반복해 온 배차 계획 방법과 체계를 좀 더 논리적으로 구상할 수 있도록 한 것이 TMS의 **배차 계획 시스템**이다.

▌배차 계획의 기능

TMS의 배차 계획 기능에는 다음과 같은 것이 있다.

① 출하 예정(판매 계획·출하 계획·수주)·출하 지시 정보 취득

출하 예정에는 출하 예정 자체, 출하 예정 대체 정보인 판매 계획, 출하 계획 혹은 수주 정보가 있다. 예정이 아닌 명확한 지시인 출하 지시 정보도 있다. 배차 소요량을 계산하기 위해서는 출하 예정과 출하 지시가 필요하다.

출하 지시 정보는 출하 직전에 확정된 정보이므로 정확한 수배송 소요량 계산과 적재 계산에 효과적이다. 앞으로 예정 정보인 출하 예정, 출하 계획 혹은 수주 정보는 향후의 트럭 예약(선박이나 비행기의 '선복' 예약도 포함한다)에 사용한다.

확정 정보인 출하 지시 정보와 미래의 배차 계획과 물류 예약을 수행하기 위한 예정 정보로서 출하 예정(판매계획·출하 계획·수주) 정보 양쪽을 취득하는 것이 필수이다.

② 출하 예정(판매계획·출하 계획)·출하 지시 정보 등록

출하 예정(판매계획·출하 계획)·출하 지시 정보를 등록한다. 아래의 수배송 소요량 계산과 적재 계산에 인풋한다.

③ 수배송 소요량 계산

출하 지시·예정 정보를 토대로 필요한 트럭의 수배송 소요량(대수)을 계산한다. 짐의 모양을 보고 용적 및 중량을 환산해서 자사의 기정 트럭 등 소요 대수를 계산한다. 예를 들어 출하 총 적재 단위수가 5000, 트럭 1대당 총 적재 가능 단위수가 400이라면 적재효율 80%로 환산해서 대략적으로 계산해서 $5000/(400 \times 0.8)$ ≒16대를 소요 대수라고 계산한다. 현재로부터 가장 빠른 배차를 위해서는 이 정보를 토대로 차량 편성이나 적재 계산을 한다. 장기의 예약을 할 때는 이 계산 결과에서 차량 편성을 해서 방면별과 고객처별로 물류 예약을 한다.

④ 차량 편성(트럭 배정)

수배송 소요량(대수)을 방면별, 납입처별 트럭에 배정한다. 자사편으로 자유롭게 방면을 바꿀 수 있는 트럭과 예약한 트럭에 우선 배정한다. 만약 자사편과 예약한 대수를 초과하면 용차를 사용한다.

⑤ 적재 계산

트럭 대수가 어느 정도 정해졌으면 짐 모양과 마스터를 토대로 짐의 용적과 중량을 산출하고 자사에서 이용 가능한 트럭에 적재한다. 전체적으로 적재효율을 90%로 끌어올리면 앞의 16대가 14대(16×(0.8/0.9)≒14대)로 해결된다. 여기서 재차 차량 편성을 해서 트럭을 수배한다.

실무적으로 매번 적재 계산을 할지 말지는 운반하는 짐의 형태 변동에 따른다. 짐 형태가 적재효율을 고려해서 설계되어 있어 화물 컨테이너에 효율적으로 수납할 수 있으면 계산이 불필요하다.

짐 형태가 그때그때 변동하거나 형태가 서로 다른 짐을 적재할 때는 적재 계산을 해야 한다. 단 3차원의 적재는 2차원 짐짜기 계산의 3차원 버전이므로 3차원의 짐 형태를 마스터에 갖고 있지 않으면 불가능한데다 3차원 그래픽스를 사용한 짐 넣기를 시뮬레이션해서 공간을 메우도록 계산해야 하기 때문에 계산이 그리 간단하지 않다. 그런데다 접촉면의 제약, 중량과 상하로 적재했을 때의 강도 등 고려해야 할 요건을 제대로 반영해야 한다.

따라서 마스터 정비가 불가능하고, 계산 로직이 현실적이지 않다는 등의 이유로 적재 계산을 사람이 하는 경우가 많은 것이 실태이다. 시스템화하려면 요건 정의와 설계·구축도 어렵고 비용 대 효과를 생각하면 시스템화할 수 없어 사람이 하는 것이 현실적인 선택지이다.

⑥ 최적 루트 계산

구미의 TMS에는 최적 루트 계산이 도입되어 있는 경우가 많다. 하지만 도로 사정이 복잡하고 시내 주행도 정체와 공사가 잦은 경우에는 최적 루트 계산이 도움이 되지 않는다.

오히려 카 내비게이션이 발달해서 GPS로 정체 정보를 알 수 있기 때문에 운전자가 그때그때 판단하는 것이 효율적이다.

⑦ 수배송 계획의 가시화

배차를 했다면 배차 결과를 비주얼로 가시화한다. 어느 트럭이 배차됐는지 운행 횟수는 몇 회이고 몇 시부터 몇 시까지 수배송으로 가동하는지, 배송편의 적재효율, 리턴편의 적재효율 등을 표시한다.

계획 결과가 비주얼화되면 비어 있는 차량이나 빈 차로 돌아오는 운행 상황 등을 가시화할 수 있다. 트럭 가동과 적재효율 향상을 위한 알림 역할도 하기 때문에 수배송 계획의 가시화는 꼭 실현해야 할 기능이다.

비주얼 수단으로는 주로 갠트 차트(Gantt chart)를 사용한다. 방면별로 어느 트럭이 운행 중인지 적재효율은 어떤지 등 운행 계획을 가시화한다.

⑧ 수배송 지시·오더 발행

배차 계획이 종료하면 수배송 지시 또는 외부 수배송 업자에게 오더를 발행한다.

배차 계획 기능

- 출하 예정(판매 계획/출하 계획/수주)· 출하 지시 정보 취득
- 출하 예정(판매 계획/출하 계획)· 출하 지시 정보 등록
- 수배송 소요량 계산
- 차 편성(트럭 배정)
- 적재 계산
- 최적 루트 계산
- 수배송 계획의 가시화
- 수배송 지시·오더 발행

적재 계산은 어려우므로 시스템 대응 유무를 판단해야 한다. 최적 루트 계산은 도로 사정과 카 내비게이션을 생각하면 거의 도움이 되지 않는다.

◆TMS의 기능 : 배차 계획 기능

10-3 TMS의 기능 ②
운행 관리, 동태 관리
실적을 축적해서 QCDS를 개선하는 운행 관리와 향후의 동태 관리

디지털화하는 운행 관리

운행 관리는 5-3에서 설명한 바와 같이 오래전부터 타코미터와 일지 등으로 수행해온 업무로 나름의 노하우가 축적되어 있다. 타코미터도 디지털·고도화됨에 따라 디지털 타코미터에서 전자 데이터를 취득할 수 있어 운행 데이터의 가시화도 용이해졌다.

한편 차량의 동태 관리도 가능해졌다. 디지털 타코미터와 차량에 장착한 센서로 차량의 상황을 일일이 파악할 수 있게 됐다. 차량의 상황을 실시간으로 파악할 수 있으면 본부에서 다양한 지시를 할 수 있을 것으로 상정된다.

그러나 본부의 지시로 어느 정도의 효과적인 대응이 가능할지 지금으로서는 미지수다. 예를 들면 정차 시간이 긴 차량의 운전자에게 연락을 하고 급발진·급가속이 많은 운전자에게 주의를 주고, 짐칸이 빈 차량의 구화를 알아보는 등의 상황이 상정되지만 과연 어디까지 비즈니스적으로 의의 있고 현실적인 일인지는 앞으로 풀어야 할 과제이다.

차량의 동태 관리가 가능하다고 해도 향후 어떻게 활용할지는 지금부터 논의할 사항이다. 마치 제조현장의 IoT를 어떻게 사용할 수 있는가를 논의하는 것과 유사하다. 니즈가 아니라 기술 서비스가 선행한 경우는 도입과 시스템화에 신중을 기해야 한다.

- 디지털 타코미터에서 운행 실적 정보 취득
- 운행 실적 정보 등록
- 일보 작성
- 운행 실적 가시화
- 데이터 다운로드 기능

IT의 진전으로 스마트폰 등을 이용한 운행 관리의 모바일화와 센서가 실용화됨에 따라 운행 관리의 실시간화, 차량의 동태 관리도 가능해졌다. 그러나 동태 관리는 '보였다고 해서 무엇을 할 수 있는가?' 같은 구체적인 형태가 보이지 않는 상태이므로 향후 해결해야 할 과제이다.

◆ TMS의 기능 : 운행 관리 기능

▌운행 관리 기능

운행 관리 기능에는 다음과 같은 것이 있다.

① 디지털 타코미터에서 운행 실적 정보 취득

디지털 타코미터에서 운행 실적 정보를 취득한다.

② 운행 실적 정보 등록

운행 실적 데이터를 등록한다. 디지털 타코미터에서 얻은 정보를 데이터베이스에 축적하는 동시에 디지털 타코미터로는 획득할 수 없는 운행 실적 정보를 입력한다. 최근 스마트폰 등의 발전으로 PDA와 모바일 단말기에서 운행 실적 정보를 입력할 수 있는 장치도 등장했다. 예를 들면 다음과 같은 스테이터스 정보를 입력할 수 있다.

- 적지 도착/적재 중/적재 종료
- 대기 중(유치 중)
- 목적지 도착/하차 중/하차 종료
- 휴게 중/급유 중

수송 중인 스테이터스는 디지털 타코미터에서 취득하고 비운전 중인 스테이터스를 취득할 수 있으면 작업 분석까지 가능하다. 장래에는 디지털 타코미터에 의존하지 않고 모바일 단말기로 운행 관리를 통일하는 것도 가능하며 센서에서 직접 정보를 취득할 수도 있을 것이다.

③ 일지 작성

종이로 작성한 일지를 전자화한다. 모바일 단말기로 입력할 수 있으면 사무실에 돌아가서 입력할 필요가 없다. 가능한 한 모바일화해서 일지를 작성할 수 있도록 하자. 일지는 사고, 위반, 공유해야 할 정보, 특이 사항 등 데이터로 수집할 수 없는 운행 상황을 보고하는 것이다. 서술형도 좋고 체크 리스트나 선택지에서 선택하는 등의 방법으로 입력을 간소화하기도 한다.

④ 운행 실적 가시화

운행 실적을 분석하기 쉽도록 가시화한다. 일람표로 작성해서 보이기만 하는 게 아니라 그래프화하는 것이 효과적이다. 가동률 그래프, 적재효율 그래프, 급발진 횟수, 급가속 횟수, 급브레이크 횟수, 연비 시계열 그래프 등을 가시화한다. 또한 비운전 중인 작업 실적도 확보할 수 있으면 작업 시간의 비율 데이터도 보이므로 작업 부하를 경감하는 방안도 검토할 수 있다.

이러한 분석의 가시화 요건은 TMS의 운행 관리 패키지에 실장되어 있지만 자사의 요건에 맞지 않을 때는 자사의 요건을 정의해서 추가 개발한다.

⑤ 데이터 다운로드 기능

다양한 분석에 활용할 수 있도록 데이터의 다운로드 기능을 갖추면 좋다.

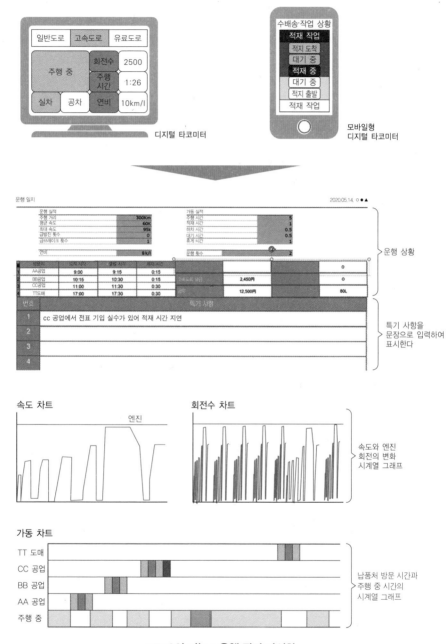

◆TMS의 기능 : 운행 관리 가시화

10-4 TMS 도입 시 유의사항

배차 계획의 정도 허용 범위를 결정하고 운행 관리를 시스템화한다

▌배차 계획 시스템 도입은 간단하지 않다

TMS 중에서도 배차 계획 시스템의 도입은 대부분의 기업이 실패하고 있다. 배차 계획 시스템 도입이 원활하지 않은 원인에는 배차 계획 업무의 표준화 지연, 업무 설계의 불완비, 타 업무와의 연동이 정비되어 있지 않기 때문에 수작업으로 조정해야 하는 업무가 많다 보니 별 도움이 되지 않는다는 점과 패키지와 벤더를 잘못 선정한 점을 들 수 있다.

WMS와 달리 배차 계획 업무는 담당자의 수도 한정되어 있기 때문에 요건을 결정하기 쉽고 프로젝트 매니지먼트상 문제가 일어나는 일은 거의 없다. 다만 사고방식이 완고한 담당자에게 이야기를 꺼내봐야 아예 시스템화에 거부 반응을 보인다. 자칫 시간과 돈을 낭비하는 결과를 초래하는 만큼 제대로 대응 방법을 생각하자.

▌배차 계획 업무를 제대로 설계해야

배차 계획 시스템을 도입할 때 첫 번째 포인트는 **배차 계획 업무의 표준화**이다. 업무 설계를 제대로 수행하고 있는지 여부를 체크한다.

배차 계획은 사람에게 의존하는 부분이 많아 배차 담당자가 어떤 일을 하고 있는지 제3자는 알기 어렵다. 구체적인 업무에 대해 확인하고 업무 흐름과 작업 표준화에 반영해서 누구라도 알 수 있도록 해야 한다.

시스템화를 검토하는 것은 업무의 가시화가 끝나고 나서이다. 업무 기능을 가시화할 수 없으면 어떤 패키지가 적합한지 판단할 수 없기 때문이다.

WMS와 달리 배차 계획 시스템은 패키지가 아니라 독자 개발할 가능성도 있다. 만약 독자 개발하는 경우 업무 기능을 모르고서는 설계를 할 수 없다. 제대로 업무 설계를 수행하는 것이 선결 과제이다.

▌패키지 선정과 벤더 선정 전에 할 일

업무를 설계해서 업무 기능 요건이 명확해졌다고 해서 시스템화가 성공한다고는 할 수 없다. 배차 계획 시스템 도입에 실패하는 요인 중 두 번째로 꼽는 '타 업무와의 연동 체계가 정비되지 않았기 때문에 수작업으로 해야 하는 조정 업무가 많아 크게 도움이 되지 않는 것'은 시스템화 이전의 문제이지만 이 걸림돌이 해결되지 않는 한 시스템 도입은 불가능하다.

업무 연계 규정을 준수하지 않아 변경 사항이 다발하거나 연계 내용이 명확하지 않으면 결과적으로 전화와 메일로 재조정을 해야 하는 업무가 수시로 발생해서 시스템으로 계획하는 것 자체가 무의미해진다.

업무 연계가 원활하지 않으면 애초부터 배차 계획의 시스템화는 불가능하다. 따라서 정확치 않은 정보에 근거해서 사람이 조정하고 감과 경험, 추측에 의존해서 배차를 할 수밖에 없는 업무 상황에서는 배차 계획 시스템을 도입해서는 안 된다.

▌패키지 선정, 벤더 선정의 중요성

본서에서는 WMS든 TMS든 처음부터 자체 개발하는 것을 추천하지 않았다. 오히려 낭비일 뿐더러 개발 자체에 무리가 있다.

자사의 정보 시스템 부문이 아무리 우수해도 WMS와 TMS를 자사 개발해서 패키지를 능가하는 기능을 만들 수 있다는 자부심이 없는 한 직접 만들어서는 안 되며 물류업자라도 경쟁력에 영향을 미치는 경우가 아니고서는 자사 개발의 의미는 크게 없다. 패키지를 사용하는 편이 합리적이다.

WMS와 마찬가지로 TMS도 **패키지와 시스템 벤더의 선정**이 중요하다. TMS도 업무 설계가 되어 있지 않으면 적절한 TMS를 선정할 수 없기 때문에 시스템 벤더가 말하는 대로 하거나 부족한 기능의 추가 개발이 이어져서 순탄치 않다. 자사에서 하려는 업무에 합치하는 TMS를 엄선할 필요가 있다.

벤더도 신중하게 선정해야 한다. WMS와 마찬가지로 업무에 정통해 있고 고객을 리드할 수 있을 정도의 역량이 필요하다. 특히 배차 계획은 사람이 중심이고 융통성이 없는 담당자가 멋대로 배차 업무를 하고 있어 자신의 업무가 표준화·시스템화되는 것에 저항감을 갖는다.

이러한 경우에는 벤더의 리더를 엄선하지 않으면 안 된다. 수배송 업무는 물론 제공하는 패키지에 대해서도 정통하고 수많은 프로젝트 경험이 있는 사람을 선정해야 한다.

제안 시와 프로젝트 시에 리더가 바뀌는 일이 없도록 처음에 다짐을 받아야 하는 것도 WMS와 마찬가지다.

그런 다음 가능한 한 자사의 담당자도 유연한 사고가 가능한 인재를 선정해서 투입한다. 사고방식이 외골수적이지 않고 업무 변화에 저항감이 없어야 하며 도구를 사용해서 유연하게 생각할 수 있는 인재를 투입해서 표준화, 시스템화해야 한다.

▌추가 개발 요구에 적절히 대응해야

패키지를 선정해도 반드시 자사의 요구를 모두 충족시킨다고는 보장할 수 없다. 그럴 때 무리를 해서라도 추가 개발할지 사람이 처리할지 외부의 별도 시스템(표계산 소프트웨어로 만들어 넣는다)으로 대처할지 WMS와 마찬가지로 판단해야 한다.

운행 관리에 대해서는 기본적으로 패키지와 벤더를 함께 선정한다. 디지털 타코미터와 운행 관리 일지를 연동해서 도입할 수 있는 벤더도 있기 때문에 자사에 가장 적합한 패키지와 벤더를 선정하자.

운행 관리 시스템도 자사에서 개발하는 것이 반드시 좋은 것만은 아니다. 패키지에는 축적된 노하우가 담겨 있기 때문에 패키지를 사용해서 부족한 부분은 추가 개발로 보완하도록 하자.

또한 운행 실적의 다양한 가동 분석도 하고 싶겠지만 이러한 분석 업무를 운행 관리 시스템에 실장하면 비용이 상승한다. 데이터를 다운로드할 수 있도록 하고 표준으로 준비되어 있는 것 이외의 분석은 표계산 소프트웨어 등으로 해서 운행 관리 시스템은 저렴하고 심플하게 구축해야 한다.

■TMS 도입 시 자주 있는 실패
- 사용할 수 없는 TMS 도입
- 막대한 추가 개발

■TMS 도입 시 주요 실패 원인
- 배차 계획 업무의 표준화 지연과 업무 설계의 부진
- 타 시스템과 연계를 이해하지 않은 TMS에 갇힌 편향적 도입
- 패키지와 벤더 선정 미스
- 융통성 없는 담당자
- 운행 실적 분석 등 모든 기능을 설치한다.

■TMS 도입 시 유의사항
- 배차 계획 업무를 제대로 설계할 것
- 타 시스템 연계를 명확히 할 것
- 적절한 패키지와 숙련된 벤더를 선정할 것
- 사고방식이 유연한 담당자를 투입할 것
- 분석 업무 기능을 모두 설치하지 않고 외부에 데이터를 연계해서 타 소프트 웨어로 분석할 수 있도록 할 것

◆TMS 도입 시 유의사항

10-5 물류 DX : 차량 편성과 최적 루트 계획은 물류 DX로 발전할 것인가?

차량 편성을 DX화할 수 있을까? 최적 루트 계획의 DX화는 가능한가?

▌차량 편성은 왜 시스템화가 곤란한가?

배차 계획 시스템 중 차량 편성은 어려운 업무 영역이다. 그 이유는 다음과 같은 요인이 있기 때문이다.

① 당일이나 직전까지 출하해야 할 물건이 정해지지 않는다

배차를 할 때 운반해야 할 물건이 무엇인지 알지 못하면 필요한 트럭을 수배할 수 없다. 배차를 하는 입장에서는 물건을 옮기는 당일 전에 어떤 물건인지를 알고 싶기 마련이지만, 그것이 어려운 경우가 자주 있다.

예를 들면, 생산 지연으로 인해 당일의 출하 직전까지 물건이 나올지 알 수 없고, 직전에 어떤 물건인지 알았다고 해도 당장 트럭을 수배할 수 없는 경우가 있다. 직전에 출하할 물건이 특수한 짐칸이나 크레인이 필요하다고 하면 아예 트럭을 수배하지 못할 수도 있다.

다시 말해 계획대로 물건이 나오지 않는 상황이 일반화되었고, 시간이 빠듯해서야 어떤 물건인지 파악되기 때문에 시스템상 사전 계획을 세울 수 없는 게 일반적이다. 불행히도 계획적으로 물건이 나오지 않으면 사전에 세운 배차 계획을 재검토하거나 유연하게 대응하기 위해서는 시스템화하지 않는 것이 좋을 때도 있다. 즉, 엑셀을 사용하여 사람이 직접 계획하고 조정하는 것이 오히려 편리하므로 시스템화할 필요가 없다.

② 물건에 따라 적당한 트럭이 없는 경우가 있다

물건에 따라 트럭에 실을 수 있는 적재 조건이 다양하게 있으며, 그 조건이라는 것도 시간과 경우에 따라서 다를 수 있으므로 필요한 트럭의 요건이나 설비를 즉석에서 정해야 할 때가 있다.

예를 들어, 차고의 높낮이가 문제가 되거나 크레인이 필요하다면 다른 트럭으로 바꾸어야 한다. 적합한 트럭을 즉석에서 준비해야 하므로 결국 사전에 계획을 세우는 것이 어렵다.

③ 트럭 짐칸의 최대 적재를 고려해서 함께 실을 짐을 찾는다

싣는 물건이 너무 적으면 어렵게 준비한 트럭의 적재 효율이 떨어진다. 그러면 적재 효율을 높이기 위해 미리 운반해도 좋은 물건을 그러모아서 적재를 조정할 필요가 있다. 이러한 조정 업무를 시스템으로 조정하기는 어렵다.

④ 과적재를 피해야 한다

트럭이 있더라도 이번에는 중량 때문에 트럭이 부족한 경우도 있다. 과적재하지 않도록 하중을 다른 트럭으로 분산해야 하며, 이때도 사람이 일일이 조정해야 한다.

⑤ 트럭 적재 시 필요한 도구나 용기가 영향을 미친다

트럭과 트럭에 적재하는 물건의 수량이나 중량이 합치해도, 물건을 고정하기 위한 도구나 물건을 담을 용기가 필요한 경우도 있다. 도구나 용기가 없어 물건을 운반하지 못할 때도 있다. 그러면 도구나 용기를 찾아다녀야 하는 상황이 벌어진다.

이와 같은 변동 요소와 제약 조건이 다양하기 때문에 차량 편성의 시스템화는 어렵다.

차량 편성 일부 기능이라면 시스템화 가능

차량 편성은 시스템화가 어려운 대표적인 업무인데, 시스템이 발전하여 일부 계획 지원 업무는 DX화가 가능해졌다. 예를 들어 트럭 컨테이너에 물건을 효율적으로 적재하는 '**3차원 적재 계산**'이 가능해졌다. 3차원 적재 계산이란 큰 상자에 작은 상자를 효율적으로 채워 빈 공간이 없게끔 계산하는 것을 말한다.

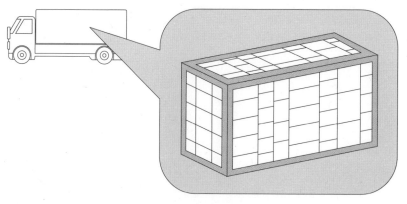

◆ 3차원 적재 계산의 이미지

최적 루트 계획은 왜 시스템화가 어려운가?

최적 경로 계획이 어려운 이유는 일본의 경우 도로 사정이 복잡한 것도 한 요인이다. 최적의 경로로 계획해도 여러 가지 문제가 발생한다. 특정 시각에 일어나는 정체, 돌발적인 정체, 미처 알지 못한 공사 현장 등이 있으면 그 경로는 더 이상 적합하지 않다. 스쿨존의 유무도 영향을 미친다.

또한 물건이 여러 가지여서 여러 납품처에 전달해야 하는 상황에서 물건을 잠시 내려야 할지 다른 트럭에 적재해야 할지를 결정하는 것도 사람이 해야 한다. 우회도로나 고속도로가 잘 되어 있다고 해도 도심을 경유해야 할 때도 있어 간단하게 최적 경로를 계산할 수 없다. 우선은 내비게이션에 따라 선택한 후 상황에 맞게 운전자가 판단하는 것이 바람직하다.

제 **11** 장

물류의 새로운 흐름과 비즈니스 기술

트랜스퍼 센터와 크로스 도킹

물류의 고속화와 무재고화

▌트랜스퍼 센터의 일반화

일반적으로 재고를 보관하고 출하 대응하는 창고를 **배송 센터**(**DC**; Distribution Center)라고 한다. 사전에 재고를 준비해뒀다가 출하 지시가 있으면 출하, 수배송하게 된다. 일반적인 WMS의 입출하·입출고, 보관 기능이 사용된다.

한편 통과형 창고인 **트랜스퍼 센터**(**TC**; Transfer Center)가 설립되기 시작했다. 특히 수도권의 지역 센터로 이용하기 위한 목적으로 건설되고 있다.

수도권이나 대도시권에서는 지가가 비싸고 인건비도 높기 때문에 DC가 아니라 TC를 설치해서 건물 바닥 면적, 보관 선반 투자 비용, 하역·보관 관리 인원의 삭감

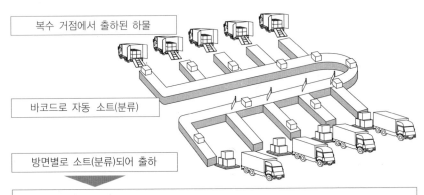

복수 거점에서 출하된 하물

바코드로 자동 소트(분류)

방면별로 소트(분류)되어 출하

각 방면에서 수집한 화물을 자동 소터 등을 사용해서 단시간에 소트(분류)해서 각 방면별로 출하한다. 그야말로 통과형 창고이다.

◆TC의 구조

을 지향하고 있다. 또한 재고 보유에 따른 재고 리스크를 저감하는 동시에 재고 유지로 잠들어 있는 현금을 줄이는 데도 도움이 되고 있다.

TC의 업무는 출하 거점이 복수로 나뉘어 있는 화물을 TC로 모으고 납입처별로 분류해서 취합해 출하, 납품한다. TC에 입하한 화물은 롤러 컨베이어를 타고 입하되고 바코드를 판독해서 납입처별로 소터로 분류되어 납입처별 컨테이너에 적재된다. 대량의 물품이 단숨에 처리되어 단시간에 출하된다.

TC는 보관 선반 설비에는 투자하지 않는 대신 롤러 컨베이어와 소터 같은 반송 기기, 출하 거점에서 연계된 바코드 체계와 바코드 판독기 같은 시스템 기기에 투자한다.

▎일반 TCⅠ형과 유통가공까지 수행하는 TCⅡ형

화물을 소트(분류)해서 출하 타이밍에 맞춰 출하하는 통과형 TC를 **TCⅠ**형이라고 한다. 이에 대해 유통가공까지 수행하는 TC를 **TCⅡ형**이라고 한다.

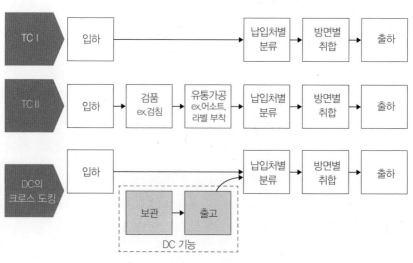

◆ TCⅠ, TCⅡ, DC의 **크로스 도킹**

TCⅡ형에서 이루어지는 유통가공은 검품, 검침, 가격표 부착 같은 경가공, 어소트 등의 분류 포장 작업 등이 있다. 출하 기업과 납입 기업의 작업 부담을 줄일 수 있기 때문에 TCⅡ형 TC로의 이행 요구도 높아지고 있다.

▌크로스 도킹을 가능케 하는 시스템 연계

각 출하 거점으로부터 TC에 모여든 물품은 출하 타이밍에 맞춰 납입처별로 컨테이너에 분류해서 동일 방면별 트럭에 적재되어 출하된다. 이처럼 타 거점에서 출하된 물품을 같은 타이밍에 입하, 소트, 출하할 수 있도록 복수 화물의 타이밍을 맞추는 것을 **크로스 도킹**(crossdocking)이라고 한다.

크로스 도킹을 가능케 하기 위해서는 입하 타이밍을 맞춰야 한다. 출하 타이밍은 스케줄에 따라 정해지므로 출하 시간에 맞도록 제시간에 입하해야 하기 때문에 입하 스케줄도 엄밀하게 지킬 수 있다.

크로스 도킹을 성립시키기 위해서는 납입에 맞추어 방면별로 정해진 출하 스케줄에 동기해서 소트, 입하, 수송으로 거슬러 올라가 출하 거점의 출하 스케줄과도 연동해서 업무 지시를 내려야 한다. ERP 수주에서 출하 지시가 내려와 TC의 출하 지시가 되고 이와 연동해서 출하 거점으로 출하 지시 혹은 발주된다.

하나의 창고에서 DC와 TC의 기능 모두를 하는 경우도 있다. 통과형 화물이 입하된 타이밍에 DC 기능으로서 보관되어 있는 물품을 출고하고 취합 후 출하한다.

TC에 대응할 수 있는 WMS도 있으며 DC와 TC를 조합한 대응이 가능한 WMS도 있다. 바코드 연계와 반송 기기 연계도 중요하므로 TC를 건설할 때는 **바코드 시스템 기기와 반송 기기를 검토해야 한다.** 시스템 엔지니어와 물류 엔지니어의 협력 관계가 불가결하다.

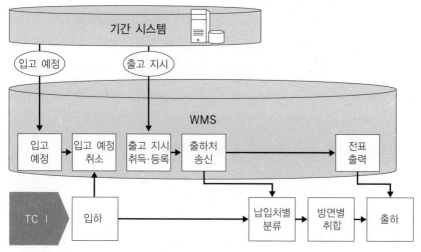

◆ TC I의 데이터 연계

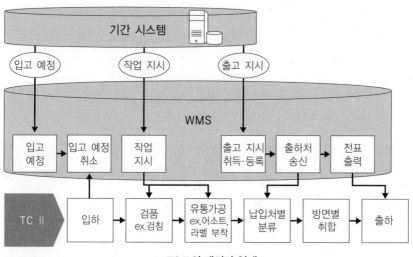

◆ TC II의 데이터 연계

옴니 채널 대응과 드롭 숍 대응

무재고 판매 사업자 증가와 물류 대응

▌옴니 채널의 등장과 물류에 미치는 영향력

미국을 시작으로 **옴니 채널**(omni channel)이 확대해 왔다. 옴니 채널은 모든 고객 거점을 통합하는 것을 지향하는 활동을 가리키는 마케팅 용어이다.

예를 들어 온라인, 오프라인 점포, 통신판매 잡지 등의 채널을 통합해서 어디에서라도 쇼핑이 가능하도록 하는 개념이다.

어디에서든 살 수 있는 것에 연동해서 물류를 통합하는 개념이다. 예를 들면 구입한 상품을 자택에 배송할 때 일일이 주소를 기입하지 않아도 온라인 정보와 연동시켜서 온라인 정보에 등록되어 있는 납품지로 물품을 보낼 수 있다.

오늘날의 운전자 부족 문제도 있어 편의점이나 지하철 역내 수령 전용 사물함 같은 새로운 물류 루트도 구축되고 있다. 출하처와 고객의 수령 포인트까지 복합적으로 구축해서 고객이 구매 시점에 물류 방법도 자유롭게 선택할 수 있도록 하고 있다. 구매하는 행위인 고객 접점과 배달하는 행위인 고객 접점을 통합해서 원활하게 연결하는 비즈니스 모델이 옴니 채널이다.

물류 기능뿐 아니라 판매와 연동해서 업무의 흐름과 물건의 흐름을 디자인하지 않으면 안 된다. 옴니 채널도 서플라이 체인 모델의 재구축이라고 볼 수 있다. 물류, 영업, 마케팅 같은 개별 기능으로 업무를 디자인하는 게 아니라 조직 간을 횡단해서 판매 물류 관리의 일환으로 업무 설계를 하지 않으면 경쟁력 있는 비즈니스 모델을 구축할 수 없다.

무재고 판매를 가능케 하는 드롭 숍 물류

한때 인터넷에 e커머스(EC)가 등장하던 시기에 **드롭 숍**(drop shop)이라는 비즈니스가 유행했다. EC 사이트 개설자·기업은 재고를 보유하지 않고 주문을 받으면 출하, 배송, 결제를 대행해 주는 비즈니스 모델이다.

EC 사이트를 통한 드롭 숍은 기세가 꺾였지만 사업자 간(B2B)에서는 드롭 숍을 채용해 왔다.

과거의 클라이언트인 하이테크 기기를 기업용으로 판매하는 X사를 예로 들어 설명한다. X사는 보수 부품의 판매와 물류에 드롭 숍을 이용하였다. 당시 업무 흐름은 다음과 같다. 보수 부품 판매회사를 Y사라고 하자.

① X사는 제품을 고객에게 납입한다. X사 제품은 보수하거나 고장이 나도 수리를 하면 오랜 기간 사용이 가능하다. 보수 부품은 X사가 지정한 공급자로부터 조달한다.

② Y사가 판매하는 보수 부품은 Y사가 제조해서 보관하고 있다.

③ 고객이 부품 보수 또는 고장 신고를 접수하면 X사가 보수·수리 서비스를 수주한다. 이 타이밍에 X사를 경유해서 Y사에 보수 부품을 발주한다.

④ Y사는 X사의 발주를 토대로 X사의 보수 고객에게 보수 부품을 직납한다.

⑤ 납품처는 X사의 고객이지만 청구처는 X사가 된다. X사에서 보면 고객 납입 시에 보수 부품 매출과 보수 부품 구매가 동시에 일어난다.

이 형식은 X사가 수주 포털 역할을 맡아 Y사로 대표되는 공급자에게 발주를 하고 X사는 무재고 상태에서 물류는 모두 공급자가 담당하고 있다. 바로 드롭 숍의 B2B 버전이다.

한편 X사는 공급자 재고 상황도 공개한다. X사 포털에서 보수 부품 재고를 확인할 수 있다. 가시화뿐 아니라 출하 지시 연동 시스템은 X사의 기간 시스템에서 출하 지시를 송신하고, 이를 Y사의 기간 시스템이 Y사의 WMS에 출하 지시를 전송하는 연계가 필요하다. 보수 부품은 사용하기 전까지는 공급자 재고라는 점에서 다음 절에서 설명하는 VMI의 일종이기도 하다.

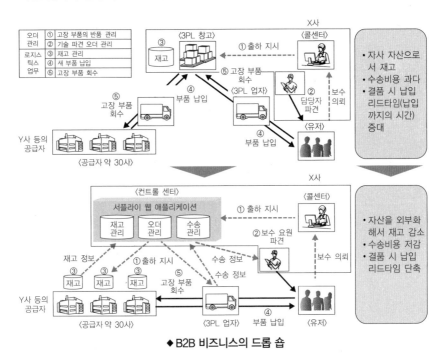

◆ B2B 비즈니스의 드롭 숍

11-3 VMI 대응, 센터 납품, 밀크런으로 확장

재고는 팔 때까지 공급자 자산, 센터 창고화로 더욱 진화

▌VMI 대응 물류와 보충

VMI(Vendor Managed Inventory)란 공급자 주도형 재고관리를 뜻한다. 납입처의 창고 혹은 납입처 가까이의 창고 재고를 공급자(vendor)가 관리하면서 납입처가 사용해야 비로소 자산 전이가 일어나서 공급자가 청구할 수 있게 된다. 납입처 기업 입장에서는 재고를 맡고 있는 형식이기 때문에 예탁 재고가 될 것이다. 반대 입장에서 공급자 입장에서는 재고를 위탁하고 있는 것처럼 보이므로 위탁 재고가 된다.

VMI는 납입처 기업에게는 유리한 거래이다. 사용하기 전까지 재고 부담은 공급자가 지기 때문이다. 공급자에게는 부담이 되지만 안정적인 매출을 기대할 수 있는 만큼 이점도 있다. 재고가 납입처에 있음에도 불구하고 재고는 공급자에게 귀속되지만 창고는 납입처의 자산인 경우도 많아 재고관리를 하는 시스템이 납입처의 WMS인 경우가 있는가 하면 외부 창고업자의 창고와 WMS를 빌리는 경우도 있으며 공급자가 직접 관리해야 하는 경우도 있다.

창고 운용을 생각하면 통일된 WMS로 관리하는 것이 바람직하며 통상 외부 창고를 빌리는 경우는 관리를 위탁하므로 창고회사의 WMS를 이용하게 된다. 그 경우 출하 지시는 창고회사의 WMS로 하고 출하 실적 혹은 납입 실적을 취득해서 공급자의 ERP로 재고 이관해서 출하, 매출 계상, 청구한다.

번거로운 것은 VMI 창고에 재고를 보충하는 일이다. 공급자에게 WMS와 연동한 ERP가 구축되어 있으면 WMS상의 재고가 감소한 단계에 동기해서 ERP의 재

고도 줄어들므로 그 타이밍에 소요량을 계산해서 보충할 수 있다. 그러나 창고업자의 WMS와 공급자의 ERP가 연계되어 있지 않은 경우는 항상 창고업자의 WMS 재고를 감시하고 보충하지 않으면 안 되기 때문에 시간이 걸린다.

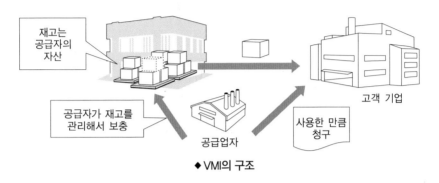

◆ VMI의 구조

▌센터 창고화와 센터 사용료의 이점·단점

VMI의 발전된 형태가 **센터 창고**이다. 공급자별로 따로따로 납입되면 납입처도 하역에 공수가 걸려 번거로우므로 일단 센터에 납품하고 그곳에서 필요한 물건과 수량만 피킹해서 1회만 하역하도록 납입처의 효율화를 노린 것이 센터 납품이다. 센터 창고의 재고는 통상 VMI가 되기 때문에 센터에서 출하되기까지는 공급자 재고이다. 이것은 납입처 기업에게 유리하다. 재고 보충 책임도 공급자에게 있기 때문에 항상 결품되지 않도록 재고를 갖지 않으면 안 되어 공급자에게는 부담이 크다. 공급자는 매출에 어느 일정 요율을 곱해서 **센터 사용료**를 취할 수 있다. 예를 들면 매출의 3%나 6%를 사용료로 정해서 자사의 출하·납품 매출에 곱하고 더해 청구한다.

센터 납품은 하역이 1회로 끝나며 여러 회사의 납품으로 인한 납품 정체도 일어나지 않기 때문에 큰 이점이 있다. 만약 센터가 납입처 가까이에 있으면 다빈도 납입도 가능하기 때문에 납입처 기업에게는 큰 이점이 있는 반면 공급자는 꽤 엄격한 조건을 강요당하는 셈이다.

해외 사례에서는 장기 체류품과 잔여 재고를 납입처가 계약과 합의에 기초해 거래 책임을 지는 경우도 있다. 이러한 거래 책임이 없는 상태에서 VMI가 운용되면 공급자에게는 부담이 크다. 공정한 상거래를 위해서라도 내부 기준과 거래 책임의 명확한 합의가 필요하다.

▎센터 납품 시의 밀크런은 장애물

각 회사가 독자적으로 센터 납품을 하면 센터 창고에서 여러 차례 짐을 내려야 해서 수고롭기 때문에 **밀크런 집하**를 하는 방법도 모색한다. 밀크런(milkrun)이란 생유를 집하할 때 각 목장을 돌며 수거하는 방식을 일컫는 집하형 물류이다. 각 거점에 집하하러 돌아다니는 형태가 생유를 수집하는 형태와 비슷하므로 순회하면서 집하하는 방법을 밀크런이라고 부르게 됐다. 미국 등에서는 일반적이지만 회사 사정에 맞춰 운반할 수 있는 편리성을 선호하는 공급자 입장에서는 밀크런에 저항감이 강해 쉽게 실현되지 않고 있다.

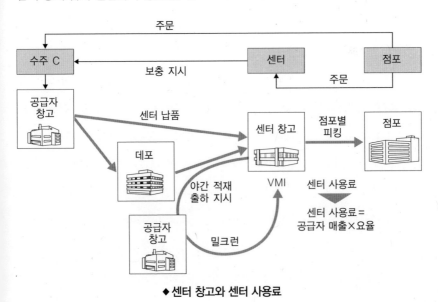

◆ 센터 창고와 센터 사용료

다양화하는 유통가공과 부가가치 서비스라는 물류 범위의 확대

유통가공이 제조를 둘러싸고 서비스 확대 중

▌제조업의 제조를 대행하는 유통가공이 증대

유통가공을 물류 기업이 수탁함으로써 제조 작업 위탁 업무의 영역이 확산되고 있다. 제조업으로서 제품의 품질을 담보할 필요가 있는데 그 대행 업무를 물류의 유통가공의 일환으로 대행하고 있다. 예를 들면 공장에서 입하된 제품의 검품이 그렇다.

검품 업무 중에서 많은 것은 어패럴 분야의 검침이다. 봉제 등의 공정이 있는 제품은 드물게 침이 혼입되어 있기도 한데 만약 발견하지 못하면 큰 문제가 된다. 공장의 최종 공정에서도 체크를 하지만 그래도 오류가 있으면 창고 검품을 통해 품질을 담보한다.

또한 특수 포장과 화장품 박스 재포장, 캠페인용 세트 조합 등은 일반적인 경작업이지만 실제로 최종 제품의 조립에 가까운 공정까지 아우르는 유통가공도 있다. 최종 사양이 확정된 단계에서 기판에 부품을 실장하는 것은 제조 행위라고도 할 수 있다. 해외 창고의 사례에서는 제품에 대해 출하처 국가의 언어 툴 첨부, 매뉴얼 봉입 등의 최종 제품 세트 조립 등의 작업도 하고 있다.

또한 냉동 보관되고 있는 제품을 해동하는 유통가공도 있다. 내가 아는 제조업에서도 창고에서 최종 제품화하는 기업이 상당수 존재하며 제조 행위와 유통가공의 경계가 애매한 경우도 많다.

기본적으로 제품의 품질 기능을 담보하지 않으면 안 되는 작업은 유통가공은 아니기 때문에 그 경우는 제대로 제조업으로서 제조 행위라고 인식해야 한다.

▌유통업의 작업을 대행하는 유통가공의 증대

제조업뿐 아니라 **유통업의 작업을 대행하는 유통가공**도 많다. 납입처=판매 기업이 점포에서 하던 가격표 교체와 라벨 부착 등은 일반적으로 이루어진다. 또한 유통업의 판매 캠페인에 맞춘 재포장 등도 청부맡고 있다.

시장 성숙과 가격 인하 경쟁으로 도매업자도 이윤을 취할 수 없게 됐다. 일찍이는 소규모 기업 판매 창구의 장부 대조 기능과 아울러 물류 대행 기능도 맡았지만 체력적인 이유로 대행하는 것이 곤란해졌다. 또한 제조업의 상물 분리 움직임의 영향으로 물류를 도매업자에게 부담시키지 않고 제조업의 자사 물류나 물류 기업에 위탁하는 선택이 큰 흐름이 되어 왔다.

그렇다고 해도 긴 세월에 걸쳐 장사(비즈니스)를 지탱해준 도매업자를 간단하게 배제할 수도 없기 때문에 일찍이 도매업자가 수행하던 납입처별 소트와 구분 포장 등의 작업을 물류에 흡수하여 유통가공을 하는 사례도 있다. 이전에는 단가를 낮추고자 대량 발주해서 골판지 상자를 입하해서 자사에서 소구분하던 도매업자와 소매업자도 이러한 작업과 재고관리 부담으로 어려워졌기 때문에 소량 처리한 납입을 요구하게 된 것이다.

또한 점포 내에서 도시락과 반찬을 제조하는 등 식품 가공을 하는 유통업에서는 용기와 젓가락, 포크, 냅킨 같은 자재를 통합해서 필요한 양만큼 일괄 납입해 주는 유통가공 업무 니즈가 있다. 식품 가공을 하는 유통업에서는 과거 직접 용기, 젓가락, 냅킨을 업자별로 발주하고 따로따로 입하하도록 해 재고관리를 하고 필요한 타이밍에 필요한 물건을 필요한 수량만큼 피킹했다. 그러나 인력 부족으로 이러한 작업에 인력을 투입할 수 없게 됐다. 때문에 유통업을 대신해서 이들 작업을 수탁하고 관리할 수 있는 기능이 물류에 요구되고 있다. 유통가공은 향후에도 물류 기업에 아웃소싱을 할 것으로 생각한다. 따라서 제조 지시와 작업 지시 기능을 가질 필요가 있다.

• 과거의 제조사 물류는 고객에게 부담을 강요한다.

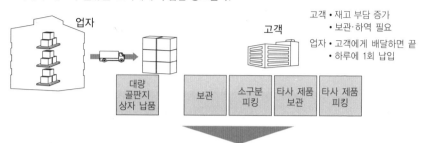

고객 • 재고 부담 증가
   • 보관·하역 필요

업자 • 고객에게 배달하면 끝
   • 하루에 1회 납입

• 고객의 물류 부담을 흡수하여 서비스 수준을 높이고 비즈니스를 확대한다.

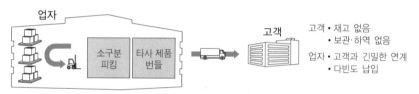

고객 • 재고 없음
   • 보관·하역 없음

업자 • 고객과 긴밀한 연계
   • 다빈도 납입

◆ 작업을 대행하는 유통가공 예

11-5 3PL의 진전과 활용·연계 방법

3PL을 활용한 경쟁력 강화와 국제 물류업자의 거인화

▌3PL(서드파티 로지스틱스)란

비즈니스 모델에서 활발하게 활용되고 있는 것이 **3PL**(3rd Party Logistics; 서드파티 로지스틱스)이라 불리는 물류 사업자이다. 일본의 국토교통성은 「종합물류시책요강(2009-2013)」에서 3PL에 대해 '하주를 대신해 가장 효율적인 물류 전략의 기획 입안과 물류 시스템의 구축에 대해 포괄적으로 수탁하고 실행하는 것'이라고 정의하고 있다. 3PL이란 하주도 아닌 단순한 운송 사업자도 아닌 제3자를 가리키며 아웃소싱화 흐름 속에서 물류 부문을 대행해서 고도의 물류 서비스를 제공한다.

'효율적인 물류 전략의 기획 입안과 물류 시스템의 구축에 대해 포괄적으로 수탁'한다고 돼 있지만 실태는 매번 개별로 검토·구축하는 것은 아니다. 3PL 업자라 불리는 물류업자가 자사에서 구축한 물류 네트워크와 서비스에 하주의 물류를 포함하여 물류 업무를 포괄적으로 수탁하는 형태가 대부분이다. 1하주, 1고객이기 때문에 일일이 최적 물류를 디자인할 수 없기 때문이다.

또한 3PL이라는 것이 법적으로 정의되어 있는 것도 아니기 때문에 '이것이 3PL 업자'라고 정의할 수도 없다. 다시 말해 3PL 업자라고 이름을 내걸면 3PL 업자가 되는 것이다.

3PL의 특징과 문제점, 과제

화려하게 등장한 것과 달리 3PL의 실태는 지금까지의 물류업자와 비교해 크게 서비스 수준이 향상되는 것도 아니다. 물류에 관한 전문성과 하주에 대한 리드력이 있는가 하면 그렇지도 않다.

그렇다고 해도 물류 서비스와 IT화의 진전으로 그 나름의 기능은 제공할 수 있다. 또한 글로벌화에 수반해서 물류가 복잡해졌기 때문에 물류 네트워크의 지견과 서비스망은 활용할 가치가 있다.

한편 3PL에도 문제가 있다. 우선 그다지 높은 서비스력이 있는 것도 아니며 물류 지식도 내세울 만한 수준도 아니다. 내가 과거에 선정에 관여한 세계적인 3PL 업자는 인적 리소스가 없기 때문에 지역 물류업자를 매수해서 서비스를 제공했다. 하지만 창고 이사조차 제대로 하지 못하고 물류 지식이 빈약한데다 교육도 되어 있지 않아 심각했다. 대신 가격만 높고 그나마 내세울 만한 점이라고 하면 글로벌

3PL이란?
하주를 대신해 가장 효율적인 물류 전략의 기획 입안과 물류 시스템의 구축에 대해 포괄적으로 수탁하고 실행하는 것. 하주도 아니고 단순한 운송 사업자도 아닌 제3자로, 아웃소싱화 흐름 속에서 물류 부문을 대행하여 고도의 물류 서비스를 제공한다.

3PL 검토 시의 기준	그러나, 현실은…
Yes No	• 일반 물류회사가 3PL 간판만 내걸었을 뿐이다.
✓ ☐ 경쟁에 대항할 수 있는 물류 품질을 확보할 수 있는가?	• 결국 물류 업무가 블랙박스화해 개선할 수 없다.
☐ ✓ 지금의 물류 업무에 빈틈은 없는가?	• 전략도 없고 제안력도 없다.
✓ ☐ 타 업자와 경쟁해서 손색없는 물류 업무를 영위하고 있는가?	• 극적인 서비스 향상, 경쟁력 강화에 공헌하지 못한다.
☐ ✓ 매일 개선 노력을 하고 있는가?	이상의 결과를 초래할 리스크도 있으므로 신중하게 검토해야 한다.
☐ ✓ 서비스 수준은 높아지고 비용은 절감하고 있는가?	
✓ ☐ 전략적인 가치를 제공해 주는가?	

◆ 3PL의 이상과 현실

물류망뿐이었다.

다른 사례에서는 3PL 업자가 국내 물류 기업이었기 때문에 문제가 일어났다. 업무가 블랙박스화해서 전혀 개선되지 않은 기존의 업자를 대체한 것에 불과해 결국 같은 상황에 빠졌다. 하주에게도 문제가 없는 건 아니지만 그렇다고 해도 전문성과 서비스성, 품질에서 특별한 업무는 제공되지 않았다. 상황이 그렇다 보니 물류 하청업자로 전락했다.

3PL에 놓인 과제는 하주에게 정말로 전략적인 서비스를 제공할 수 있는가의 여부이다. 그렇지 않으면 단순한 하청업자가 돼 버린다.

▌1PL, 2PL, 4PL이란 무엇인가?

3PL이 있다는 것은 1PL, 2PL도 있다는 얘기다. 정의만 확인하고 넘어가자. 1PL은 자사 물류라고 생각하면 된다. 2PL은 하주의 일부 업무를 기획·제안해서 구축하는 물류업자이다(하주의 자회사, 계열사 물류업자).

4PL은 하주의 전 서플라이 체인에 대해 기획부터 운용까지 포괄적인 물류 아웃소싱을 수탁하는 업자이다. 3PL이 일부의 물류를 수탁하는 반면 4PL은 하주의 물류 기능 전체를 관장하는 파트너로서 서비스를 제공하는 형태이다. 어쨌든 하주는 자사의 전략과 상태를 감안하고 이름에 얽매이지 않고 아웃소싱을 검토해야 한다.

진화하는 창고 작업과 물류 간접 업무의 로봇화

작업 로봇과 로보틱 프로세스 오토메이션

▌창고 작업의 로봇화와 과거의 반성점

창고 작업은 오래전부터 자동화와 로봇화가 진행되고 있다. 자동 창고, 자동 반송차, 자동 소터의 도입으로 창고 작업은 효율화됐다.

자동화와 로봇화는 순조롭게 진행한 반면 실패 사례도 많이 있다. 기기 도입을 우선해서 구축한 자동 창고 관리 시스템 등은 폐기·철거되는 아픔도 많았다. 그 원인은 크게 3가지로 나뉜다.

첫째 요인은 표준화 지연이다. 짐 형태가 표준화되어 있지 않다 보니 다양한 짐 형태에 대응하지 못해 결과적으로 사용하지 않게 됐다. 자동 창고 도입 후 가동률이 전혀 오르지 않고 절반 이상의 짐이 바닥에 보관되어 있는 거대 자동 창고도 있다. 짐 형태가 너무 다양해서 자동 창고 선반에 들어가지 않는 화물투성이었다.

둘째 요인은 요건 확인 부족이다. 자동 창고를 도입했기 때문에 피킹과 반송이 기계화되어 오히려 시간이 걸린다. 또한 다품종 피킹·동시포장이 필요한 토털 피킹이 요구되는 상황에서도 한 종류씩 반송되기 때문에 요구에 맞지 않아 자동 창고를 포기하고 작업자가 피킹·포장하는 방식으로 돌아간 예도 있다.

셋째 원인은 비즈니스의 변화이다. 소품종 대량으로 저빈도 출하에 대응하던 자동 창고가 다품종 소량·다빈도 출하에 견딜 수 없게 된 것이다. 일시적으로는 비즈니스 요건을 충족해서 효율화에 기여했지만 길게는 이어지지 않았다.

▌창고 작업의 로봇화가 진전되기 시작했다

근년의 스피드 배송 요구와 인력 부족이 맞물려 창고 작업의 자동화가 더욱 절실해지고 있다. 포장 작업의 자동화는 말할 나위도 없는데, 예를 들면 아마존 재팬에서는 보관 선반이 자동으로 피커 옆으로 이동하는 시스템을 도입하고 있다(AMR : Autonomous Mobile Robot에 관해서는 9-6 참조). 이것은 인력 부족 때문에 가장 귀중한 리소스가 될 가능성이 있는 '사람'의 공수를 낮추기 위한 노력이다.

그러나 물류에 대한 요건은 변하기 쉬운 만큼 설비 투자 시에는 유연한 대응이 가능한 기기를 선정해야 한다. 과거 많은 자동 창고와 자동 반송차가 폐기됐다. 앞

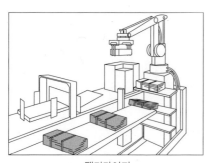

팰리타이저

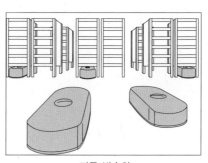

자동 반송차

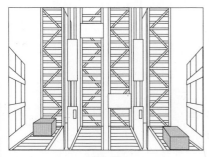

자동 창고

자동 반송차를 이용한 선반의 회전

◆ **물류의 로봇화**

서 말한 실패를 반복하지 않기 위해서는 사람과 기계의 최적 조합을 검토한 후에 장래에 있을 변경과 확장에 유연하게 대응 가능한 구조의 도입이 불가결하다. 엔지니어는 기술을 우선한 나머지 하나부터 열까지 모든 것을 자동화와 기계화하지 않아야 하되 사람과 시스템이 유연하게 변화에 따라갈 수 있는 설비로 구성하는 것이 중요하다.

▍업무 프로세스의 로봇화

창고 업무에 직접 관여하는 작업자뿐 아니라 간접 작업자의 업무 효율화를 위한 대응도 시작됐다. 전표 기입이나 전기, 인쇄 등 번잡한 간접 작업의 로봇화도 가능해졌다.

전표의 기입이나 전기 같은 작업에는 업무 프로세스의 로봇화를 실현하는 RPA(Robotic Process Automation)라는 프로그램이 등장했다. 간접 업무에서는 방대한 양의 데이터 전기, 계산 지시, 인쇄 지시 업무가 반복되는데 지금까지는 이러한 업무를 사람이 처리했다. 이들 처리를 소프트웨어상에 로봇을 구축해서 처리할 수 있게 됐다. 로봇이므로 인간과 같은 실수를 하지 않을 뿐 아니라 피곤해하지 않고 처리를 계속하므로 간접 공수를 크게 줄일 수 있다.

각광받는 물류 IoT와 센서링, 실적 수집·가시화

기본은 변하지 않는다, IoT는 물류를 발전시키지만 휘둘리지 않아야

▌IoT란 무엇인가?

IoT는 Internet of Things의 약자로 **사물인터넷**이라고 한다. 실제로는 모든 정보가 인터넷상에 축적되어 활용되는 것을 의미한다. 또한 데이터의 발생원이 컴퓨터와 IT 단말기뿐 아니라 공장 설비나 물류 기기, 자동차, 트럭 같은 기계류로도 확장된다.

지금까지 사람이 단말기를 휴대하고 입력하거나 바코드리더로 판독하는 등 데이터 처리를 위한 입력이 아니라 직접 설비의 가동 상황, 온도, 기계 회전수, 완성 실적과 양품·불량품을 센서 등으로 취득하고 데이터화하는 것이 IoT이다. 센서 기술이 발달하여 IoT 단말기 기능을 하는 센서로 데이터 수집이 가능해졌다.

인력 부족이 심화되는 가운데 데이터 수집을 자동화하는 것에 따른 이점도 크다. 사람이 수집하지 못하는 데이터를 센서 등으로 취득할 수 있는 것이다. 물류 업계는 디지털 타코미터 등에 의해서 사람에 의존하지 않고 데이터 수집을 하고 있었기 때문에 친화성이 높을 것이다.

그뿐 아니라 지금까지 취득하지 못한 데이터를 취득할 수도 있다. 가동 중인 설비의 이상음, 회전 이상, 온도 이상 등을 측정할 수 있어 이상을 신속하게 감지할 수 있다.

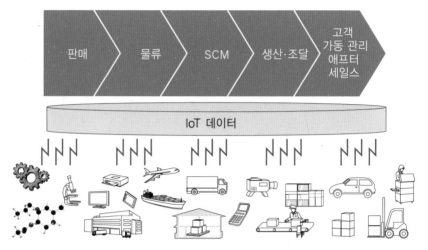

◆ IoT로 모든 데이터가 축적된다

가동 감시의 효율화

IoT가 발전함에 따라 **리얼타임의 가동 감시**가 가능해진다. 가동 중인 설비 상태를 감시할 수 있어 이상 시의 경고나 이상 예측에 의한 사전 예방 보수를 권장할 수 있어 예방 보전을 통해 가동률이 비약적으로 향상할 가능성이 있다. 트럭의 엔진, 샤프트, 팬, 타이어 등의 모든 장소에 센서가 설치되어 감시를 함으로써 이상을 신속하게 감지한다.

또한 트럭에 위치 정보를 알리는 비콘(Beacon)을 탑재하고 가동 센서와 연동하면 트럭의 위치를 확인하고 가동 상황을 감시할 수 있다. 트럭이 어디를 달리고 있는지 또는 정지하고 있는지 트럭의 짐칸에 여유가 있는지 등을 확인할 수 있으면 리얼타임으로 업무 지시를 할 수 있어 운행효율을 높일 수 있다.

IoT를 활용한 창고 작업 실적 측정 자동화

IoT 기기를 창고 설비와 반송 기기에 설치할 수 있으면 창고 작업의 효율과 실적을 감시할 수 있다. 예를 들면 포크리프트의 가동 상황, 주행 거리, 실제 운반 시간, 공운반 시간 등을 자동으로 측정할 수 있다. 이를 토대로 포크리프트 대수의 적정화를 위한 분석과 개선안 검토가 가능하다.

포크리프트의 주행 동선과 피킹 작업자가 카트를 밀어 가동한 동선과 루트 등도 측정할 수 있어 동선 분석과 개선 입안이 가능하다.

또한 롤러 컨베이어의 마지막에 센서를 설치하면 1일 출하 실적도 측정할 수 있다. 창고 출하 수의 측정에 의한 창고 출하 작업의 평준화, 작업 인원의 적정화에 피드백이 가능해진다.

▌비용 대 효과를 생각했을 때 IoT 기기는 투자 가치가 있을까?

IoT 기기를 활용하면 리얼타임으로 실적 측정과 데이터 수집, 감시가 가능하다. 그러나 IoT 기기와 데이터를 수집·축적하기 위한 정보 시스템에 투자를 해야 한다.

IoT를 도입해서 효과를 높이고 투자액을 회수할 수 있다면 적극적으로 투자해야 하지만 한편으로 인간이 측정·수집하는 편이 저렴한 경우 투자의 의미가 없을 수 있다. RFID와 마찬가지로 비용 대 효과를 제대로 검토해서 IoT 투자를 해야 할 것이다. 단순하게 전혀 새로운 기술이라는 점에 휘둘리지 말고 실질적인 기술 이용을 검토해야 한다.

IoT가 여는 자율주행, 드론 수배송, 아이들 리소스 수배송

IoT 기술이 수배송을 혁신한다

IoT 기술을 이용한 자율주행으로 운전자 부족 해소되나

전 세계에서 **자율주행** 실증실험이 반복되고 있다. IoT 기술의 통합으로 차량의 자율주행이 가능해지면 트럭 수송과 선박 수송이 자동화되어 효율화될 가능성이 있다.

해외에서는 수송비를 절감하는 유력한 수단으로 트럭 수송의 자율주행을 검토하고 있다. 북미와 호주 등의 대륙형 국가에서는 이동 거리가 길어 운전자가 얽매이는 시간이 긴 데다 인건비가 높아 자율주행에 의한 인건비 절감 효과를 기대하고 있다.

한편 인력 부족 국가에서는 비용 절감보다는 인력 부족을 해소하기 위해 자율주행 니즈가 높다. 모든 트럭을 자동화하기보다 선두 차량만 사람이 운전하고 그 뒤를 따르는 여러 대의 차량을 자율주행하는 방식도 검토되고 있다.

센서 기술의 발전, 위치 정보의 정확성 향상, 상황 대응에 대한 적절한 판단 기술이 축적되어 자동화는 서서히 가능해질 것이다.

자율주행을 위해서는 IoT뿐 아니라 **인공지능(AI; Artificial Intelligence)**의 적절한 판단 기술이 실용화되어야 한다. 빅데이터 해석은 불필요하다. AI가 자동으로 경험하고 기계학습에 의해 판단한 사례를 문서화해서 유사시에 적절한 판단을 할 수 있어야 한다. IoT와 AI의 진전으로 자율주행은 가능해질 것이다.

▌드론을 이용한 수배송도 실험 단계에 접어들었다

<u>드론</u>을 이용한 수배송도 실험 단계에 접어들었다. 드론은 하늘을 날아 3차원 이동이 가능하다. 한편 트럭은 도로를 이동해야 하기 때문에 정체 시나 우회해야 하는 상황에 놓이면 수배송에 시간이 걸린다. 하늘을 날 수 있다는 것은 계곡을 넘거나 산지를 넘거나 주택을 날아서 넘어 최단거리로 짐을 운반할 수 있다는 얘기다. 또한 도중에 바다와 호수, 강이 있어도 배에 의존하지 않고 공중을 이동해서 단시간의 수배송이 가능하다.

IoT 기술이 진전하면 드론으로 수배송해서 짐을 내리고 다시 창고에 돌아가는 것도 무인으로 가능하기 때문에 하루에 몇 번이고 수배송이 가능하다. 만약 하역도 자동화되면 출하부터 납입·짐 내리기까지 완전 자동으로 수배송이 가능해질 것이다.

향후 드론 수배송은 항공법 등의 규제, 사고 시 대응 룰, 분실 시나 사고 시의 개인 정보와 기밀 정보 대응과 보장 등의 사안이 정리되면 유망한 수배송 수단으로 자리 잡을 것으로 전망된다.

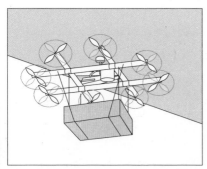 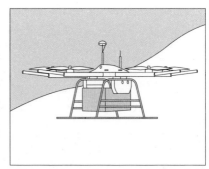

아마존의 드론 수배송 사업 검토　　　　라쿠텐의 드론 수배송 '소라라쿠'*

◆ 드론을 이용한 수배송의 실용화

*소라라쿠-일본어로 하늘을 뜻하는 '소라'와 라쿠텐의 '라쿠'를 합친 합성어.

▌아이들 리소스를 수배송에 활용할 수 있는가?

택시 업계에서는 우버(Uber)의 등장으로 기존 비즈니스 구조가 흔들리고 있다. 우버의 자동차 배송 시스템을 이용하여 운행하지 않는 사람과 차량을 호출해서 서비스를 제공받을 수 있도록 했다. 이러한 '아이들(비어 있는) 리소스(차량과 사람)'를 활용한 비즈니스가 택시 업계를 흔들고 있다.

마찬가지로 수배송에도 **아이들 리소스**(유효자원)를 활용하려는 움직임이 등장했다. 바로 개인 소유의 승용차, 트럭, 오토바이를 수배송에 활용하려는 움직임이다.

현실적으로는 물류업자가 아닌 자가 수배송에 관여하는 것에 대한 법적 대응과 리스크 대응 등의 정비가 필요하기 때문에 그렇게 간단하게 실현되지는 않겠지만 신흥국 등에서는 이미 서비스가 전개되고 있는 국가도 있다. 예를 들면 인도네시아의 고젝(GOJEK)은 바이크택시인 오젝(ojek, 택시형 오토바이)을 활용해서 오토바이로 짐을 나르는 서비스를 스마트폰상에서 제공하고 있다. 수배송에 비어 있는 개인의 차량을 활용하는 비즈니스도 바로 눈앞에 임박했다.

물류 DX : 비콘을 이용한 공장 내 재고 확인과 RFID의 활용

공장 내 물류의 가시화를 지원하는 비콘을 이용한 로케이션 관리

▍비콘에 의한 대형 제품·대형 부자재의 위치 관리

제조업 공장 내 물류가 고민하고 있는 문제는 대형 제품의 소재나 대형 부품의 소재를 알 수 없다는 것이다. 대형 제품과 부품은 공장 내부에 적당하게 정한 평평한 위치에 보관하는 일이 많다. 따라서 선반 관리를 하듯 위치를 관리하는 것이 어렵다. 어디에 있는지를 일일이 찾아다니는 것은 큰 시간 낭비이다.

대형 제품이나 부품에 **비콘**(Beacon, 위치 정보를 전달하기 위해 어떤 신호를 주기적으로 전송하는 기기)을 부착해 전파를 발신해서 위치 정보를 파악하는 방법이 있다. 비콘이란 무선을 사용한 전파의 발신을 수신기로 받아 위치를 파악하는 기술이다.

예를 들면 거대한 공장 부지에 아무렇게나 제품이나 부품이 놓여 있어도 위치를 파악해서 피킹할 수 있다.

▍비콘을 이용한 부품, 제조 중인 제품의 정체 모니터링

부품이나 제조 중인 제품에 비콘을 부착해서 위치 정보가 아닌 정체 정보를 얻을 수도 있다. 멈춰 있는 것을 특정하면 된다.

하지만 제조 과정에서 모든 정체 현상이 반드시 나쁜 것만도 아니다. 제조 위치(로트 크기의 차이)나 설비 능력이 부족한 경우에는 계획적으로 재고를 정체시키는 일도 있다. 이럴 상황에서 단순히 정체 상태만을 파악해서는 정체가 단순한 작업의 비효율성 때문인지 아니면 계획적으로 정체되고 있는지를 알 수 없다.

이와 같은 공장 내 제조 과정에서 일어나는 정체에 대해, 단순히 정체 상태를 파악하는 것뿐만 아니라 계획·지시에 대한 지연을 파악할 수 없으면 잘못된 판단을 하게 된다. 따라서 그저 비콘을 부착해서 진행을 상황을 측정하는 솔루션은 사실 크게 바람직하지 않다.

RFID를 사용한 위치 관리

비콘이 아니라 RFID를 사용하여 위치 관리를 할 수도 있다. 위치에 번호 코드를 할당하고 대형 제품 및 대형 부품을 수납할 때 RFID와 위치를 연동시킨다. 그러면 시스템에 품목과 위치 정보가 전달되어 위치 관리가 가능해진다.

물류 DX : 작업자와 운전자의 생체 신호 관리의 DX화

운전자의 안전과 건강을 보호하기 위한 모니터링과 센싱

▌운전자의 안전을 지키는 드라이버 모니터링

운전자 부족으로 운전자의 중노동 문제가 좀처럼 해결되지 않고 있다. 피로에 의한 졸음과 곁눈질 운전에 의한 사고는 막아야 한다. 그래서 운전석에 카메라를 장착하고 운전자를 **모니터링**하는 방법이 제안되고 있다.

운전자의 운전 상황을 모니터링하여 운전자가 졸면 경고를 하는 시스템이 개발되었다. 목의 기울기와 표정으로 졸음을 감지하여 음성으로 경고하거나 휴식을 취할 것을 권유하여 사고를 방지하는 것이다. 또한 곁눈질 운전도 경고하여 안전한 운전을 유도한다.

트럭 사고는 피해 규모가 큰 만큼 운전자의 안전 운전을 촉구해야 한다. 트럭은 가능하면 운전자 모니터링 시스템이 탑재된 차량을 선택해야 한다.

▌운전자를 보호하는 바이탈 센싱

운전자의 움직임을 카메라로 모니터링해서 이상 행동을 감지하는 모니터링 시스템과는 별도로 운전자의 신체 상태를 센서로 읽어 경고하거나 데이터를 수집해서 다양한 분석을 할 수 있다.

심박수의 변화, 혈압, 체온 등의 생체 정보를 취득하여 운전 중인 운전자의 건강 상태를 모니터링하고, 또한 데이터를 수집하여 운전 스트레스나 변화를 분석한다. 이런 방식을 **바이탈 센싱**이라고 한다.

대분은 아직 개발 단계이지만, 심박수는 핸들 센서나 시트 센서로 취득할 수

275

있다. 체온은 센서 카메라로 얻을 수 있다. 이와 같이 차량에 센서를 설치하지 않고 몸에 장착하는 웨어러블 기기로도 생체 데이터를 얻을 수 있다.

이러한 데이터를 축적하여 운전자의 피로도와 상태를 시각화해서 건강을 관리하는 동시에 컨디션이 좋지 않은 것을 감지하여 사전에 대응할 수 있다. 이를 위해 생체 데이터를 시각화해야 한다.

11-11 물류 DX : 자율주행이 개척하는 미래

자동차·상용차의 자율주행과 특수 중장비·건설기계의 자율주행

▌자율주행의 발전과 물류 시스템에 미치는 경미한 영향

자율주행 기술이 발전하고 있다. 자율주행은 기술 정도에 따라 **자동차기술회** (**SAE**:Society of Automotive Engineers)가 다음과 같이 각 레벨의 기준을 설정하고 있다.

· 레벨 0

모든 운전 조작을 시스템으로 제어하지 않고 인간이 제어한다.

· 레벨 1

가감속, 스티어링 조작을 시스템이 지원한다. 앞서 가는 차량과 거리를 유지하기 위해 가감속을 실시하는 크루징 기능, 차선 이탈 보정 작업을 수행한다.

· 레벨 2

가감속 조정과 스티어링 조작을 시스템이 지원하고, 양쪽 모두를 제휴하는 것으로 운전을 지원한다.

· 레벨 3

고속도로 등 특정 상황에서 운전에 관련된 모든 조작을 시스템이 수행한다. 긴급 상황에서는 운전자가 운전을 이어받아 대처해야 한다. 운전자가 대응하기 때문에 완전 자동은 아니지만 상당히 자동화된 수준이다. 현재 일본에서는 레벨 3 까지의 차량이 판매되고 있다.

· 레벨 4

고속도로와 같은 특정 상황에서 비상시 대응을 포함한 모든 운전을 스스로 수행한다.

· 레벨 5

고속도로에 한하지 않고 모든 운전이 자동화된다. 상황 판단, 비상시 대응도 시스템이 수행하기 때문에 운전자와 운전이라는 행동이 필요 없다.

일반 기업의 물류시스템과 자율주행의 연동은 현 단계에서는 생각할 수 없다. 차량에 탑재되는 시스템과 센서 기술을 이용해서 운전을 지원하게 된다.

운전자 부족과 초과 노동으로 인한 운전자의 피로 문제에 대처하기 위해 자율주행이 발전하는 것은 바람직하다. 그러나 레벨 4에 관해서는 기술적 발전에 맞춰 법률 개정이 필요하기 때문에 실현까지는 아직 더 시간이 걸릴 것으로 예상된다.

자율주행의 레벨	내용	
레벨 0	운전에 대한 모든 시스템 제어가 수행되지 않고 인간이 운전을 조작한다.	현재 레벨 3 까지 도달
레벨 1	•가감속, 스티어링 조작을 시스템 지원하는 레벨 •기능 간에는 연계는 없고 개별적으로 움직이기 때문에 그 통합 작업을 인간이 한다.	
레벨 2	가감속 조정과 스티어링 조작을 시스템이 지원하고, 양쪽을 연계해서 운전을 지원하다.	
레벨 3	가감속 조정과 스티어링 조작을 시스템이 지원하고, 양쪽을 연계해서 운전을 지원하다.	레벨 4 는 실험 단계
레벨 4	고속도로와 같은 특정 조건하에서 비상 대응을 포함한 모든 운전을 자동으로 수행한다.	
레벨 5	•고속도로에 한하지 않고 모든 운전이 자동화된다. •상황 판단이나 긴급시 대응도 시스템에서 담당한다. •인간은 운전에서 해방된다.	

◆ 자율주행의 레벨

중장비 및 건설기계의 자율주행과 물류시스템

중장비와 건설기계 등 특수 차량의 자율주행과 관련해서는 차량의 제어 시스템도 개발되고 있다. 초기에는 차량의 위치 정보와 가동 정보 등을 수집하여 데이터를 제공하는 서비스가 개시되었지만, 지금은 중장비와 차량의 자율주행이 도입되기 시작했다.

예를 들면 토지를 전압(電壓)하는 롤러는 지도 정보로 토지의 형태를 파악하여 토지를 전압하는 범위를 특정하고, 전압 범위의 운전을 지시해서 GPS로 위치 정보를 취득하면서 지정한 범위를 자동으로 전압한다.

자동 운전 제어뿐만 아니라 전압 실적도 측정하여 균등하게 단압(鍛壓, 금속 재료를 단련하거나 압연하는 일)되고 있는지도 기록할 수 있다. 물론 충돌이나 사람을 치는 사고를 방지하는 센서도 탑재하여 주위에서 공사를 하는 작업자의 안전도 지킨다.

같은 장치를 건설기계와 현장의 대형 트럭의 자율주행에도 적용하기 시작했다. 공사 현장이나 광산 등 한정된 장소에서 자율주행을 하며, 도로의 자율주행보다는 법률상 제한이 엄격하지 않기 때문에 기술이 빠르게 발전해 왔다. 이런 이유에서 제조사마다 중장비와 건설기계의 자율주행 시스템 개발에 박차를 가하고 있다.

일반 기업은 자율주행 시스템을 활용하여 인력 절감을 꾀한다

자율주행 시스템은 일반 기업의 물류시스템과 연계되지는 않았지만 자율주행 시스템을 탑재한 차량을 사용하면 인력 부족에 대응할 수 있다.

중장비와 건설기계의 운전도 사람에 의존해 왔지만 자율주행화되면 가동 시간이 크게 늘기 때문에 효율적이다. 중장비 및 건설기계의 자율주행에 의해 효율화뿐만 아니라 작업 품질 균일화 및 품질의 유지가 가능해진다.

일반적으로 사람이 운전하기 때문에 사람에 따라 품질이 달라지기 때문이다. 운전 자질이 낮은 초보자가 운전하는 것보다 자율주행의 작업 결과가 품질이 높고 균일한 작업 결과를 기대할 수 있다. 인력 부족 해결이나 일정한 수준의 품질 유지를 위해 자율주행 시스템을 탑재한 차량을 활용하는 것은 의미가 있다.

물류 용어 A to Z

물류 용어 A to Z

3PL(3rd Party Logistics) 화주를 대신하여 가장 효율적인 물류 전략의 기획 입안 및 물류 시스템의 구축에 대해 포괄적으로 위탁하여 수행한다.

A/N(Arrival Notice) 화물 도착 통지

AI(Artificial Intelligence) 인공지능

ASP(Application Service Provider) 시스템을 구축하지 않고 이미 구축된 시스템을 이용하여 서비스를 제공하는 기업. 용도에 맞게 종량제로 임대료를 지불받는다.

AWB(Air Way Bill) 항공운송장

B/L(Bill of Lading) 선하증권을 말하며 운송인과 화주 사이의 운송 계약에 따라 화물을 받아 선적한 것을 증명하는 서류. 화물 수취증, 운송 계약서로 화물 인도 시 교환권이 된다.

B2B(Business to Business) 기업 간에 이루어지는 전자상거래를 말한다.

B2C(Business to Consumer) 최종 소비자에게 물건이나 서비스를 전달하는 사업을 말한다.

BI(Business Intelligence) 경영 및 업무상 관리할 지표(핵심성과지표=KPI)를 가시화하는 시스템

CLP(Container Load Plan) 컨테이너에 적재된 화물의 명세를 기재한 서류

CSV(Comma−Separated Values) 데이터 쉼표로 구분된 데이터

DC(Distribution Center) 정상적인 보관 창고로 운송 및 배송을 위한 창고

ERP(Enterprise Resources Planning) 통합 기간 시스템

IoT(Internet of Things) 모든 사물이 인터넷에 연결되어 정보를 교환하는 것

KPI(Key Performance Indicator) 핵심성과지표

L/C(Letter of Credit) 신용장. 수입자의 거래 은행이 발행하는 것으로, 수입자 대신 상품 대금의 지불을 은행이 보증한다.

L/G(Letter of Guarantee) 화물 선취 보증서. 손해가 발생한 경우 한쪽이 보장한다는 취지를 기재한 각서

Min−Max법 설정한 최소 재고값을 밑돌면 설정한 최댓값까지 발주·보충하는 발주 방식

MOQ(Minimum Order Quantity) 최소 주문 수량

PSI 생산·판매·재고 계획. Purchase(구매) 또는 Production(생산), Sales(판매), Inventory(재고)

QCD(Quality 품질, Cost 비용, Delivery 납기) 업무를 평가해야 할 항목

RFID(Radio Frequency Identifier) ID 정보 및 전자 데이터를 매립한 전자 태그(꼬리표)를 말한다. IC 태그라고도 한다.

RoHS 규제 전기·전자기기에 포함되는 특정 유해물질의 사용 제한에 관한 유럽 의회 및 이사회 지령

RoRo(Roll on Roll off)선 트럭 자체를 실어 나르는 화물 전용선

RPA(Robotic Process Automation) 컴퓨터상의 데이터 처리를 프로그램화된 로봇으로 자동화하는 것

S&OP(Sales & Operations Plan) 판매 운영 계획

SCP(Supply Chain Planner) 공급망 관리에서 계획을 수립하는 것을 말한다.

SPQ(Standard Packing Quantity) 최소 포장 단위. 표준 포장 단위라고도 한다.

TC(Transfer Center) 보관을 목적으로 하지 않는 통과형 창고

TCⅠ형 짐을 정렬하여 출하 타이밍을 맞춰 출하하는 통과형 창고

TCⅡ형 검품, 검침, 가격표 붙이기, 어소트 같은 가벼운 작업의 유통가공을 하는 통과형 창고

VMI(Vendor Managed Inventory) 벤더=공급업자가 관리하는 재고

공장 내 물류 공장 내 물품의 보관, 반송 등의 물류 기능

프레이터(freighter) 화물 수송기

가동률 트럭 등 차량의 가동 여부를 나타내는 지표

갠트 차트(Gantt chart) 가동 상황을 나타내는 도표

검품 입하된 화물이 입고 수용 가능한지의 여부를 검사하는 것

고객 충당용 출고 정지 재고 이미 특정 고객을 대상으로 충당되었지만 출고·출하 시기가 아니어서 출고가 정지된 재고

공급망 관리 물품의 흐름을 관리하는 업무

공급자 공급업체

공동배송 여러 화주가 공동으로 배송하는 것

공장 인도(Ex-Works) 공장 출하 시점에서 짐을 넘기는 거래 형태로 매수인이 인수하러 가는 것

구분 짐을 필요에 따라 분류하는 것. 주로 출하처(납품처)별이나 트럭의 수배송 방면별로 분류한다.

구차 짐을 운반할 트럭을 찾는 것

구화 화물이 없는 빈 트럭으로 운반할 짐을 찾는 것

그룹핑 발주 및 보충, 생산 지시 단위를 통합하는 것. 소량 생산이나 구매는 효율이 떨어지기 때문에 일정 수량 단위로 그룹화하는 것

기준 재고 유지해야 할 기준 재고 수량

납품 수령서 납입처에 짐을 배달했을 때 납품받았다는 것을 영수하는 서류

납품서 납품물의 명세를 기록한 서면

낱개 제품 일괄 관리되는 재고가 아니라 1개, 2개 등 소액 단위로 관리되는 품목을 말한다.

내용물 중량 관리 용기 등에 들어 있는 원료 등이 표시된 것과 실제 내용량이 상이한 경우 실제 용량을 파악해야 한다. 예를 들어, 용기에 10kg이라고 돼 있어도 실제로 11kg이 들어 있으면 내용물 중량은 11kg이 된다.

노선편 자사 터미널 간을 하주가 다른 짐을 적재하면서 정해진 루트(=노선)를 수송하는 물류업자의 트럭편

단품 관리 재고로 보관, 진열된 물품을 1품목씩 파악하고 관리하는 것

대체 일괄로 관리되는 재고를 낱개 품목 등으로 소분하여 보관 형태를 바꾸는(대체하는) 것

더블 빈 방식 용기를 2개 준비하고 한 용기에 들어 있는 재고가 없어지면 같은 용기 1개 분량을 발주·보충하는 발주 방식

드론 공중을 이동 기기로, 수배송에 활용이 기대되고 있다.

드롭 숍 EC 사이트 개설자·기업은 재고를 갖지 않고 주문만 받으면 출하, 배송, 결제를 맡아 주는 비즈니스 모델

디배닝 컨테이너에서 짐을 내리는 것

디커플링 포인트 수주 분계점을 말하며, 재고로서 주문을 받는 업무상 포인트

라스트 원 마일 배송업자의 거점에서 가정집과 같은 최종 소비자인 납입처까지의 배송 루트

로케이션 관리 보관 시의 로케이션(=장소)를 정의하고 제품을 관리함으로써 선반이나 바닥 보관장에 이름과 번호를 매겨 재고의 보관 관리를 실시하는 업무 방식

로트 번호 보관하는 물품의 생산 날짜와 시간을 확인하기 위해 지정되는 번호

로트 역전 먼저 출하한 로트 번호보다 오래된 로트 번호가 출하되는 것

리드타임 조달과 보충을 하는 데 필요한 시간

리턴편 수배송을 마치고 돌아오는 차량

마스터 시스템에서 데이터를 처리할 때 참조하는 데이터

멀티 피킹 여러 출고 전표(=출하처)를 동시에 피킹하고 그대로 출고 전표(=출하처)별 접이식 리턴 박스에 투입(=파종 방식)하는 방법

몰 점포가 출점한 상업시설. 인터넷상 몰은 아마존 등이 유명하다.

무역 시스템 무역 업무를 지원하는 시스템

물류 ABC ABC는 Activity Based Costing의 약자로 활동 기준 원가 계산으로 번역된다. 원가를 계산할 때 작업 및 수송 등의 활동 단위당 금액을 계산한다.

물류 트래킹 수배송 실적을 추적하는 것

밀크런 여러 목장에서 착유된 우유를 수집하러 다니는 집하 업무를 밀크런으로 부르는 데서 여러 거점을 돌며 물품을 픽업하는 것으로 확장해서 사용하게 됐다. 조달 물류의 한 형태.

발주 계산 필요한 주문 수량을 계산한다. 외부에 발주하지 않고 자사 내에서 보충하는 경우는 보충 계산이라고 한다.

발주점 방식 일정한 재고를 밑돌면 정해진 양을 발주·보충하는 발주 방식

배닝 컨테이너에 싣는 것

배송 한 지점에서 여러 지점에 각각 배달해야 할 짐을 운반하는 것

배차 계획 트럭을 수배하는 계획

보관 창고에 짐을 적절하게 유지하는 것

보충 계산 창고 등에 재고 보충이 필요한 경우 보충 수량을 계산하는 것

부킹 예약을 하는 것

사용 가능 재고 검사 대기 영업 확보 등 출고 정지 상태가 아닌 충당 가능한 상태의 재고를 말한다.

삭제 지시 잔량이 실행되고 남은 상태를 삭제하는 것

선입선출 입고된 지 오래된 것부터 순서대로 출고하는 방식. First In First Out의 머리글자를 따서 FIFO라고도 한다.

센터 수수료 센터 창고에 보관된 화물의 선적 및 매출과 동시에 기본 계산 비율로 계산한 물류 서비스 요금

센터 창고 여러 창고에 배송할 목적으로 만들어진 창고

송장 물류업자에게 수배송을 요청하는 서면

수배송 관리 시스템(TMS; Transportation Management System) 수배송 관리 업무를 수행하는 시스템. 주로 배차 계획, 운영 관리 업무를 지원한다.

수송 모드 수송 방법. 선박, 항공기, 철도, 트럭 등을 가리킨다.

수송 어느 지점에서 어느 지점까지 배달해야 할 짐을 나르는 것

수주 잔량 주문했는데 아직 배송되지 않은 상황으로 주문 후 출하 처리 및 매출 처리 실행 대기를 나타낸다.

스테이터스 상태

시리얼 넘버 대형 기기 등을 1대씩 고유 관리할 수 있도록 제조 순서대로 할당하는 번호

신규 투입품 실무에서 사용하지 않은 제품을 이렇게 부르기도 한다.

실차율 실제로 적재한 비율

싱글 피킹 출고 지시 전표 1장별로 피킹 지시하는 방법

아웃바운드 수출에 따른 물류 또는 창고 출하에 따른 물류

아이들 리소스 비어 있는 자원(자원 : 차량이나 사람 등)

안전 재고 예측이 빗나갔을 때 빗나간 분량만큼 충당이 불가능하거나 결품이 일어나지 않도록 유지하는 안전 여유분의 재고

애그리게이터 정보수집업자. 국제 운송을 중심으로 출하에서 납입처에 입하(착하)까지 모든 프로세스를 제어하는 통합적인 물류 업체

역가 화학품 등의 유효 성분을 관리하기 위한 방법. 같은 1리터라도 역가가 1%와 2%는 2배나 유효 성분이 다르기 때문에 1리터라는 총량이 아니라 유효 성분을 관리한다.

역물류 사용한 제품을 회수하여 수송하는 물류

영업 확보 재고 영업 부문이 고객에게 판매를 보장하기 위한 목적으로 충당·출하되지 않도록 나누어 놓는 재고

옴니 채널 마케팅 개념으로 모든 고객 접점을 통합하는 것을 목표로 활동한다.

용차 다른 업체의 차량을 임시로 빌려 수배송 업무를 하는 것

운행효율 트럭의 효율성을 측정하기 위한 지표. 가동률 실차율, 적재율을 곱해서 구한다.

원산지 관리 원자재 등이 어느 나라에서 생산됐는지를 파악하는 것

유통가공 제품화 후 유통 과정에서 가공 등의 제조를 하는 작업. 가격표 부착 등 간단한 작업부터 부품 조립 등 고도의 작업이 포함되기도 한다.

유효기간 관리 원료 및 제품의 사용 기한을 관리한다.

이고(移庫) 창고 간 이동

인바운드 수입에 따른 물류 또는 창고 입하에 따른 물류

인보이스 납품서, 송장을 말하며 화물 발송·납품 명세서, 청구서 등의 역할도 하는 서류이다.

인코텀스(Incoterms; International Commercial Terms) 국제상업회의소(ICC)가 수출입 거래에 대해 일상적인 거래 조건을 정한 것. 특히 당사자 간의 비용과 위험의 적용 범위를 정하고 있다.

입고 예정 창고 입고 예정 정보. 입하·입고 시 그 화물이 올바른지 확인하기 위해 창고에 정보를 전달

입고 창고에 짐을 받아 보관하는 것

입하 짐이 창고에 도착하는 것

장부 대조 특정 도매업자를 사입처로 결정하는 거래로, 거래를 집약시키는 기능을 말한다.

재고조사 보관된 재고의 정확한 수치를 파악하는 것

재사용 사용한 부품 등을 재사용한다. 재사용이기 때문에 모양은 바꾸지 않고 재사용하는 경우가 많다.

재활용 사용한 부품 등을 재생한다. 재활용은 형태가 바뀌는 경우도 있다.

저스트 인 타임(Just In Time) 필요한 시기에 필요한 물건을 배달하는 업무 구조

적재 계산 트럭 컨테이너에 빈틈없이 가장 효율적으로 적재하기 위한 계산

적재율 적재량에 실제로 쌓여 있던 양의 비율

전세편 특정 화주로부터 화물을 받아 환적 없이 납품처까지 배달하는 트럭편

점포별 피킹 출하하는 품목을 납입 처 상점별로 피킹하는 것

정물류 미사용 물품을 수배송하는 물류

제조 실행 시스템(MES; Manufacturing Execution System) 공장의 공정 관리(제조 관리)를 수행하는 시스템으로 제조 지시, 실적 수취를 수행한다.

조닝 창고 내에 어느 특정 영역(존)을 설정하는 것

조달물류 화물을 조달할 때 발생하는 물류

중개인 생산자와 소비자 사이에서 제품을 유통시키는 업자를 말한다. 주로 도매상·도매업자, 상사 등을 가리킨다.

증강현실(AR; Augmented Reality) 실재하는 시야에 가상 시각 정보를 겹쳐 표시하여 눈앞에 있는 세계를 가상으로 확장하는 것

짐갖추기 납품처를 향해 짐을 집약하는 것

짐짜기 짐칸을 복잡한 도형으로 도려내서 최대한 쓸데없는 부분을 없애도록 계산하는 것

차량 편성 트럭을 방면별로 계획·준비하는 것

창고 관리 시스템(WMS; Warehouse Management System) 창고 관리 업무를 수행하는 시스템. 주로 입출고 업무 및 보관 업무를 지원한다.

총량 할당 로트 번호 지정 등의 상세 충당을 하지 않고 재고 총량에 대해 충당금을 할당하는 것

출하 지시 잔량 출하 지시가 이루어졌는데 아직 배송이 이루어지지 않은 상황으로 지시 실행 대기를 나타낸다.

충당(할당) 출고·출하 지시를 할 때 현물 재고에 대해 출고·출하 가능한 재고를 파악하고 확보하는 것. 실제로 물건을 이동시킬 뿐 아니라 논리적으로 확보해서 다른 출고·출하 지시를 차단한다.

크로스 도킹 다거점에서 출하·입하된 짐을 같은 타이밍에 입고, 정렬, 출하할 수 있도록 타이밍을 맞추는 것

타코미터 회전계 또는 회전속도계. 운행 관리용 기록계(운행 기록용 기기)를 가리키는 경우도 있다.

태리프 수배송 요금표

토털 피킹 여러 출하 지시 전표를 통합해서 총합을 피킹 지시하는 방법

트레이서빌리티(traceability) 추적. 문제가 발생했을 때 수배송, 보관, 생산 원료까지 거슬러 올라가 원인을 파악하고, 원인을 특정했을 때는 문제의 영향 범위를 추적하는 것

트리플 빈 법 더블 빈 법의 응용으로 3개의 용기를 사용해서 재고를 보충하는 방법

판매 물류 물건을 고객에게 판매할 때 발생되는 물류

패킹 리스트 포장 명세서로, 발송하는 화물 내용을 영문으로 설명하는 서류

페리 여객편 화물실

포워더 화물 이용 운송 사업자. 주로 국제 수송 사업을 담당한다.

피킹 리스트 출고 지시를 위해 출고 순서와 품목 등을 기입한 일람표

피킹 창고 내 화물이 보관되어 있는 장소에서 짐을 꺼내는 것

하역 짐을 운반하는 일을 가리키는 점에서 창고 업무 중에서 입하, 입출고, 창고 내 반송 등의 작업을 가리킨다.

하주 화물의 소유자, 보관 및 수배송을 지시하는 주체

핸디 터미널 입고 및 출고 시에 짐을 지정하고 개수를 헤아리고 지시 실행 등록 등을 수행하기 위한 소형 기기

허브 허브 앤드 스포크(hub and spokes)의 비유에서 물류가 집약되는 거점을 가리킨다.

현품 관리 물품을 관리하는 것

화물 수취증(dock receipt) 선박회사가 지정하는 보세 구역에 반입된 화물에 대하여 수취증으로 발행하는 서류

후입선출 새로 입고된 것부터 출고하는 방식이다. Last In First Out의 머리글자를 따서 LIFO라고도 한다.

찾아보기

엔지니어가 알아야 할
물류시스템의 '지식'과 '기술' 제2판

2020. 6. 10. 1판 1쇄 발행
2022. 5. 27. 1판 2쇄 발행
2023. 3. 29. 2판 1쇄 발행
2025. 1. 22. 2판 2쇄 발행

지은이 │ 이시카와 카즈유키
감 역 │ 오영택
옮긴이 │ 황명희
펴낸이 │ 이종춘
펴낸곳 │ [BM] ㈜도서출판 **성안당**
주소 │ 04032 서울시 마포구 양화로 127 첨단빌딩 3층(출판기획 R&D 센터)
      │ 10881 경기도 파주시 문발로 112 파주 출판 문화도시(제작 및 물류)
전화 │ 02) 3142-0036
     │ 031) 950-6300
팩스 │ 031) 955-0510
등록 │ 1973. 2. 1. 제406-2005-000046호
출판사 홈페이지 │ www.cyber.co.kr
ISBN │ 978-89-315-5940-8 (03320)
정가 │ 19,000원

이 책을 만든 사람들
책임 │ 최옥현
진행 │ 김해영
본문 디자인 │ 김인환
표지 디자인 │ 박원석
홍보 │ 김계향, 임진성, 김주승, 최정민
국제부 │ 이선민, 조혜란
마케팅 │ 구본철, 차정욱, 오영일, 나진호, 강호묵
마케팅 지원 │ 장상범
제작 │ 김유석

■ **도서 A/S 안내**

성안당에서 발행하는 모든 도서는 저자와 출판사, 그리고 독자가 함께 만들어 나갑니다.
좋은 책을 펴내기 위해 많은 노력을 기울이고 있습니다. 혹시라도 내용상의 오류나 오탈자 등이
발견되면 **"좋은 책은 나라의 보배"**로서 우리 모두가 함께 만들어 간다는 마음으로 연락주시기
바랍니다. 수정 보완하여 더 나은 책이 되도록 최선을 다하겠습니다.
성안당은 늘 독자 여러분들의 소중한 의견을 기다리고 있습니다. 좋은 의견을 보내주시는 분께는
성안당 쇼핑몰의 포인트(3,000포인트)를 적립해 드립니다.
잘못 만들어진 책이나 부록 등이 파손된 경우에는 교환해 드립니다.